"中国新闻学丛书"编辑委员会

顾　问：柳斌杰　南振中

主　任：李　彬　赵月枝

委　员：（按姓氏笔画顺序排序）
　　　　王君超　王润泽　王维佳　王鹏飞　史安斌　吕新雨
　　　　李　珮　李　彬　李希光　杨萌芽　吴　玫　吴　靖
　　　　张　垒　张　桐　赵月枝　胡　钰　俞　凡　洪　宇
　　　　程曼丽

"中国新闻学丛书"出版委员会

主　任：杨国安　杨萌芽

委　员：（按姓氏笔画顺序排序）
　　　　马　龙　王鹏飞　纪庆芳　杨　波　杨国安　杨萌芽
　　　　陈建恩　郑　鑫　胡玲霞　姜　畅　谌洪波　薛建立

ZHONGGUO TESE XINWENXUE DE LILUN JICHU

中国特色新闻学的理论基础

胡钰 著

河南大学出版社
HENAN UNIVERSITY PRESS

·郑州·

图书在版编目（CIP）数据

中国特色新闻学的理论基础 / 胡钰著 . -- 郑州：河南大学出版社, 2023.4
ISBN 978-7-5649-5139-9

Ⅰ.①中… Ⅱ.①胡… Ⅲ.①新闻学－研究－中国 Ⅳ.①G210

中国版本图书馆 CIP 数据核字 (2022) 第 079332 号

责任编辑　卢志宇
责任校对　时　海
装帧设计　翟淼淼　高枫叶

出版发行　河南大学出版社
　　　　　地址：郑州市郑东新区商务外环中华大厦2401号　邮　编：450046
　　　　　电话：0371-86059715（高等教育与职业教育出版分社）
　　　　　　　　0371-86059701（营销部）
　　　　　网址：hupress.henu.edu.cn

排　版　河南大学出版社设计排版部
印　刷　河南瑞之光印刷股份有限公司
经　销　全国新华书店
版　次　2023年4月第1版　　　　　　　　　　印　次　2023年4月第1次印刷
开　本　710 mm×1010 mm　1/16　　　　　　印　张　14
字　数　259 千字　　　　　　　　　　　　　定　价　52.00 元

（本书如有印装质量问题，请与河南大学出版社联系调换。）

总序：新时代　新征程　新闻学　新探索

李　彬　赵月枝

中国共产党成立一百年前夕，酝酿有年的"中国新闻学丛书"开始问世。"中国新闻学"自然指立足于中国的新闻学，它离不开中华民族5000多年源远流长的文明史、中国人民近代以来180余年屡挫屡奋的斗争史、中华人民共和国70多年正道沧桑的发展史，以及其中蔚为大观的新闻与传播实践史，包括新闻学与传播学的学术传统。同时，由于主流传统同马克思主义道统水乳交融，中国新闻学又始终心系天下，关注人类命运共同体及其新闻传播实践，离不开《国际歌》寄寓的国际主义情怀——"英特纳雄耐尔"（international）。充分展现这些学术内涵，乃是这套丛书的学术工作任务，而非一篇总序所能应对的。而说明丛书的缘起，至少可以彰显"中国新闻学"的立意与定位。

早在2002年，范敬宜甫任清华大学新闻与传播学院首任院长之际，高瞻远瞩，身体力行，积极倡导以马克思主义为指导，建设具有"中国特色、中国气派、中国作风"的新闻学及其学科体系与教育体系，一时影响广泛。2008年，由于金融危机爆发以及全球资本主义体系性危机进一步加重，"马克思归来"日益成为汇聚中外前沿学术思想的时代强音，而如何赓续中国新闻学的马克思主义中国化传统，进而创新网络时代的马克思主义新闻学，愈发成为中国新闻学人迫在眉睫的时代使命。

党的十八大后，随着新时代的气息春风徐来，新闻学也迎来前所未有的良机。2016年，习近平主持召开哲学社会科学工作座谈会并发表讲话，强调加快构建中国特色哲学社会科学及其学科体系、学术体系和话语体系，并重点建设具有"支撑作用"的学科（其中引人注目地提到了新闻学），令人倍感鼓舞。

为了响应新时代召唤，中信改革发展研究基金会（后面简称"中信基金会"）于2014年成立，聚集了一批各学科守正创新的一流学者，致力于推进中国特色、中国气派、中国风格的哲学社会科学建设。2017年，中国特色新闻学研究会在清华成立伊始，就与中信基金会密切合作，举办了首届"中国特色新闻学高级研讨班"。其间，我们同来自五湖四海的青年学者一起，从不忘本来、吸收外来、面向未来的视角畅谈了理论逻辑与历史逻辑有机统一、普遍意义与中国特色若合一契的中国新闻学构想。

在此基础上，中信基金会将"中国新闻学丛书"作为重点研究项目列入基金会工作计划。之所以亮出"中国"的旗号，当然不是也不可能是"囊括四海，并吞八荒"，而只是凸显梁启超所谓"中国之中国、亚洲之中国、世界之中国"的历史意识，表明更自觉地面向中国实践、更深入地扎根中国大地、更自信地践行中国道路的学术追求，也就是中信基金会的三句宗旨——坚持实事求是、践行中国道路、发展中国学派。

——坚持实事求是。丛书作者术有专攻，论著也是各抱地势，但无论是深入历史，还是透视现实；无论是穷究学理，还是钻研实务：无不遵循实事求是的治学精神，如一代马克思主义新闻学家甘惜分晚年希冀的"立足中国土，请教马克思"。

——践行中国道路。坚持实事求是为的是践行中国道路，正如解释世界为的是改变世界。何谓中国道路？一句话，就是中国共产党领导的革命、建设、改革所开辟的道路。而这条道路的灵魂在于社会主义，即习近平所言，中国特色社会主义不是别的什么主义而是社会主义。中国新闻学说到底也是为社会主义新闻业立魂，立言，立心。

——发展中国学派。随着中国道路日渐开阔，文化自觉与学术自觉日益醒悟，中国学派也呼之欲出。事实上，近代以来，特别是新中国成立70多年以来，中国新闻学已经取得长足进展，从梁启超到邵飘萍，从邹韬奋到范长江，从邓拓到穆青，从延安窑洞人民广播的手摇发电机到数字时代融媒体，一代代中国记者以及学者以其辛勤耕耘和开创性工作奉献了无数心血和智慧，也为中国新闻学及其学派奠定了厚实基础。现在的关键在于我辈是否具有足够自信，摆脱制约中国新闻学想象力与创造力的"学术殖民"心态，用中信基金会理事长孔丹的话说，将"他信"变为"自信"，将著书立说的立足点从"彼岸"转到"此岸"。

19世纪初，西方文脉俨然在欧陆，德国柏林洪堡大学等更是文化圣城，吸引着东西南北的欧美知识精英，而在立国不过六十多年的美国，哈佛文人R. W. 爱默生（Ralph Waldo Emerson）却提出了美国文化走自己路的主张，发表了美国文化的独立宣言《美国学者》（"American Scholar"）。如今，经过建设和改革开放锻造的中华人民共和国，已经进入建设中国特色社会主义的新时代，发展中国学派以审视中国经验、提炼中国理论、贡献中国方案,更可谓名正言顺、水到渠成。

2019年立春时节,河南大学新闻与传播学院与河南大学出版社同意,将这套丛书纳入河南大学献礼中华人民共和国成立70周年的重点图书。河南,向称中原,数千年来一直被视为中华文明的腹心,一句"逐鹿中原"总能激荡人心。而河南大学又是百年名校,文脉悠长,俊采星驰,校友中就包括一代中国名记者邓拓。"中国新闻学丛书"能够落户河南大学,也是得其所哉。

大鹏之动,非一羽之轻也;骐骥之速,非一足之力也。十多年来,我们一直勉力耕耘,与各方有生力量一道推进中国特色、中国气派、中国风格的新闻学建设,这套丛书就是一批阶段性成果。我们深知,无论是中国特色社会主义事业,还是中国特色社会主义学术事业,都不可能一蹴而就,也不可能仅凭少数人埋头苦干就获得成功,而需要持之以恒的扎实工作,更需要一批又一批、一代又一代的中国学者共襄此举。

2022年6月

李　彬,清华大学新闻与传播学院教授,河南大学黄河学者(2013~2018)

赵月枝,清华大学人文讲席教授,加拿大皇家学会院士

以真理的精神追求真理

——为《中国特色新闻学的理论基础》序

柳斌杰

清华大学新闻与传播学院胡钰教授新著《中国特色新闻学的理论基础》一书即将出版,我有幸先睹为快,阅读了全部书稿,为其系统研究中国特色新闻学的实践和理论,推动构建中国特色新闻学的学术追求所感动。由是,有感可发,有言可序,也就答应写这篇序文了。

马克思主义诞生,给世界带来了新的世界观和方法论,为人类认识真理开辟了科学的道路。实践已经揭示的无数相对的真理引领了人类历史上最宏大最深刻的社会革命和实践创新,由此也催生了一批代表当时认识水平的学术思想和学科体系。在近代一百多年的时间里,寻求救国救民真理的中国先进知识分子,不断把这些思想、学术、学科引进到中国,形成了"开启民智""西学东渐"的文化运动。特别是"十月革命"的胜利和马克思主义进入中国,中华民族经历了历史上最为广泛最为深刻的社会变革,取得了伟大的胜利,使中华民族走上了伟大复兴之路。在这一过程中,马克思主义中国化时代化成为中国学术文化的主要流派。但"西学东渐""东洋新学""苏联学术规范"也先后大量介入或融入了我国学术领域,形成了学术研究和学科教育的混合体。特别是改革开放初期,在解放思想的同时出现"自由化"思潮,"学术崇美""全盘西化",造成了严重的思想后果和心理损伤,至今没有完全治愈,新闻学就是其中的典型。在"美国新闻自由"和传播技术掩盖的"话语霸权"诱惑下,许多人包括一些学者掉入了"美国新闻学"的陷阱,难以自拔。连美国媒体是"老板办的",老板是用资本控制的这样简单的事实都不敢承认,以为美国媒体是"天外来的公器",好像是真的社会"第四权利",怀疑新闻的"党性"。最近几年,特别是特朗普执政、疫情蔓延和"俄乌冲突"发生以来,美国完全撕去了"新闻自由""专业主义"的假面具,把包括机构媒体、社交媒体和个人媒体在内的所有媒体都纳入政府定调、媒体爆料、政客炒作的话语霸权体系,对全球和美国调门不一致的新闻舆论机构和个人实施制裁和封禁。这就给全世界善良的人们上了一堂生动的美国"新闻课",伪科学露出了马脚,长期被"学术殖民"化的一些人也沉默或觉醒了。这正是我们去伪存真、学术创新、加快构建中国特色新闻学的极好机遇。正当此时,胡钰教授推出《中国特色新闻学的理论基础》,汇集了自己几年来在这方面思考、研究、教学和实践的成果,很有学术价值和创新意义,我为之点赞。

我长期在新闻宣传第一线工作,参与了重大的新闻舆论政策制定、体制改革、工作指导、人才培养和国际舆论斗争的实践,对中外新闻学有一些比较研究,回答过中外记者、媒体的质询式提问和尖锐的问题,深深体悟到:中国共产党的百年新闻思想、新闻理论、新闻实践和新闻制度有许多创新创造,超越了美国新闻学的学术水平,但总是遭到攻击和非难。为什么?就是遭遇了"话语霸权"和"学术殖民"的心理的压制,并非输理。于是,我就想从根本上扭转这种西强我弱的态势。早在20世纪90年代,我就在四川省新闻出版广电系统开展了马克思主义新闻观、出版观的教育,强调了"在新闻实践中认真学习并深刻领会马克思主义新闻观","立场鲜明地用马克思主义新闻观来分析和阐述新闻工作的实际问题","以马克思主义、毛泽东思想和邓小平理论指导新闻实践"。[1] 并且要求全省新闻工作者把握时代特点,"在新闻理论上有所创新,进一步丰富了有中国特色的社会主义新闻学的内容"[2]。从那个时候起,我一直致力于中国特色新闻学的实践总结和学理性理论的发展。2012年到清华大学新闻与传播学院任教,创建中国特色新闻学是明确的目标之一,尽快结束我国新闻学食洋不化的困局和"有学无论""有论无学"的质疑。但学界的阻力也不少,即使在党和国家把中国特色新闻学列入构建中国特色哲学社会科学支柱学科之后,仍有人公然反对,说什么"科学就是科学,还有什么中国特色的"?其实这类"学者"的文章中,不是引用"美国新闻学",就是引用"法国传播学""希腊哲学""英国古典经济学",为什么他们不问问"还有什么美国的、德国的、希腊的、英国的"这学那学?真是无知之极。力学、化学是以物质运动形态和存在方式分学科的,例如流体力学、生物化学。哲学社会科学是以国别和历史时期分学科的,例如德国古典哲学、意大利艺术学。这是国际学术分类的基本规则。那么为什么认可用外国名称命名哲学社会科学,却公然反对以"中国"命名哲学社会科学呢?司马昭之心,路人皆知。

---

[1] 柳斌杰:《新闻学论集》,四川人民出版社,2001,"序"第1页。
[2] 柳斌杰:《文化力论:柳斌杰宣传思想文化工作文集》,巴蜀书社,2002,第446页。

以真理的精神追求真理，以科学的态度对待新闻学科的建设和新闻学科的教学，是我们清华大学新闻与传播学院的共识和行动的意志。胡钰教授在本书中讲述了我们在这方面奋斗的历程和所取得的理论成果，并创造性地进行了理论概括和学术思想提炼，为中国特色新闻学的构建贡献了智慧。

开宗立学是件大事情，特定的思想方法是其要素之一。胡钰教授的新著在方法论上很有创见，我认为在研究中国特色新闻学方面很有借鉴意义。

第一，与时俱进，联系了从最初的"新闻纸"启始到现在的"全媒体"智能新闻时代的新闻学的产生、进化、发展、重构的进程，深入论证了新闻的时代性，说明了没有什么一成不变的新闻学。

第二，与实俱进，把中国新闻学的根扎在中国人民的实践中。特别是对中国共产党成立以来，以马克思列宁主义为指导思想的新闻实践，认真进行了梳理和总结，把其中丰富的实践经验上升到了理论层面，成为中国特色新闻学的学术理论重要的来源，说明了中国特色新闻学的实践性。

第三，与史俱进，把马克思主义中国化的历史作为中国新闻学各时期历史性飞跃的主脉，在不同的历史背景下，分析新闻思想产生和发展的合理性。特别是对马克思主义历史文献的研究和引用，既有理论基础的深厚感，也说明了理论构建的科学性。

第四，与世俱进，关照了世界范围内各派新闻学中合理要素，批判地吸收或改造，为我所用。特别聚焦当代世界大变局、全球大疫情、技术大革命给中国特色新闻学带来的挑战，从分析学术前沿动向中给以理论性的回答，说明具有普遍意义的学理性。中国特色新闻学追求的是原理、真理，讲"特色"，并不缺少世界普适性的学术价值。

科学的学术研究追求的是道理、学理和真理，是一个不断进取的过程，也是一个终生奋斗的事业。所以我希望有志参与构建中国特色新闻学的学者、学子，认真研读一下这些"理论基础"，继续以真理的精神、科学的态度、创新的劲头做好构建中国特色新闻学这篇大文章，以实际行动为人民立心，为民族立魂，成为一代大有作为的学人。

作者系原国家新闻出版总署署长、十二届全国人大教科文卫委员会主任委员

目 录

引言　全球视野下的中国特色新闻学 …………………………………… 001

第一章　中国特色新闻学的提出与内涵 ………………………………… 009

第一节　构建中国特色新闻学的时代背景 ……………………… 009
第二节　新时代的积极新闻学 …………………………………… 014
第三节　后喻文化视域中的新闻活动 …………………………… 016
第四节　构建中国特色新闻学的理论起点 ……………………… 018
第五节　中国特色新闻学的内涵 ………………………………… 024

第二章　马克思主义新闻观与中国特色新闻学构建 …………………… 030

第一节　马克思主义新闻观的特征 ……………………………… 030
第二节　马克思主义新闻观的内涵 ……………………………… 038
第三节　构建当代中国的新闻观念 ……………………………… 048
第四节　党性和人民性相统一 …………………………………… 054
第五节　抗疫新闻力量及其理论启示 …………………………… 058

第三章　构建中国特色新闻学的理论工具 ……………………………… 063

第一节　辩证唯物主义认识论 …………………………………… 063
第二节　传播政治经济学 ………………………………………… 065

第三节　文化研究 …… 067
   第四节　媒介理论 …… 069
   第五节　扎根理论 …… 071

第四章　中国特色新闻学的话语体系 …… 075

   第一节　构建中国特色新闻学话语体系的原则、结构和现状 …… 077
   第二节　中国特色新闻学的基本概念 …… 081
   第三节　中国特色新闻学的主要范畴 …… 085
   第四节　中西新闻学核心术语的表述辨析 …… 088

第五章　数字时代的中国特色新闻学 …… 094

   第一节　中国的新媒体发展 …… 094
   第二节　数字时代的高质量新闻缺失 …… 101
   第三节　社交媒体的批判分析 …… 108
   第四节　数字时代的"新新闻伦理" …… 113
   第五节　网络空间新生态 …… 118
   第六节　人工智能新闻业 …… 125

第六章　中国特色新闻学教育 …… 129

   第一节　学习马克思主义新闻观 …… 130
   第二节　讲好马克思主义新闻观 …… 139
   第三节　中国特色新闻学教育与当代新闻观念形塑 …… 148
   第四节　中国特色新闻学教育的创新思路 …… 152
   第五节　当代中国新闻人才观 …… 161

第七章　中国特色新闻学与国际传播话语权 …… 172

   第一节　国际传播中的软实力、巧实力与锐实力 …… 172

第二节　国际传播中的理论制高点与舆论制高点 ·············· 178

第三节　当代国际政治传播的特征 ························· 184

第四节　"一带一路"上的国际报道能力建设 ················ 190

第五节　中国特色的国际传播新观念 ······················· 195

结语：当代中国特色新闻学的挑战与实践 ···················· 199

后记 ··· 206

引言　全球视野下的中国特色新闻学

中华人民共和国成立七十余年来，历史发展经过了约三十年"封闭的中国"、约四十年"开放的中国"，现在已经进入崭新的阶段——"全球的中国"。

中国日益走进世界舞台中央，在世界上发挥着越来越显著的影响力和带动力。《财富》杂志（Fortune）发布的"2021世界500强排行榜"中，中国内地和香港上榜公司数量连续第二年居榜首，达到135家，比上一年增加11家，加上台湾地区企业，中国共有143家公司上榜。美国共计122家公司上榜。更值得关注的是，这一年共有45家新上榜和重新上榜公司，其中新上榜和重新上榜的中国公司有18家。[1] 从名单上看，这些新上榜和重新上榜的大多是地方企业或民营企业。大企业数量的持续增加彰显了中国市场主体的活力和竞争力。整体来看，中国于2001年12月正式加入世贸组织，20年来，经济总量从世界第六位上升到第二位，货物贸易从世界第六位上升到第一位，对外直接投资从世界第二十六位上升到第一位。[2] "入世"20年，中国经济总量占全球经济比重升至17%以上，对全球经济增长的年均贡献率达30%左右。世贸组织总干事伊维拉的评价是："在过去的20年里，中国一直是全球贸易一体化如何推动增长和发展的'教科书'案例。"[3]

与中国企业高速发展、中国经济整体表现"优等生"的实绩相比，中国需要应对的挑战也是空前巨大的，美国对中国展开的强力贸易战、对华为等中国高科技公司的蛮横打压，乃至对中国学者、学生的无理歧视，以及一些西方国家作为所谓价值观同盟者参与美国的一系列打击中国行为，都显示出中国在想

---

[1]《2021年〈财富〉世界500强排行榜》，财富中文网 https://www.fortunechina.com/fortune500/c/2021-08/02/content_394571.htm，访问日期：2022年12月26日。

[2] 于佳欣、王雨萧、魏玉坤等：《乘风破浪立潮头——从中央经济工作会议部署看高水平开放打造合作竞争新优势》，《人民日报》2021年12月31日，第15版。

[3]《"入世"20周年　世界为之改变——中国对全球经济增长年均贡献率达30%》，《深圳特区报》2021年12月13日，第A11版。

要成为"全球的中国"进程中的"不得不承受之痛"。2021年底中共中央政治局召开的党史学习教育专题民主生活会上对形势与任务做出的判断是："党面临形势环境的复杂性和严峻性、肩负任务的繁重性和艰巨性世所罕见、史所罕见。"[1]

与西方主导的工业革命以来的全球化进程不同的是，当代全球化呈现出许多新的特点：一是以中国为代表的发展中国家的群体性崛起，这些发展中国家的发展自主性愈发强烈，对民族文化的认同感愈发强烈，完全由少数西方发达国家主导世界格局的"西方化""美国化"世界向"多极化"世界转变；二是以数字技术、网络技术、人工智能技术为代表的新技术在全球化进程中发挥着越来越重要的作用，成为主导性的全球化推动力量和国家力量的体现，科学技术不仅是公共知识，也是经济水平，更是政治力量；三是以气候变化、恐怖主义、环境保护、公共卫生等为代表的全球性问题愈发突出，越来越需要提高全球协商、对话与治理能力，全球联系度与国家间依存度前所未有的紧密，试图关门发展、独善其身已是不可能。

面对世界百年未有之大变局，面对中华民族复兴之伟大进程，面对"世所罕见、史所罕见"的挑战，在这种具有新特点的全球化时代，新闻活动发挥着提供真实信息图景、增进社会共识交流的作用，新闻舆论工作也成为关系到治国理政、定国安邦的大事，新闻学则应围绕"新闻"及其影响做出更具引领性、战略性、学理性的研究。中国的新闻学研究要研究真问题，真研究问题，真回答问题；要成为中国迈向全球性大国进程中的重要建设者，而不能是"自说自话"的"旁观者"；要成为全球学术理论生态中的重要建设者，而不能是"亦步亦趋"的"乖学生"。

当代中国社会的复杂性、多样性是前所未有的，从经济形态上看：公有经济与非公经济并存，发达地区与欠发达地区并存，传统产业与新兴产业并存，多样性的经济形态带来多样性的经济存在，也就带来多样性的思想存在。从媒体形态上看：主流媒体与非主流媒体并存，传统媒体与社交媒体并存，国内媒体与国外媒体并存。多样性的媒体形态带来多样性的舆论形态，特别是社交媒体成为当代新闻传播的主要载体，全民传播带来"去中心化""去专业化"的当代传播行为特征。面对这些复杂局面，中国特色新闻学要能从全局上把握其关系与趋势，避免片面性与表面性，也要坚守中国学派的自觉性与主体性，避

---

[1] 鞠鹏：《弘扬伟大建党精神坚持党的百年奋斗历史经验增加历史自信增进团结统一增强斗争精神》，《人民日报》2021年12月29日，第1版。

免成为西方理论的"粘贴板"与"放大器"。要从马克思主义、中国传统文化与中国道路中找寻"中国特色",要在中国实践、全球交流中检验创新理论。

100余年前,中国新闻学的奠基者之一的徐宝璜在其《新闻学》一书中有言,新闻纸"势力驾乎学校教员、教堂牧师之上,实为社会教育最有力之机关,亦为公论之事实。自各国民权发达以来,国内大事,多视舆论为转移,而舆论又隐为新闻纸所操纵,如是新闻纸之势力,益不可侮矣。至其为祸为福,则视乎人能否善用耳"[1]。随着新闻媒介的发达,从报纸到广播、电视,再到互联网、社交媒体,进入21世纪,在全球范围内看,新闻已经成为人类认识社会、做出决策的基本依据,成为形成舆论的关键驱动。用英国作家阿兰·德波顿的话说:"在发达经济体中,新闻如今占据的权力地位,至少等同于信仰曾经享有的位置。""正式教育一结束,新闻就成为我们的老师。这是奠定公共生活基调、塑造我们对于外部群体印象的最强力量,同时,新闻也是政治现实和社会现实的主创力量。"[2]在全球联系日益复杂化、经济形态日益多样化、媒介选择日益自主化的当代社会,怎样的新闻观念才是符合社会多数人利益、集成不同群体意志的共同观念呢?新闻建构人们的想象世界,谁来建构新闻的共同观念呢?

新闻与新闻学是建构历史认同、文化认同和身份认同的"教师与牧师","善用"这一力量,通过这一力量促进世界的发展与人类的团结,成为全球新闻与新闻学的使命。

媒介技术的发展、个人信息权利的强化以及当代政治、经济、社会运行对信息传播体系的依赖,带来崭新的当代传播行为。准确把握这些传播行为的基本特征,是推动新闻学发展的重要基础。在当代社会,以数字媒体、社交媒体、智能媒体为代表的新兴媒介蓬勃发展,对人类社会发展产生日趋重要的影响。思考媒介与社会发展,思考当代传播,有几个突出特征值得特别关注。

一是全球化。全球化是当代社会的最突出特征。思考任何社会问题、学术问题,都离不开全球化这个大背景,都需要具有全球视野。在当代世界,国内传播与国际传播的边界已经彻底消失,只有全球传播。换言之,任何一个国家的国内新闻,不论是领导人更迭还是社会暴力、自然灾害等,乃至普通人在日常生活、社交媒体上的喜怒哀乐,都会迅速为世界所知。

二是个体化。依托自媒体、社交媒体的个人传播行为,已经与依托大众传媒的机构传播行为,成为同等重要甚至更为重要的传播力量。特朗普公开与美

---

[1] 徐宝璜:《新闻学纲要》,上海书店出版社,2011,第2页。
[2] 阿兰·德波顿:《新闻的骚动》,丁维译,上海译文出版社,2015,第3-4页。

国主流媒体抗衡，敢于称这些媒体是"人民的敌人"（enemy of people）。之所以如此，因为其自身就是"超级个人媒体"。2020年9月的数据显示，特朗普的twitter粉丝量超过8600万，CNN、《纽约时报》不过4000多万，《华盛顿邮报》、美联社不过1000多万。"推特治国""社交媒体政治"在特朗普身上得到了充分体现，有时可在一天内发推超过一百条。

　　三是技术化。5G、算法、大数据和人工智能等技术已经成为影响当代媒介发展与新闻传播的核心力量。机器人主播已经上岗，机器人记者开始写作行业新闻稿件，媒体机构大量招聘技术人员。各大媒体机构在新闻生产流程、人员结构调整中愈发突出技术的位置，更需要通信技术、计算机、新媒体制作等专业的技术人才。值得警惕的是，社交媒体机器人成为一种新的舆论引导方式，通过模仿人类行为，以机器人在社交媒体上发送有目的性的假新闻的现象愈发普遍。

　　四是武器化。这是一个隐性的特征，即媒介的武器化（weaponized media）的现象。当代新闻传播行为主体的多样性带来传播动机的多样性，远远超越传统的"新闻初心"，即报道事实。从微观新闻传播行为的动机看，个人工具重于社会公器，速度追求重于事实核查，情绪传播重于事实传播。《纽约时报》在2019年11月的一篇报道中，深度分析了特朗普上任总统以来发布的twitter，共11000条，其中近6000条是攻击其他人或机构的。从宏观新闻传播行为的动机看，企业间、国家间的舆论较量愈发重要，利用传播行为来打击对手成为隐性的手段。在国际传播体系中，话语权争夺日益激烈，而"话语权小"已经成为多数发展中国家的软肋。

　　在形象成为重要驱动力的当代社会里，"颜值即正义，传播即力量"。值得关注的是，在新闻力量日益彰显的同时，也充满了各种悖论。

　　在今天的社会里，高度互联，人们的物理距离越来越近，但是心理距离越来越远。

　　在今天的社会里，信息过载，人们获得的新闻越来越多，但是获得的真相越来越少。

　　在今天的社会里，技术发达，人们享有的便利性越来越大，但是享有的从容感越来越小。

　　这些复杂化的新闻传播效果的出现，是全球化、个体化、技术化、武器化等多种因素共同作用的结果。一方面，在自主选择信息、算法精准推送和多样传播动机作用的条件下，人们获取的信息的内容与倾向越来越固化，信息固化带来认识固化乃至观念极化，进而导致"再部落化"的社会分化。在全球范围内，信息固化、观念极化、社会分化的"新三化"现象愈演愈烈，这与当代传播发生的重大变化及产生的重大作用是密不可分的。另一方面，"以假乱真"的信息技术越来越强，眼见不一定为实，"做新闻"可以比"采新闻"更具真实感。信息技术依赖性在提升信息系统效率的同时，也会相应增加信息传播系统运行的风险性。"后真相"成为当代传播的最突出问题，事实核查已经成为全球新闻业的最大难题。从传播视角看当代世界的冲突与焦虑，虚假信息、对立思维、线性逻辑是重要原因。2022年1月，推特宣布永久封禁共和党众议员玛乔丽·泰勒·格林（Marjorie Taylor Greene）的个人账号，理由是其推送关于新冠肺炎疫情的虚假信息，且鼓吹美国的红州和蓝州应该分离。这一封禁行为与对特朗普个人账号的管制一样，凸显了当代全球传播中的复杂化与挑战性。

中国特色新闻学的提出不是空中楼阁，而是源于中国新闻实践发展的积累，这一实践与其他国家特别是西方国家不同，因而用单一的西方新闻理论已经无法解释。与此同时，新闻舆论工作在国家全局工作中的作用日益凸显，在国际关系与全球竞争中的作用也日益凸显，成为治国理政、定国安邦的大事，因而迫切需要有一套完整自主的理论体系来解释并指导新闻实践。然而，与新闻实践及国家发展的现状相对照，中国的新闻学发展还存在明显的"三个落后"现象。

一是新闻发展落后于经济发展。与国家经济实力在世界居于领先位置相比，中国的新闻传播能力与新闻话语权在全球还处于比较落后的位置，中国的发展实绩、发展道路没有得到很好的传播与解释。从全球范围看，尽管中国在国际金融危机后贡献了世界经济增长的最大份额，尽管中国的"一带一路"建设希望形成全球共同发展的天下大同新格局，但中国对全球发展的贡献度没有在全球舆论场中得到相应的美誉度。在国际传播体系中，"西强我弱"的格局始终没有改变，中国新闻实践、新闻理论发展的相对缓慢已经越来越成为制约国家发展的重要因素。对中国发展来说，科技创新落后是"卡脖子"，国际传播落后是"卡嗓子"。

二是新闻理论落后于新闻实践。新闻学界与新闻业界的脱节始终是一个制约中国新闻学发展的大问题。新闻学界过于追求学术化、论文化的产出与评价，对业界的动态与需求缺乏敏感性，导致师资队伍、人才培养中的结构性缺失。当代新闻实践的突出特征是新技术对新闻传播活动带来的巨大改变，新闻传播的技术化已经成为大趋势。但不容忽视的是，中国传统新闻传播学科建设和人才储备具有鲜明的文科化特征，对新技术的敏感程度与研究能力都远远不够。

这导致高校新闻学科还是更多局限于传统的文科内容占主导的新闻理论与新闻教学。与此同时，当代新闻传播的个体化特征也越来越突出，传统新闻传播中的机构行为与当代新闻传播中的个人行为共同组成当代新闻传播格局，而后者的活跃度、引导力愈发强劲。但是，中国传统新闻理论以研究机构新闻传播行为为主，其理论还不能很好地对个体化新闻传播行为做出解释和预测。

三是中国新闻理论落后于西方新闻理论。当代大众传播学的发源地是在西方国家特别是美国。改革开放以来，随着西方新闻学、传播学理论的引入，中国新闻学的理论体系更多地吸纳了其成果，推动了中国新闻学的发展，但值得关注的是，中国新闻理论的原创性内容特别是学理内容、方法建设却没有得到充分发展，因而出现了中国新闻学研究中普遍使用西方理论观点的现象，以至于在高校学生的新闻学研究中，习惯于使用议程设置、框架理论等西方经典理论来解读中国新闻实践，甚至以中国新闻实践去印证这些西方理论观点，而对中国特色的新闻学理论使用有限。与此同时，在中国新闻学界与国际学界的交流对话中，由于缺乏主体性强、原创性强的理论成果，也缺乏相应的国际学界影响力，难以展现新闻领域的"理论中的中国""学术中的中国"。

这些问题的积累带来中国新闻学的理论供给与需求的严重不平衡。在日趋复杂的当代中国思潮和全球舆论格局中，中国新闻学面临极大的理论挑战，对许多中国独有的实践有"做法"无"说法"，国际传播中对中国的标签化、污名化现象在全球疫情中有增无减，中国与西方的形象赤字、话语赤字问题愈发凸显。正是在这种强烈的现实需求中，中国新闻学的理论自觉日趋强烈，中国特色新闻学的理论建设逐渐成为学界与业界的热点。

面对当代社会中新闻传播活动愈发复杂与重要的新形势，高校新闻学研究与教学机构承担的责任越来越大。不能仅仅坐在书斋里做理论推演，也不能仅仅沿袭传统课程设置来培养人才，而是要以更强烈的全球视野、实践敏感、技术友好、理论自信来推进中国新闻学科建设和人才培养的变革。

在深度全球化进程中推动中国特色新闻学发展，要关注全球新闻业界的新动态，关注中国与世界的对话性，关注世界的多样性特别是认识到全球化不等于欧美化。

全球范围的新闻传播都面临着严峻挑战，主流媒体与主流民意的距离越来越大，个体化、技术化的信息传播并没有很好地发挥传播事实、传播理性、传播友好的作用，而武器化的传播更是让信息传播成为撕裂社会的利器。在这种全新的传播环境中，新闻理论必须要思考并回应一些重要问题：网络平台到底是技术还是媒体？社交传播到底是权利还是权力？信息使用到底是感性还是理性？行为依据到底是想象还是现实？

对中国特色新闻学与中国新闻舆论工作来说，"讲好中国故事"已经成为重大使命。要"讲好"而不是"讲坏"，要有新观念，新闻观念是新闻舆论工作的灵魂，改变观念才能改变行为进而改变效果。中国特色新闻学的"中国特色"体现在中国的新闻观念与传播目标上，但在传播方法的选择上要把握具有全球性、专业性的普遍原则。这其中，关键是展现真实、立体、全面的中国，在选择报道对象时注意事实的多样性和引导性，既不要盯住"5%"的负面内容，也不要只讲"95%"的正面内容。从当代国际传播来看，传播内容的真实性与多样性对于传播效果愈发重要。

当代世界是文化多样性的世界，不是文化单一性的世界。尽管欧美在现代化进程中占据领先位置，但全球化并不等同于欧美化，掌握真正的全球视野而不仅仅是欧美视野，掌握真诚的跨文化尊重而不是对弱者俯视、对强者仰视的跨文化摇摆，成为中国与世界沟通的重要原则。在这个由少数国家强势媒体描绘的世界里，公众知晓的、想象的世界有限而偏颇。因此，对中国特色新闻学来说，要以中国哲学、中国价值、中国视角向世界传播世界，换言之，以更大的时空观、更深的思辨性来观察"天下"，以"人类优先"的理念来思考人类命运，传播人类活动，如此，一个日趋真实的世界才能呈现在全球传播体系中，中国才能更好地与世界进行对话，实现主体性与主体间性的统一。

中国特色新闻学发展要与新闻传播实践紧密互动。国外的新闻院校师资大多具有业界丰富经历与资源，中国的新闻院校还有差距，一定程度上存在"纯学术化"倾向。作为应用性很强的社会科学，新闻理论源于实践才有对新闻实践的说服力和指导性。特别要注意的是，现实中新闻学界与新闻业界的平行运行现象是应防止的。新闻学界认为新闻业界的理论层次不高，新闻业界认为新闻学界的研究是纸上谈兵，这种相互的排斥不能推动中国特色新闻学的有效构建。事实上，现在全球范围内出现的精英对大众引导力的下滑很值得反思，反思理论与实践、学术与社会的关系。从整个社会的传播体系来看，学术给传媒赋能，传媒给大众赋能，应该也可以成为一种积极的互动状态。

在中国特色新闻学的课程设置中，要加大技术内容的力度。尽管新闻传播院校学生、师资大多为文科，但要适应当前和今后数字传播、智能传播等的技术化传播的新形势，必须进行调整。没有内容的技术是乏味的，没有技术的内容则是边缘的。对当代的中国特色新闻学建设来说，从技术维度来思考，充分采用技术哲学、媒介理论等作为理论工具，关注媒介的物质化、技术化转向，是当代媒介发展提出的必然要求。

当然，对中国特色新闻学建设来说，最重要的是，立足中国土，回到马克思。这是中国新闻学泰斗甘惜分先生的名言。理论要有说服力，就要有彻底性；而要有彻底性，就要有实践性。马克思主义新闻观的真理性、批判性是中国开展新闻学术研究的理论工具，中国新闻实践的丰富性、独特性是中国开展新闻学术研究的现实基础。

建设全球视野下的当代中国新闻学，要坚持马克思主义在意识形态领域的主导权。值得注意的是，坚持马克思主义并不是坚持教条的马克思主义，而是要在返本开新中坚持马克思主义，返回马克思之本，返回马克思主义经典著作之本，返回马克思主义基本原理之本，切实把握辩证唯物主义认识论，扎根中国新闻实践与国家发展需求，才能得出有彻底性与说服力的新闻理论。

建设全球视野下的当代中国新闻学，要坚持高度的文化自觉与文化自信。在当代世界的复杂思潮中，技术主义解决不了人类难题，单纯西方文明也解决不了全球性问题，事实上，反思文化观念，推动文明交流，探索构建人类新文明，成为解决当代世界观念冲突的重要基础和趋势。包括中华文化在内的东方文化为世界提供了独特的智慧，"向东看"成为当代世界文化建设的一个积极趋势。全球化与现代技术拉近了世界的物理距离，但是文化认同和文明互鉴才能拉近世界的心理距离。以大的历史观、文明观、哲学观来思考人类的沟通问题，更具本质意义与现实可能。

在当代中国新闻学的发展进程中，主体性、学理性的要求愈发突出。中国特色新闻学的提出，体现了全球视野下基于中国视角对人类新闻活动规律的学理性认识，其意义在于为人类新闻活动提供有别于西方新闻学的"另一种解释"。这一新的选择源于中国历史文化与新闻实践，也源于建立更加公正、民主、自由以及更加符合广大第三世界国家利益的国际传播新秩序的需求。

在这个大变动的时代里，全社会对新闻活动愈发重视，中国的发展道路愈发成功，西方的新闻实践愈发出现矛盾，中国学术界探索本土新闻学的共同意识愈发浓郁，中国的新闻学科能够也应该做出更加具有主体性、原创性与引领性的研究来。推动中国特色新闻学发展是挑战，更是机遇。

第一章 中国特色新闻学的提出与内涵

中国特色新闻学是当代中国新闻学发展中提出的重大命题。这一命题的提出，既是基于时代发展变化的需要，也是基于新闻学学科自身建设的需要，体现了新闻学与当代社会发展的紧密关系，也体现了新闻学界的理论自觉。构建中国特色新闻学，不能仅仅是抽象概念与自洽理论的提出，而是要深深扎根在中国大地的新闻实践中，深深呼吸时代发展的新鲜气息，明确这一重大理论命题与学术使命的历史必然性与时代引领性。

第一节 构建中国特色新闻学的时代背景

构建中国特色新闻学的实质是构建有主体性与学理性的中国新闻学。主体性强调中国特色新闻学要基于中国实践，提出有原创性的理论，服务中国发展，进而推动世界发展；学理性强调新闻学有自身的学科规律，要遵循规律来推动中国新闻学发展，进而推动世界新闻学发展。在当代中国新闻学的发展进程中，主体性、学理性的提出与中国整体发展、中国与世界的关系紧密相连，换言之，正是因为中国发展进入了新阶段，中国与世界的关系发生了新变化，构建中国特色新闻学才逐渐成为愈发重要的时代任务。

一、中国发展进入新时代，中国特色社会主义道路更加成熟

改革开放以来，中国以开放的心态向世界学习，以务实的精神探索适合本国国情的发展道路，不论是大规模派遣留学生、翻译西方学术著作、引进外资，还是推动农村改革、国企改革，建立社会主义市场经济体制，都体现了中国发展道路的开放性与务实性。在此过程中，牢牢把握"以经济建设为中心"，把发展作为第一要务，同时积极探索发展的内涵与途径，从科学发展观到新发展理念，都体现了与时俱进的实事求是。

十八大以来，中国对自己道路探索的自觉性与理论性愈发强烈。一方面，强调以马克思主义哲学和正确的思想方法来指导工作；另一方面，强调要开创当代中国马克思主义发展新境界。从十八届中央政治局的多次集体学习内容来看，要求坚持历史唯物主义，深刻认识全面深化改革的规律，明确辩证唯物主义是中国共产党人的世界观和方法论，提出开拓当代中国马克思主义政治经济学新境界。在十九大上，对中国特色社会主义道路进行了理论化、体系化表述，形成了新时代中国特色社会主义思想和基本方略。十九届六中全会提出，党的十八大以来，中国特色社会主义进入新时代。党面临的主要任务是，实现第一个百年奋斗目标，开启实现第二个百年奋斗目标新征程，朝着实现中华民族伟大复兴的宏伟目标继续前进。党领导人民自信自强、守正创新，创造了新时代中国特色社会主义的伟大成就。[1]在二十大上，提出科学社会主义在21世纪的中国焕发出新的蓬勃生机，中国式现代化为人类实现现代化提供了新的选择。

实践中的道路选择对学术中的理论建设提出的要求更加具体而迫切。对于学术界来说，2016年召开的哲学社会科学座谈会具有极其重要的意义。这次会议鲜明地提出坚持和发展中国特色社会主义必须高度重视哲学社会科学，加快构建中国特色哲学社会科学。在这次会议中，明确提出加快完善对哲学社会科学具有支撑作用的学科，提到了11个具体学科，其中就包括新闻学，要求打造具有中国特色和普遍意义的学科体系。对新闻学界来说，这是前所未有的机遇，也是必须迎难而上的挑战。

二、文化自信成为主旋律，全社会对中华文化的重视度和认可度大幅度提升

从"五四"新文化运动开始，在近现代中国的发展中如何看待与建设中国文化始终是一个焦点。不可否认的是，由于长期落后挨打，不论是知识分子还是普罗大众，对本国文化都存在较大的怀疑，怀疑自己的文化价值，甚至怀疑汉字与中医，直至极端者全面否定本国传统，希图全盘西化。由此在当代中国也出现一种奇怪的现象：当国人物质水平越来越高时，精神上却越来越找不到根基，以至于要到西方文化中找寻归属感。这种发展悖论显然是畸形的。

十八大以来，对历史传统、文化建设的重视程度大幅度提升。2013年12月十八届中央政治局第十二次集体学习时，主题就是"提高国家文化软实力"。2014年10月十八届中央政治局第十八次集体学习时，习近平指出："怎样对待本国历史？怎样对待本国传统文化？这是任何国家在实现现代化过程中都必须

---

[1] 鞠鹏、燕雁：《中共十九届六中全会在京举行》，《人民日报》2021年11月12日，第1版。

解决好的问题。"同时，习近平鲜明地指出："中华优秀传统文化是我们最深厚的文化软实力，也是中国特色社会主义植根的文化沃土。"[1] 最具有标志性、引领性意义的是，在2016年7月1日召开的庆祝中国共产党成立95周年大会上，习近平首次明确提出了包括"文化自信"在内的"四个自信"："全党要坚定道路自信、理论自信、制度自信、文化自信。""文化自信，是更基础、更广泛、更深厚的自信。"[2] 在《中共中央关于党的百年奋斗重大成就和历史经验的决议》中指出："文化自信，是更基础、更广泛、更深厚的自信，是一个国家、一个民族发展中最基本、最深沉、最持久的力量，没有高度文化自信、没有文化繁荣兴盛就没有中华民族伟大复兴。"[3] 这些论断，特别是"三更"的自信和"三最"的力量，把文化建设对于国家、民族的重大意义提升到前所未有的高度，并由此成为新时代弘扬中华文化、建设中国特色社会主义文化强国的主旋律。

值得欣喜的是，90后、00后新一代青年人对民族文化的认同感自发而自然，由于其成长过程中开阔的国际视野与中国的高速发展，当代青年会更加平视世界，更加信任祖国，更加对本国历史文化有亲近感。近年来以"汉服热""国货热"为代表的"国潮"现象，网络空间中青年人自发的"出征"现象，青年流行文化中把祖国偶像化为"阿中哥哥"，青年漫画家对国际霸权的讽刺创作等，都体现了当代青年文化自信的提升，以及在面对多元文化时更加平等从容的姿态。从笔者对"国潮"现象的研究中可以发现，当代青年正是因为文化自信更喜欢选择本国品牌，在当代中国青年看来，祖国生而伟大，东方之美与西方之美各美其美。

三、国际舆论面临大挑战，意识形态与新闻媒体成为武器

当代国际关系的最大变化是单极化向多极化的转变以及由此引发的中美关系的急剧恶化，从贸易战开始，特朗普政府对华政策的攻击性超过了中美建交以来的历届美国政府，新冠肺炎疫情暴发后更是变成对抗性的攻击。这种对华攻击性形成一种政治氛围，影响了美国乃至西方左右翼政客，同时，也成为一种政治遗产，传递到新一届拜登政府，中美之间的关系依然处于不稳定状态。而在美西方与中国的对抗中，民主、人权等意识形态话题成为攻击中国的主要

---

[1] 习近平：《论党的宣传思想工作》，中央文献出版社，2020，第89、90页。
[2] 习近平：《在庆祝中国共产党成立95周年大会上的讲话》，《求是》2021年第8期。
[3] 《中共中央关于党的百年奋斗重大成就和历史经验的决议》，《人民日报》2021年11月17日，第1版。

借口之一，也成为美西方组建反华小圈子的标识性概念。

在国际秩序发生重大转变的过程中，自由主义已经无法解释西方国家的各种保护主义、单边主义、霸权主义行为，但为了维持自己的意识形态霸权与优势，在美西方政客的引导下，西方特别是美英新闻媒体对中国的报道持有愈发明显的一边倒的批评性，在这种"立场先行"的报道中，没有了新闻的真实性、客观性，突出了新闻的政治性、选择性。可以说，"倾向性"成为美英新闻媒体近年来涉华报道越来越鲜明的特色，一方面，报道中在事实呈现上的选择性突出与选择性忽视更加明显；另一方面，报道中在叙述评论上的积极性态度与消极性态度更加明显。同一个事件，比如2019年发生在英国的偷渡者集体死亡事件"埃塞克斯惨案"，在起初主观判定为中国偷渡者时，CNN、BBC、《纽约时报》是一个质疑的报道态度，在落实为越南偷渡者后又是一个同情的报道态度。同一类行为，比如暴乱分子冲击政府机构和法治秩序，对中国香港的类似事件报道凸显警察的所谓暴力执法，谴责为压制民主人权，对美国国会的类似事件报道则是凸显暴乱分子的恶行，谴责为对法治和平的蔑视。这些报道反映了这些美英媒体在国际报道中对有价值的牺牲者（worthy victims）和无价值的牺牲者（unworthy victims）的选择。[1]

西方新闻界标榜的专业主义、专业性在近些年的对华、涉华报道中愈发稀缺，这让中国新闻界更进一步认识到了国际传播秩序的丛林法则，看清了西方新闻自由的虚伪性，也让中国新闻学界更深刻地反思如何批判性地面对近几十年来大规模引入的西方新闻传播学知识体系，如何更加主动地构建当代中国新闻学的自主知识体系。对于任何一种理论，既要听其言，更要观其行。如果专业主义新闻学的自主只是一种自我中心的理论、抽象性的话语，那是必须被批判的。因此，构建新的原创的新闻学知识体系，不仅是立足中国新闻实践的，也是着眼于全球新闻舆论格局的，换言之，既要有中国的制度、文化、实践特色，又要能对全球新闻传播现象的特征、问题、发展有解释力，要为世界新闻理论与实践提供"另一种视角"。

四、新闻学科需要新突破，新闻学的主体性建设有待提高

中国的新闻学科在其发展过程中，始终面临"新闻无学"的质疑，集中体

---

[1] Edward S. Herman, Noam Chomsky, *Manufacturing Consent*. NewYork：Pantheon Books，1988，p.37.

现在学科不存在、不独立、不成熟的质疑中。[1] 究其原因,一方面,由于新闻业务的实践性强、进入门槛低,对于许多报人、新闻人来说,通过实践学习即可;另一方面,由于政治因素介入新闻活动多,对于新闻学科的学术自主性、独立性认识不够,对新闻活动的规律性遵循不够。改革开放以来,随着西方特别是美国新闻学、传播学知识的引入,中国新闻学界大规模地吸收、学习外来理论,与国际学术界接轨,在一定程度上又放弃了自身的自主性、独立性,对中国新闻学的"中国特色"尊重不够。这三重因素共同作用于中国新闻学的发展过程中,带来了新闻学科在与新闻业界对话时的"业界边缘化"问题、在与其他人文社科领域学科对话时的"学界边缘化"问题、在与国际同行对话时的"世界边缘化"问题,简言之,主体性弱化成为当代中国新闻学科建设中的最突出问题。

从当前中国高校的新闻学教育来看,规模很大,但普遍存在学科知识体系积累不足与独特性不够,课程挑战度不高且饱满度不够,许多高校采取学生辅修其他专业课组的方式来弥补自身学科的这些不足,乃至干脆就是"2+2"的本科教学模式,先在其他专业学习两年再回到本专业,这种方式看似充实了教学内容,但也从一个侧面反映了新闻学科自身建设的尴尬。这种学科主体性不强的问题,与新闻学科作为"对哲学社会科学具有支撑作用的学科"的定位是不匹配的。

从中国新闻学科自身的发展趋势来看,加快构建具有鲜明主体性与扎实学理性的中国特色新闻学的任务非常紧迫。中国特色新闻学的发展必须立足于马克思主义,以马克思主义世界观、方法论来构建新闻学的基本理论体系,立足于近现代中国新闻事业的历史进程,特别是中国共产党新闻工作百年来积累的经验与教训,立足于当代中国新闻实践,在乡村传播、城市传播、企业传播、政党传播、国际传播的实践中挖掘规律,立足于新技术的发展,在数字传播、智能传播、社交传播的新变化中找寻趋势,立足于全球新闻传播格局,探索如何构建更加公正、民主、自由的国际传播新秩序,推动人类命运共同体建设。换言之,中国的新闻学科要有突破、有大发展,就要坚持"立足中国土,回到马克思,把握新技术,放眼全世界"的理念。

---

[1] 胡智锋、刘俊:《新中国70年新闻传播学发展的回顾与展望》,《新闻大学》2020年第2期。

第二节　新时代的积极新闻学

"积极新闻学"的观念与西方的"黄色新闻""扒粪新闻"等观念不同，不讲求煽情主义、冲突主义、负面主义，积极新闻学认为，新闻舆论活动应该成为社会进步的参与者、推动者。

2017年10月，在十九届中共中央政治局常委同中外记者见面时的讲话中，习近平在最后说了一段很有深意的话："我们欢迎各位记者朋友在中国多走走、多看看，继续关注中共十九大之后中国的发展变化，更加全面地了解和报道中国。我们不需要更多的溢美之词，我们一贯欢迎客观的介绍和有益的建议，正所谓'不要人夸颜色好，只留清气满乾坤'。"[1]这番话是对在场的全球记者说的，体现了中国共产党的执政理念，从新闻学角度看，也体现了当代中国新闻实践中的新观念。这种观念是对新闻舆论活动的总体认识，可称为积极新闻学的观念。

新闻舆论工作要积极参与社会沟通与国家形象传播。此次讲话总共1000多字，在这么精练的讲话中，专门用一段内容来讲新闻工作，期望各国记者们"在中国多走走、多看看"，这充分说明在当代中国发展中，新闻舆论工作居于"治国理政、定国安邦的大事"的重要地位，发挥着不可替代的作用。在媒介化时代，社会沟通的主要手段是新闻传播，一个国家、一个政党、一个政府能否与新闻媒体保持积极的沟通姿态，直接影响其工作效果与社会形象。"继续关注中共十九大之后中国的发展变化"，释放的正是中国积极通过新闻媒体与世界沟通的强烈愿望，体现了新闻舆论工作在新时代中国的全局工作中的战略地位。

全面报道是积极的新闻真实观。在这段讲话中，习近平希望各国记者们"更加全面地了解和报道中国"。"全面"这个关键词，体现的是马克思主义新闻观的真实性观念：既要有局部真实，又要有整体真实；既要有现象真实，又要有本质真实；既要准确报道个别事实，又要从宏观上把握和反映事件或事物的全貌。这个时代和世界是复杂的，中国又是一个快速发展中的大国，报道这个时代的中国，"立场先行"与"有闻必录"都是消极的新闻真实观，只有基

---

[1] 丁海涛：《新时代要有新气象更要有新作为中国人民生活一定会一年更比一年好》，《人民日报》2017年10月26日，第2版。

于理性立场、平等态度与专业精神的"全面报道"才是积极的新闻真实观。有了这种新闻观念作指导，新闻报道就会更加真实，更加经得起大时间尺度的检验。

客观的舆论监督有积极效果。在传统的宣传观念中，往往强调只能说表扬的话，不能说批评的话。而习近平在此次讲话中特别指出"我们不需要更多的溢美之词，我们一贯欢迎客观的介绍和有益的建议"，这就标示了一种态度，不用记者们一味说好话甚至是过头的好话，而是要提供"客观的""有益的"信息。事实上，习近平在党的新闻舆论工作座谈会上的讲话中也讲过："舆论监督和正面宣传是统一的，而不是对立的。新闻媒体要直面我们工作中存在的问题，直面社会丑恶现象和阴暗面，激浊扬清，针砭时弊。"[1]这种"统一"体现在积极的报道效果上，报道问题与报道成绩都可以推动社会进步，前者推动负面问题解决，后者推动正面经验传播。比如在疫情中，既要加大正面力度的报道，也要客观反映存在的问题，两者都是推动抗疫工作更好地推进。从积极新闻学的角度看，有好事情要实事求是地报道，有不好的事情也要实事求是地报道，重要的是有事实的依据、积极的态度与建设性的意见，而不是一边倒地、居高临下地、"裁判官式地"乃至借题发挥地批评与"揭丑"。

营造清朗积极的新闻舆论生态。不要"颜色好"，而要"留清气"，要"清气"，而不要"浊气"，这是对新闻舆论生态的重要评价尺度，体现的正是积极新闻学的一种观念。与西方新闻观念中强调新闻的冲突性、监督性、批评性，突出媒介中心主义不同，积极新闻学认为，新闻舆论活动应该成为社会进步的参与者、推动者、建设者，而不是旁观者、嘲讽者、反对者，新闻舆论工作者不仅是所谓"无冕之王"，更应是"有责之人"。

积极新闻学的实践在中国很丰富，但理论构建还有待继续深入。这一理论与西方新闻学界曾经提出的解困新闻学（solutions journalism）、建设性新闻学（constructive journalism）有相似之处，但又立足中国实践有自己的特色，包括马克思主义的认识论、中华文化传统中的价值观以及党性与人民性相统一的原则，等等。把握并系统化积极新闻学的理论体系，中国的新闻实践与新闻学话语体系就能更加有效地传递中国的国家形象，提高国家文化软实力，在全中国乃至全世界凝聚起推动中国发展的力量。

---

[1] 习近平：《论党的宣传思想工作》，中央文献出版社，2020，第188页。

第三节　后喻文化视域中的新闻活动

新闻活动的形式是信息活动，实质是文化活动，是通过信息传播描绘社会图景，建构社会意识。在新闻活动中，时代的文化特征对新闻传播行为有着深刻影响。这其中，文化的代际传承、文化传播与消费的主体力量，成为认识当代新闻传播行为的重要时代文化背景。

1969年，美国人类学家玛格丽特·米德在其著作《文化与承诺——一项有关代沟问题的研究》的序言中写道："人类只有充分认识自己的过去和现在，才能够为沉浮与共的年长一辈和年轻一代找到光辉的未来。"[1] 在此书中，她把人类历史分为三种类型的文化：前喻文化，晚辈向长辈学习；并喻文化，晚辈和长辈都向同辈人学习；后喻文化，长辈向晚辈学习。在她看来，前喻文化的存在源于社会的静止，因而长辈是晚辈的权威与示范，而随着技术进步、移民社会等出现，"世界上所有的人都置身于电子化的互相沟通的网络之中，任何一个地方的年轻人都能够共同分享长辈以往所没有的、今后也不会有的经验"。"今天的年轻一代生长在一个他们的长辈完全未知的世界中，但成年人中却很少有人意识到这一现象是历史的必然。即使那些预感到后喻文化即将来临的人，对后喻文化的具体内容亦同样一无所知。"[2]

时过半个世纪，当人类社会进入基于移动互联网的社交媒体时代，进入数字经济时代，进入元宇宙时代，当微博、微信、脸谱、推特等成为年轻人获取新闻的主要入口时，我们重新阅读以上这些文字和思想，必须承认作者的洞见：一个后喻文化的时代正在全面形成。不论是否承认、接受或喜欢，年轻一代在当代文化建构中的作用越来越大，任何文化形态都面临如何提高"青春度"、赢得青年人的任务。

玛格丽特·米德喜欢以"移民"为例证来论述自己的观点，移民者都要把孩子送到当地的学校学习，结果他们必须向自己的孩子学习所移入社会的文化。同样，在今天的社交媒体时代，年轻人成为网络空间的"原住民"，而其

---

[1] 玛格丽特·米德：《文化与承诺——一项有关代沟问题的研究》，周晓虹、周怡译，河北人民出版社，1987，第15页。

[2] 玛格丽特·米德：《文化与承诺——一项有关代沟问题的研究》，周晓虹、周怡译，河北人民出版社，1987，第75页。

祖辈父辈则是网络空间的"移民",后者必须向前者学习才能获得网络空间的活动能力。如同现在的年长者往往要向年轻人"请教"才能知道某个新网络用语的含义。更重要的是,网络空间对现实空间的反向渗透力愈发强大,而年轻人在网络空间获得的优势地位也逐渐向现实空间蔓延,如现在线上形象、线上声音不断引导线下行为、线下选择的趋势愈发明显。

在后喻文化中研究新闻传播行为,传统的新闻观念、新闻理论都要面临挑战。如果长辈们不愿放弃自己的权威地位,试图以现实空间的教育姿态在网络空间面对年轻人,其传播效果是有限的。

在移动社交媒体中的新闻,其存在价值与作用发挥都愈发多样。

其一,作为信息的新闻,这是新闻的基本功能。与传统媒体时代的新闻功能一致,但现在更强调"无时差"时效,新闻的首发权、第一时间落地成为关键要求,同步报道、全程媒体是最佳状态。

其二,作为娱乐的新闻,这是新闻在当代文化形态中的突出体现。在移动屏幕里获取注意力,个性化、娱乐性成为重要因素,不论是新闻标题还是新闻图片,有趣成为点击率提高的不二法门。当代年轻一代是二次元一代,可视化、趣味化成为信息接收行为中的普遍需求,全息媒体是共同追求。

其三,作为社交的新闻,这是社交媒体传播新闻的独特功能。社交媒体是全员媒体,在社交媒体上发布新闻、转发新闻,很多时候并不是为了传播新闻内容,而是通过这一传播行为实现与社会关系的交往。牛津大学的汤姆·斯丹迪奇在其《从莎草纸到互联网——社交媒体2000年》一书中认为,各种社交媒体是新型咖啡馆,"使思想从一个人到另一个人,沿着社会关系网一波波传送"[1]。

其四,作为服务的新闻,这是媒介化社会中新闻的发展需要。当代媒体平台不仅是新闻媒体,也是服务平台,形成了全效媒体。举凡政务、商务、社会服务等服务信息都会通过线上新闻媒体平台来发布,有影响力的新闻媒体一定是最大限度地满足公众实用性信息需求。

在这种后喻文化中,祖辈父辈抑或社会的权威者要与年轻人在社交媒体中有效交流,重要的是保持对年轻人的尊重与信任,与年轻人共同学习,形成面向未来的共同目标。"只有在两代人之间重新建立起理解和信任,年轻人才会

---

[1] 汤姆·斯丹迪奇:《从莎草纸到互联网——社交媒体2000年》,林华译,中信出版社,2015,第366页。

同意和长辈去共同寻找答案。"[1]

进入后喻文化与社交媒体时代的新闻活动,既要传播社会真相,更要推动社会对话,提升社会活力,实现社会团结。在这一全新的信息空间中,新闻学研究要密切关注活跃的青年文化,关注新鲜的新闻传播行为,以创新的新闻理论阐释当代新闻活动,引导与预测未来新闻活动。当然,所有的理论创新都是为了推动新闻活动产生积极的社会效果。既然人们离不开新闻活动,年轻人在新闻活动中作用越来越大,那就要以最贴近年轻人的方式来建构新的新闻理论,引导新的新闻活动。

第四节 构建中国特色新闻学的理论起点

进入21世纪以来,在国家新的发展阶段和国际环境变化下,构建具有中国主体性、能够解释和指导中国新闻实践的新闻学体系的呼声、探索日益增多。加强马克思主义新闻观教育,开展"走基层、转作风、改文风"活动,成为新闻界最突出的尝试。这种以实践教育为主的探索对于新闻业界树立正确的新闻观念、高校开展马克思主义新闻观教育发挥了重要的推动作用。2005年秋季学期,清华大学新闻与传播学院率先开设面向本科生和研究生的必修课"马克思主义新闻观",此后,全国高校新闻院系陆续开设了类似的专业课程。进入2016年,随着新闻舆论工作座谈会与哲学社会科学工作座谈会的召开,中国特色新闻学作为中国特色哲学社会科学的重要组成,成为一种方向性的新闻学科建设目标。[2]2017年,中国新闻史学会中国特色新闻学研究委员会正式成立,构建更具中国主体性的新闻学体系的探索从新闻实践、新闻教育领域进入到了新闻学科建设领域,进入到了一个全新的阶段。在这个新阶段里,如何认识当代新闻实践中面临的一些理论焦点成为当务之急,也成为中国特色新闻学建设的理论起点。

---

[1] 玛格丽特·米德:《文化与承诺——一项有关代沟问题的研究》,周晓虹、周怡译,河北人民出版社,1987,第99页。

[2] 柳斌杰:《中国特色社会主义新闻学的五块基石——在马克思主义新闻观与中国媒介社会研讨会上的主题演讲》,《全球传媒学刊》2016年第4期。

一、如何认识马克思主义新闻观的指导

马克思主义作为寻求人类解放的科学理论，具有鲜明的人民性与科学性，对广大劳动人民、第三世界国家、受压迫民族寻求自身解放具有指导意义。辛亥革命、五四运动以来，在中国救亡图存的历史进程中，大量理论、主义涌入中国，最终中国人民选择了马克思主义。这一选择过程是历史性的，经历了从自发到自觉的过程。

马克思主义进入中国后，进行了自觉的中国化，结合中国的实际、时代的需要进行了发展。《中共中央关于党的百年奋斗重大成就和历史经验的决议》指出："党之所以能够领导人民在一次次求索、一次次挫折、一次次开拓中完成中国其他各种政治力量不可能完成的艰巨任务，根本在于坚持解放思想、实事求是、与时俱进、求真务实，坚持把马克思主义基本原理同中国具体实际相结合、同中华优秀传统文化相结合，坚持实践是检验真理的唯一标准，坚持一切从实际出发，及时回答时代之问、人民之问，不断推进马克思主义中国化时代化。"[1]

马克思主义对中国发展的指导是全局性的、长期性的，逐渐形成了中国特色社会主义道路，其中就包括中国特色新闻舆论工作。新闻观是新闻舆论工作的灵魂，马克思主义新闻观就是中国特色新闻舆论工作的灵魂，也是中国特色新闻学的灵魂。整体上看，马克思主义新闻观对中国特色新闻学的指导意义集中体现在两方面：一方面，坚持以人民为中心的研究导向；另一方面，坚持科学的认识论。前者管方向，后者管方法。

从理论方法的维度看，中国特色新闻学坚持历史唯物主义与辩证唯物主义的认识论，认为新闻活动是作为主体的人类对作为客体的世界的具有主观能动性的认识，这种认识不是机械的反映，也不是主观的臆造，而是主客体间基于实践的关系体现。因此，对于新闻学中最关键的真实性问题，马克思主义新闻观坚持整体真实与局部真实的统一、本质真实与现象真实的统一。而这种统一性是以实践来检验的。

需要特别注意的是，马克思主义新闻观对中国特色新闻学的指导性不是作为教条的说明书，而是作为价值判断与方法依据的指南针。换言之，马克思主义是发展的，新闻实践是火热的，必须以持续发展的、中国化的马克思主义来

---

[1]《中共中央关于党的百年奋斗重大成就和历史经验的决议》，《人民日报》2021年11月17日，第1版。

指导中国特色的新闻实践与新闻理论建设。

二、如何认识新闻学的国别特色

新闻学是研究新闻活动的学科，新闻活动是人类认识世界、传播信息的行为，新闻学研究的意义在于揭示这一行为的内在规律性。从马克思主义认识论来看，新闻活动中的客观性在于对客观事实的尊重，即任何报道对象都应该是客观存在的而不能是主观想象的，新闻活动中的主观性在于对事实的选择，即从众多事实中选择出部分内容进行报道。

新闻活动对客观事实的选择及其叙述方式反映了新闻传播者的立场，其深层次是传播主体的价值观。正是这种价值观决定了新闻学的国别特色。在中国的新闻活动中，新闻是国家治理与社会进步的有机组成，不是旁观者而是参与者，不是批评者而是建设者；在西方的新闻活动中，基于"国家—社会"的二元论，新闻保持着与国家的距离，秉持着批判性的态度。在中国的新闻活动中，社会效益永远是第一位的追求；在西方的新闻活动中，由于媒体商业性的属性，经济效益是重要驱动，由此，更加注重以刺激的故事（exciting stories）和戏剧化的叙事（dramatic narratives）来吸引人，更加关注反常（unusual）而不是寻常（common）[1]。这些内在的价值观差异使得中西方在新闻事实的选择中、新闻评论的角度中，都具有迥异的差别。具体来看，中国新闻报道的"正面宣传为主"体现了鲜明的积极性原则与媒介有机主义，西方新闻报道的"人咬狗才是新闻""坏消息是好新闻"体现了鲜明的冲突性原则与媒介中心主义。

在国际新闻传播中，新闻活动的国别特色表现得更加突出。一方面，由于中西方新闻活动的历史文化、制度环境、意识形态的不同，各自在报道角度、叙述方式、运营模式等方面不同；另一方面，由于国家利益的冲突、国际关系的复杂，新闻媒体成为本国利益的坚定维护者、本国政治的积极参与者，基于本国利益维护与意识形态立场带来的国别特色更加突出。选择性过滤新闻是西方媒体报道中普遍的现象，存在隐性的"过滤器"（news filters），而反共意识形态（the ideology of anticommunism）被认为是一个重要的过滤器。[2] 整体来看，

---

[1] Hans Rosling, Ola Rosling, Anna Rosling Ronnlund, *Factfulness*. London: Sceptre Books, 2018, p.253.

[2] Edward S. Herman, Noam Chomsky, *Manufacturing Consent*. New York: Pantheon Books, 1988, pp.2-31.

资本主义的残酷性被长期掩盖，社会主义的曲折性被长期放大。而当无法否认社会主义的进步事实时，就以叙述方式与评论视角来歪曲解读事实。比如在新冠肺炎疫情期间，中国向世界各国提供口罩、疫苗，中国媒体如实报道并以此作为体现国际主义精神、构建人类命运共同体的举措，而一些西方媒体就会将此报道为"口罩外交""疫苗民族主义"，甚至进行批评。更有甚者，一些西方媒体会为了本国利益而捏造事实、恶意造谣与中伤，完全丧失了新闻业的专业性原则，其国别特色就表现得更加清晰。

三、如何认识"中国特色"的形成

自1919年徐宝璜出版第一本中国新闻学著作开始，中国新闻学已经走过了一个世纪。在这百余年的新闻学发展历程中，中国新闻学的特色非常鲜明。尽管近代新闻业是从西方引入中国的，但由于中国近现代发展的特殊国情、历史文化的特殊精神、新闻事业的特殊定位，中国新闻学的定位、功能、价值观等与西方新闻业迥异，"中国特色"成为中国新闻学发展中的突出特征。

中国特色来源于中国近现代以来的救亡图存历程。从梁启超、邵飘萍到陈独秀、瞿秋白，中国早期的新闻活动中的最活跃人物都是以报刊为载体来唤醒民众、实现政治主张的。换言之，新闻活动是作为一种极其重要的政治力量登上中国舞台的。梁启超是中国近代最著名的报人之一，提出了"去塞求通"的观点，认为报纸有"耳目喉舌"的作用。在他看来，办报的主要任务就是传言论、通民智。范敬宜是中国当代最著名的报人之一，曾任《经济日报》《人民日报》总编辑，经常以范仲淹的名句"先天下之忧而忧，后天下之乐而乐"自勉。他在2002年4月出任清华大学新闻与传播学院首任院长的大会上指出："面对新世纪的风云变幻和经济全球化的波涛汹涌，如何卓有成效地发展新闻与传播事业，如何使之成为国家长治久安、民族伟大复兴和人民幸福安康的一大'利器'，这些课题都十分现实又紧迫地摆在我们面前，摆在新闻学与传播学的面前。"[1] 这段论述在二十年后看来更富洞见性。中国新闻业发展进程中背负的特殊的宏大使命使得中国新闻业天然地与国家与民族的利益和人民需要紧密联系在一起，成为中华民族应对各种挑战的重要力量。

中国特色来源于中国的文化传统。百年来优秀的中国报人都是"大文人"而不是"大商人"，这些报人既具有深厚的文史底蕴，又具有强烈的社会责任感，从王韬、戈公振到穆青、南振中，都以报刊、媒体为社会公器而不是个人

---

[1] 范敬宜：《范敬宜文集：新闻教育文选》，清华大学出版社，2011，第124-125页。

盈利手段。1918年，北京大学设立"新闻学研究会"，开展新闻学研究与教育，蔡元培担任会长。一年后蔡元培在为徐宝璜所著《新闻学》作的序中谈道："余惟新闻者，史之流裔耳。"[1] 以"史家"之要求培养新闻人才，成为近代中国新闻业起始就有的一个鲜明而深刻的特点。1929年，徐宝璜在为黄天鹏所著《新闻学刊全集》作的序中谈道："余惟新闻纸者，近代文明中势力最雄伟之物也。""至此力之为祸为福，则全视人之运用如何，如能善用之，则新闻纸者，诚'社会之耳目也，国民之喉舌也，人群之镜也，文坛之王也，将来之灯也，现在之粮也'。"[2] 事实上，在中国近现代的百余年新闻史中，正是得益于这些优秀的大文人、大报人，得益于通才办报、史家办报，新闻媒体追求的社会效益总是高于经济效益，体现的社会诉求总是高于个人诉求、媒体诉求。

中国特色来源于中国共产党的领导。不论是革命时期还是建设、改革时期，中国共产党的历代领导人都强调新闻工作是党的整体工作的一部分，要坚持马克思主义的指导，坚持政治家办报。新闻事业贯穿了中国共产党的百年发展全过程，发挥了极其重要的、不可替代的引领思想、联系群众与社会动员的作用。中国共产党在新闻工作中极其重视新闻媒体在联系群众中的作用，坚持党性与人民性相统一，即将党的路线、方针、政策通过新闻媒体转化为群众的实际行动，同时将群众的呼声、经验传递到党的决策中来。在新闻工作中，强调运用马克思主义的世界观和方法论，以服务人民为根本立场和目标，避免思想方法上的主观性、片面性和表面性，倡导全党办报、群众办报，更加全面地认识与传播世界，通过新闻工作实现广大人民的利益。

在当前国际舆论斗争白热化、社会思潮多样化、信息传播个人化的社会环境中，当代中国新闻事业要发挥积极作用，就要始终坚持并且创造性地实践中国新闻业的历史经验、文化价值与政治功能。要围绕构建中国持续发展需要的舆论生态的战略任务，形成对国家经济社会发展的稳定预期，形成植根中国的主流价值观和文化自信，形成面向全球的良好中国形象。

需要重视的是，在当代社会，新闻既是民主的体现，也是治理的手段。这也是有"中国特色"的新闻事业应着力体现与实践的。加强与改进新闻舆论工作，就要让新闻活动切实成为党和政府联系人民群众的"千百条线索中最重要的一个"，发挥治国理政、定国安邦的作用，推动建立坦诚、透明的现代政府，发挥媒体沟通作用，发挥舆论监督作用，守护公平正义，推动社会进步。

---

[1] 徐宝璜：《新闻学》，中国人民大学出版社，1994，第5页。

[2] 徐宝璜：《新闻学》，中国人民大学出版社，1994，第132-133页。

四、如何认识新闻学的知识体系

进入新时代的中国新闻学科，面临前所未有的现实挑战、时代需求与发展机遇，新闻学是对哲学社会科学具有支撑作用的学科，活跃的当代新闻实践对中国新闻学发展提出强烈需求，要抓住这一机遇，关键在于把握马克思主义新闻观的科学理论，把握中国共产党建党百年来新闻工作的历史经验，把握中国新闻学已经积累的知识体系，关注新闻学科的基础理论、新闻历史的基本梳理、新闻活动的基层实践，着力构建具有主体性、学理性的中国特色新闻学。

中国特色新闻学作为一种知识体系，不是从无到有的建立，而是基于已有的新闻学知识体系，体现中国新闻学发展从"无学"到"有学"、从"小学问"到"大学问"、从"别人的学问"到"自己的学问"的转变。要实现这些转变，就要把握好中国新闻学的发展历程与知识积累，以之作为理论起点。

1993年，中国第一部新闻学大型辞书《新闻学大辞典》出版，该书由甘惜分主编，百余位专家学者参与，收入词条5368条，总字数184万字。甘惜分在序言中针对"新闻无学"论提出："任何一门新的学科，都是从'无学'到'有学'。当其发生发展的初期，是幼稚的，不成熟的。新闻学也是这样，新闻学一定会从一个婴儿成长为一个大人。有人蔑视，有人嘲笑，有人不予理睬，有人把它同一些老学科相比较，说它不成系统呀！未立体系呀！等等。在这一片冷嘲热讽之中，新闻学这株幼苗生根于人民的土壤，面向着蓝天和太阳，它正在茁壮成长。"[1] 这段话在三十年后来看，对于指导今天的中国特色新闻学建设依然贴切，在数代中国新闻学人的努力下，中国新闻学已经"成长为一个大人"，当代的使命是"成长为一个更有气力、更有魅力的大人"，在这个"大人"的引领下，中国新闻事业愈加蓬勃，中国与世界的沟通愈加通畅。

中国新闻学的知识体系由三部分组成，即新闻理论、新闻业务与新闻史，已经积累了丰厚的研究成果。从当代新闻学的发展来看，需要更加关注新的全球传播格局、新的信息传播技术、新的社会传播行为为新闻活动带来的变化，基于新环境、新技术、新特点探讨新规律，丰富这三个领域的研究内容。与此同时，由于媒介化社会与社会化媒介的出现，新闻传播与社会发展的关系日益紧密，还需要开展更多打破现有学科边界、基于问题导向的跨学科研究，包括新闻与国家治理、新闻与国际关系、新闻与文化建设、新闻与当代教育、新闻与经济发展、新闻与社会结构等，探索新闻政治学、新闻文化学、新闻社会学、

---

[1] 甘惜分主编《新闻学大辞典》，河南人民出版社，1993，第1页。

新闻法学、新闻经济学、新闻心理学等交叉学科的研究,这些突破原来完全以新闻为本体的研究,可以极大地丰富新闻学的自主知识体系,也能够让中国特色新闻学更具解释力与指导力。事实上,与其他社会科学门类相比,新闻学的最大特征、最大优势在于从整体上、全局上而不是单一侧面来认识世界,而且,这种认识具有极强的辐射性与带动性,会影响到各个学科、各个领域。

第五节　中国特色新闻学的内涵

中国特色新闻学不仅是中国新闻学,也是世界新闻学的组成,体现了全球视野下基于中国视角对人类新闻活动规律的学理性认识。构建中国特色新闻学的意义在于为人类新闻活动提供有别于西方新闻学的"另一种解释",开辟"另一种道路",这一新的选择源于中国历史文化与新闻实践,也源于建立更加公正、民主、自由以及更加符合广大第三世界国家利益的国际传播新秩序的需求。对当代世界来说,要推动建立文化多样性的现代化,而不是文化单一性的现代化。作为文化活动的新闻活动,正是体现文化多样性的鲜活载体,中国特色新闻学正是人类文化多样性的体现与建设。

与西方新闻学相比,中国特色新闻学表现出特有的内涵,包括人民性新闻立场、有机性新闻参与、正向性新闻效果、伦理性新闻技术、人文性新闻文化。简言之,中国特色新闻学体现了新闻活动在当代社会中的积极理念、姿态与效果。

一、人民性新闻立场

中国特色新闻学的内涵中首要的是立场问题,即新闻业"为什么人服务"的问题。从"为人民服务"到"以人民为中心",成为"人民的报纸"始终是中国新闻人、新闻业追求的核心目标。

从历史实践的维度看,中国共产党百年新闻工作的最宝贵经验是:准确认识并坚持实践"党性和人民性相统一"的思想。中国共产党作为近代中国兴起的一支政治力量,之所以能从一百年前"一大"时仅50余名党员的地下党,到28年后成为夺取中国政权的执政党,完成了几乎不可能的政党建设飞跃,靠的就是党的利益和人民利益的高度统一,党性和人民性的高度统一。这种统一性表现在包括新闻工作在内的党的全部工作中,表现在中国共产党新闻工作的全过程中。对于这一基本经验、基本理念、基本原则的重要性,需要始终研究并实践。

1944年2月16日，延安《解放日报》在创刊一千期的社论中鲜明地指出："我们的报纸是中国共产党的党报，是人民大众的报纸，这是我们这个报纸的第一个特点。""我们与有些报纸不同，不是为着少数人的利益，或者为着他们的趣味，而去卑躬屈节。"[1]1945年10月11日，《新华日报》发表社论《人民的报纸》，文中谈道："本报创刊八年来，一贯的就是以人民的报纸为方针，为努力目标。""人民的报纸必须以人民的利害为依归，对人民有利的，我们要坚决地主张，对人民不利的，我们要毫不容情地反对。"[2]1956年7月1日，《人民日报》发表社论，文中鲜明地指出："我们的报纸名字叫做《人民日报》，意思就是说它是人民的公共的武器，公共的财产。人民群众是它的主人。只有靠着人民群众，我们才能把报纸办好。"[3]这就是中国特色新闻事业的根本特点：为了最大多数人民的利益，而不是为了少数强权者与资本者的利益。

《解放日报》《新华日报》《人民日报》都是中国共产党的机关报，都始终坚持把服务人民作为自己的最高追求，体现了中国特色新闻学中人民性新闻立场的深刻内涵，即没有脱离党性的人民性，也没有脱离人民性的党性，两者的高度统一始终是中国特色新闻学的理论特色，也是实践原则。其根本历史逻辑、理论逻辑在于，中国共产党从诞生之日起，就是以代表民族利益、人民利益为宗旨，不是仅仅代表一部分人的利益，更不是仅仅代表自身政治组织的利益。从新闻实践中看，坚持了党性和人民性相统一，也就坚持了人民性的立场，成为人民利益的坚定维护者。从新闻理论中看，坚持了党性和人民性相统一，也就抓住了中国特色新闻学的精髓。

二、有机性新闻参与

从新闻与社会的关系看，中国特色新闻学强调新闻媒体以及所有具有媒体属性的传播平台都是社会进步的有机组成，新闻与社会的关系、新闻与国家的关系不是分割的而是一体的。新闻机构与新闻传播者要把新闻活动视为参与推

---

[1] 中国社会科学院新闻研究所：《中国共产党新闻工作文件汇编（下）》，新华出版社，1980，第66页。

[2] 中国社会科学院新闻研究所：《中国共产党新闻工作文件汇编（下）》，新华出版社，1980，第75-77页。

[3] 中国社会科学院新闻研究所：《中国共产党新闻工作文件汇编（下）》，新华出版社，1980，第109-112页。

动社会进步的一种途径，而不是仅仅作为获得本机构、本人利益的一种手段。

纵观中国共产党百年新闻史，新闻媒体的组织作用从"办报建党"到"治国理政"，始终是党和国家发展进程中的具有高度融合性的一种有机力量。在当代媒介技术高度发达、新媒体渗透率极高的条件下，新闻与社会融合的有机性愈发凸显，新闻活动在国家治理中发挥的作用越来越大。新闻时效性已经从"有时差"转变为"零时差"，即新闻报道与新闻发生的同步性成为普遍现象。与此同时，个体性传播、全民记者的出现，让各类情绪传播、意见传播与事实传播共同出现，形成对社会舆论的影响。新闻活动成为当代社会沟通的最重要手段，也成为形成社会舆论的最重要手段。因此，能够让新闻活动在社会治理、国家治理中发挥更加主动的作用，成为当代中国治理体系现代化建设中的重要着力点，也成为当代中国新闻事业发展中的重要着力点。

在媒介化社会中，媒介化政治、媒介化治理愈发普遍。一方面，对于各级政府干部来说，培养媒介素养、通过媒体进行社会沟通成为"必修课"。政府的任何决策行为及其效果都要通过新闻活动来进行传播，产生好效果的政策要传播好，产生不好效果的政策更要解释好，通过新闻活动来疏导社会情绪愈发成为当代政府的基本功。过不了网络舆论引导这一关，是不能有效提升现代治理能力的。另一方面，新闻参与社会治理，是当代中国新闻事业发展的新变化，也使得新闻活动成为国家治理体系中的有机组成，更需要媒体机构、传播平台进一步树立主流意识、社会意识、治理意识。在有机性新闻参与的理念中，新闻媒体、传播平台与社会发展、社会治理是融为一体的，不是分离的，没有脱离明确社会责任的新闻活动，也没有脱离健康新闻活动的社会进步。

三、正向性新闻效果

新闻的力量主要体现在舆论力量上，即新闻报道形成新闻舆论，新闻舆论成为社会舆论，社会舆论引发社会行为。中国特色新闻学强调新闻活动通过代表舆论、创造舆论、引导舆论的功能，营造服务于广大人民利益的舆论环境。

从新闻效果看，中国特色新闻学强调新闻报道、新闻传播要在全社会发挥正向效果，既要有大流量又要有正能量，不能仅仅为了报道机构、传播者的影响力和关注度，更不能引发社会冲突对立、极端情绪蔓延等负向效果。

与西方传播学的效果研究更重视媒体传播力不同，中国特色新闻学的效果研究更重视新闻传播带来的社会影响。前者是媒介视角的，后者是社会视角的；前者是工具维度的，后者是价值维度的。对中国特色新闻学来说，更注重研究如何让新闻传播在带来正向社会影响的前提下增强传播力。

需要注意的是，理解新闻效果的正向性与新闻内容的正面性是不同的，前者认为不论是表扬性内容、批评性内容都可以带来正向效果，后者认为新闻报道只能选择正面性、表扬性内容，或者说只能报道好人好事，这是对追求正向性新闻效果的认识误区，也是对"正面宣传为主"的窄化理解。事实上，在当代传播环境中，理解"正面宣传为主"，要从内容维度扩展到效果维度。在当代社交媒体、平台网络与全球传播的环境中，保证新闻内容的"两面性"，即正面性内容与负面性内容都有，才能真正提升新闻媒体的公信力、权威度并进而产生正向性效果。

舆论导向问题在中国特色新闻观念中至关重要。舆论导向正确与否，决定了新闻舆论能否发挥积极的作用。正确的舆论导向，既取决于新闻报道的立场，也受到新闻报道技巧的影响，最重要的，还是在新闻观念中有明确的导向意识，即选择报道对象、报道角度、报道时间等，要坚持"时、度、效"的统一，认识到不能"有闻必录"，不能一律求快，按照正向性的效果原则来把握"新闻、旧闻、不闻"。

在中国特色新闻学中，舆论引导与舆论监督是一致的，舆论引导是积极性的引导，舆论监督是建设性的批评。毛泽东在20世纪50年代就曾指出："我们的舆论，是一律，又是不一律。在人民内部，允许先进的人们和落后的人们自由利用我们的报纸、刊物、讲坛等等去竞赛，以期由先进的人们以民主和说服的方法去教育落后的人们，克服落后的思想和制度。"[1] 甘惜分在20世纪80年代提出中国新闻事业中的"多声一向论"，即在坚持社会主义方向和为人民服务的方针下，允许新闻媒体反映多种声音、多种意见、多种建议、多种批评、多种表扬、多种来自不同渠道的信息。[2] 这种"多声"与"一向"就很好地体现了报道方法多样与报道方向一致的统一。

四、伦理性新闻技术

当代新闻传播活动的一个突出特点是技术作为驱动力发挥的作用越来越大，其优势是新闻传播愈发快捷方便、新闻内容呈现愈发丰富生动，但也带来许多严峻挑战，对公众来说，最大的挑战是新闻真实性的缺失，进入所谓"后真相时代"，新闻越来越多，事实越来越少，没有专业流程的个体性新闻生产，

---

[1] 中共中央文献研究室：《毛泽东年谱（1949—1976）》第2卷，中央文献出版社，2013，第390页。

[2] 甘惜分：《新闻学大辞典》，河南人民出版社，1993，第37页。

基于数字技术的新闻造假，加之各种情绪传播、意见传播，让当代舆论生态中存在信息过载与信息失序并存的现象。

中国特色新闻学强调算法技术、数据技术、人工智能技术、数字技术等新闻技术的使用要体现基本的新闻伦理，包括对新闻事实的依据、对国家安全的把握、对社会道德的遵循、对个人隐私的尊重等，同时，从提升社会理性与社会团结的角度看，也要避免基于商业利益诉求的"信息茧房"问题，避免以技术来精准"包裹"受众，造成信息固化、观点极化、情绪恶化、社会分化。

科技的持续创新是无边界的，但科技的作用发挥是有边界的。技术的先进性越强，人类对技术的依赖性越强，缺乏人文精神，人在技术的创造中就会被异化。中国特色新闻学肯定新技术在当代新闻活动中的进步作用，同时强调以主流价值来引领主流算法，以主流算法来推动主流传播，让人工智能新闻更有人文关怀和社会伦理，让数字传播生态风清气朗，而不能是乌烟瘴气。抓住新闻技术的伦理原则，体现新闻活动的核心价值，就抓住了当代技术性、物质性传播活动的关键，也就能够切实让传播技术服务于多数人而不是少数人，服务于人而不是资本。

五、人文性新闻文化

从新闻文化看，中国特色新闻学强调既要把新闻作为传播文化的方式，即新闻不仅是事实性、技术性的信息传播，也是文化建设、文化传播的载体，同时，也要把新闻自身视为文化的内容，在新闻的视角选择上体现人文感，在新闻的写作、拍摄、制作上体现文学性和审美感。

作为一个有着五千年文明的历史文化大国，中国的新闻事业有着浓厚的文人传统。言而无文，行之不远，在近代中国新闻事业百余年来的新闻名篇中，不论是通讯、特写还是评论，其遣词造句、谋篇布局，都是文采飞扬的，拥有文化底蕴的。更重要的，优秀新闻作品中都体现了创作者内在的中华传统文化基因。

中华优秀传统文化中的突出精神特质是人文精神，即对人本主义、民本主义的坚守，对人的价值、人的精神世界的关注，对普罗大众发自内心的爱护与尊重，这些是中华传统中的宝贵文化基因，也是新闻文化中的核心要素。充满人文感的新闻文化既体现了中国特色的文化传统，也建设了中国特色的当代文化。

明确新闻与文化的紧密关系，体现中华文化的人文精神、人文关怀、人文气质，是中国特色新闻业的重要追求。范敬宜认为，破解媒体的浮躁问题，推动当代媒体的改革和创新必须从文化上来突破，新闻是各种文化的交汇点，新闻人就是文化人，为此，他本人专门在清华大学开设了"新闻与文化"的课程，希望培养有文化底蕴的青年新闻人才。[1] 当代中国新闻业面临在全社会树立文化自信与在全世界传播中华文化的双重任务，要让新闻成为文化的载体与内容，从内容呈现到精神气质上，全面地体现中华文化的特质与魅力。杨保军认为，当代中国新闻学在新闻学范式转换的背景下，应以"人与新闻的关系问题"为新闻学的总问题，以"事实与新闻的关系问题"为新闻学的基本问题，以求实为本的科学精神、公平正义的人文精神、和谐为美的自由精神为灵魂，努力把以党媒理论为主要内容的当代中国新闻学建设成为科学与人文相统一的新闻学。[2]

中国特色新闻学的构建不是"突发奇想"，而是中国与世界发展进入新历史阶段的产物；不是"空中楼阁"，而是中国百余年来新闻事业发展的成果，也体现了中华五千年文明的积淀。在当代，做好中国特色新闻学的研究，要坚持主体性与普遍性、学理性与政治性的结合，以宏观的历史视野和全球视野，把握人文主义、规范方法、技术驱动的"三驾马车"，日积月累，滴水穿石，终将为世界贡献出有解释力、说服力的中国新闻学自主知识体系。

---

[1] 范敬宜：《范敬宜文集：新闻教育文选》，清华大学出版社，2011，第48-55页。
[2] 杨保军：《理论视野中当代中国新闻学的重大问题》，《国际新闻界》2020年第10期。

第二章　马克思主义新闻观与中国特色新闻学构建

马克思主义是科学的世界观和方法论，也是认识世界、改造世界的强大思想武器。中国共产党为什么能，中国特色社会主义为什么好，从根本上说，是因为马克思主义行。马克思主义指引中国共产党，形成了覆盖政治、经济、文化、社会、军事等各个方面工作的一整套行之有效的思想方法、工作方法，其中就包括开展新闻宣传工作的思想方法、工作方法。这些方法成为马克思主义新闻观在中国的实践基点与理论支点。

2021年12月，复旦大学《2021中国马克思主义新闻观研究发展报告》发布。复旦大学马克思主义新闻观教学与研究基地依托复旦大学中文学术资源发现平台，以及团队对于学界、业界和管理层发展趋向的理解，完成2021年度报告。报告语料库由2021年1月1日至2021年12月14日发表在中文媒体、学术期刊和学术网站上的全部数据组成。数据表明，在中国共产党建党百年之际，业界关于马克思主义新闻观的报道共有6965篇，较之2020年的1820篇，增加了5145篇，增长近三倍。学界发表论文358篇，较去年增长156篇，增长率为77%。2021年马克思主义新闻观研究渐成显学，呈现多学科共进、学界业界联动的局面。

第一节　马克思主义新闻观的特征

进入新时代的中国新闻学研究，面临前所未有的发展机遇。抓住这一机遇，关键在于把握马克思主义新闻观的精神实质，着力构建具有主体性、原创性的中国特色新闻学。这是国家发展的需要，要推动新闻舆论工作在理念、方法等方面的全面创新，建设积极清朗的新闻舆论生态，对内凝聚人心持续奋斗，对外展现良好国家形象广交朋友；这也是新闻学学科自身发展的必然，新闻学是对哲学社会科学具有支撑作用的学科，活跃的新闻实践对新闻理论发展提出强烈需求，加快构建具有中国特色和普遍意义的新闻学学科体系是新闻学界、业界的共同使命。在中国特色新闻学的构建过程中，马克思主义新闻观具有最关键的指导意义，把握马克思主义新闻观的理论品质、实践特质与创新气质，就能具备基本的方向与方法。

一、马克思主义新闻观的理论品质与中国特色新闻学构建

马克思主义新闻观作为马克思主义在新闻活动领域的体现，具有鲜明的马克思主义理论品质。恩格斯在马克思墓前的讲话中曾经指出马克思的两大理论发现：一是唯物史观，人类历史发展的规律；另一个是剩余价值，现代资本主义生产方式和它所产生的资产阶级社会的特殊的运动规律。[1]这两大发现使得马克思不仅成为革命家，也成为科学家。在马克思主义指导下认识新闻活动，要从理论层面来科学把握当代新闻活动的变化与规律，构建具有说服力、解释力的新闻学理论体系。

以马克思主义的立场、观点、方法来分析新闻活动的基本规律，是构建中国特色新闻学理论体系的基本原则。马克思主义占据道义制高点，是为了打碎全世界无产者身上的锁链，摆脱资本对劳动的剥削，解放全人类，因此，中国特色新闻学的研究要坚持以人民为中心的研究导向，要为了绝大多数人而不是少数人开展研究。这种研究导向与资产阶级新闻学是有鲜明差异的，前者要求研究基于新闻更好地服务人民、引导人民来探寻新问题，发现新规律，后者则会替少数权力者控制舆论，为少数人获取利益寻找工具和手段。事实上，西方新闻学、传播学服务冷战体系中的资本主义国家利益、服务政治大选中的垄断资产阶级利益的导向就非常鲜明，这成为资本控制社会的有效手段，也在一定程度上导致当代国际传播体系的不平衡，成为少数强势国家控制国际传播秩序的依据和力量。

马克思主义占据真理制高点，给新闻学研究提供了基本的世界观、方法论。因此，中国特色新闻学研究要坚持马克思主义认识世界的方法的先进性，将新闻活动作为主观世界对客观世界的能动的、辩证的认识过程，认清新闻生产是基于事实的意义生产过程，掌握"真实是新闻的生命、价值是新闻的灵魂"的基本规律。只有从理论根基上避免唯心主义、客观主义的认识论，才能超越专业主义、商业主义、技术主义的新闻观。

美国批判传播学者赫伯特·席勒在世纪之交出版的一本书中提及："当人们的实际经历与媒体的信息相冲突的时候，居于支配地位的思想及其假设……

---

[1] 《马克思恩格斯选集》（第3卷），人民出版社，2012，第1002页。

可能已经开始崩溃了。"[1] 这一预言在今天愈发成为现实,在互联网特别是社交媒体引发的信息过载时代,获取真相的难度越来越大,国家间、利益群体间、个体间的信息冲突越来越大,传统的媒介中心主义、新闻自由主义等居于支配地位的思想及其假设已经开始崩溃,如何形成更具解释力与普遍性的新闻观念成为当代马克思主义新闻观发展的历史机遇。

离开实践讨论思维的真理性都是经院哲学。旧唯物主义的认识论是直观的,仅仅从客体出发,马克思主义的认识论则是基于实践的,从主客体之间的关系出发。如同马克思所言:"人应该在实践中证明自己思维的真理性,即自己思维的现实性和力量,自己思维的此岸性。"[2] 马克思主义新闻观的真理性集中体现在马克思主义认识论的先进性上,即对人的本质的认识,不是抽象的人、概念的人、孤立的人、类的人,而是现实的人、实践的人、关系的人、社会的人。这种认识论就避免了抽象的原则与空洞的口号,避免了只为少数人的理论,而成为真正为了多数人的科学理论。

新闻活动从本质上说是人类认识世界的一种活动,这种活动需要在科学认识论的指导下才能得出科学的规律。非马克思主义的认识论带来的新闻观,或者是唯心主义的,这会导致主观主义、合理想象的新闻观念的出现;或者是机械唯物主义的,这会导致客观主义、有闻必录的新闻观念的出现。根据马克思主义的认识论,新闻报道是主体对客体的能动的认识过程,而非机械的镜像过程,是基于客观事实的认识生产过程。

马克思主义认识论指出,意识源于存在,存在决定意识。马克思和恩格斯在《德意志意识形态》中提出:"人们是自己的观念、思想等等的生产者,但这里所说的人们是现实的、从事活动的人们,他们受自己的生产力和与之相适应的交往的一定发展——直到交往的最遥远的形态——所制约。"[3] 意识的生产主体是人,而人是现实的存在,因此多样性的意识来自于多样性的存在。

值得注意的是,人们基于存在创造自己的意识,但却不是线性的决定关系,而是规定性与主动性的统一。这种规定性体现在大时间尺度的决定性意义上,这种主动性体现在意识形态发展的偶然性表现上。恩格斯说:"我们所研究的

---

[1] 丹·席勒:《信息资本主义的兴起与扩张》,翟秀凤译,王维佳校译,北京大学出版社,2018,第 226 页。

[2] 《马克思恩格斯选集》(第 1 卷),人民出版社,2012,第 138 页。

[3] 《马克思恩格斯选集》(第 1 卷),人民出版社,2012,第 152 页。

领域越是远离经济，越是接近于纯粹抽象的意识形态，我们就越是发现它在自己的发展中表现为偶然现象，它的曲线就越是曲折。如果您画出曲线的中轴线，您就会发现，所考察的时期越长，所考察的范围越广，这个轴线就越同经济发展的轴线接近于平行。"事实上，社会存在是理解社会意识的"红线"，社会意识是以大规模的偶然性表现来反映社会存在制约作用的必然性。

新闻作为意识形态的重要内容，其生产的基本规律体现在：一方面，新闻依据的是客观事实而不是主观观念；另一方面，作为新闻的生产者在生产过程中不会是简单的镜像反映，而是依据自身的价值观进行选择性生产。在这个过程中，真实是新闻的生命，价值是新闻的灵魂。由此，马克思主义新闻观深刻地揭示了新闻生产的本质，也表明了新闻生产者承担的责任。

新闻是真实与价值的统一体，这是马克思主义新闻观的一条核心原理。基于这一原理，新闻工作既要把握"根据事实来描述事实"的真实观，也要把握"以人民为中心的工作导向"的人民观。

与西方新闻专业主义强调的真实观不同的是，马克思主义新闻观的真实观强调局部真实与全局真实的统一、现象真实与本质真实的统一，如同习近平指出的，"既准确报道个别事实，又从宏观上把握和反映事件或事物的全貌"[1]。与西方新闻专业主义强调的公共性不同的是，马克思主义新闻观的人民观强调党性和人民性的统一，如同习近平指出的，"把党的理论和路线方针政策变成人民群众的自觉行动，及时把人民群众创造的经验和面临的实际情况反映出来，丰富人民精神世界，增强人民精神力量"[2]。坚持马克思主义指导，是构建中国特色哲学社会科学区别于其他哲学社会科学的根本标志。作为马克思主义中国化的最新成果，习近平新时代中国特色社会主义思想在坚持马克思主义和发展马克思主义的统一中做出了表率，在返本开新中坚持马克思主义真理，以中国事业为中心提出了一系列具有原创性的马克思主义新思想新观点，其中包含大量运用马克思主义认识新闻活动的理论成果，成为在新时代构建中国特色新闻学要遵循的方向和方法。

二、马克思主义新闻观的实践特质与中国特色新闻学构建

马克思主义新闻观不是书本上的新闻理论，从其出现开始，就成为无产阶级新闻实践的重要指南，并在实践中不断发展。1849年，由马克思担任主要负

---

[1]《习近平谈治国理政》（第二卷），外文出版社，2017，第333页。
[2]《习近平谈治国理政》（第二卷），外文出版社，2017，第332页。

责人的《新莱茵报》在创办即将一周年的时候停刊，在最后一期报纸上，报社宣示道："《新莱茵报》的编辑们在向你们告别的时候，对你们给予他们的同情表示感谢。无论何时何地，他们的最后一句话将始终是：工人阶级的解放！"恩格斯在三十多年后评价说："没有一家德国报纸——无论在以前或以后——像《新莱茵报》这样有威力和有影响，这样善于鼓舞无产阶级群众。而这一点首先归功于马克思。"[1]

中国共产党新闻舆论工作在中国的"威力和影响"，也要归功于马克思主义在革命、建设和改革各个不同时代的新闻工作中的坚持。新闻观是新闻舆论工作的灵魂，马克思主义新闻观是中国新闻舆论工作的灵魂。什么时候很好地坚持了马克思主义新闻观，什么时候新闻舆论工作就会取得广泛的成绩；反之则会出现"客里空"现象和"新闻工作是代表党还是代表人民"的所谓质疑。在中国，新闻舆论工作的力量来自于"党性和人民性相统一"，新闻舆论工作要成为人民利益的代表者，也要成为人民发展的引导者，要在"党性和人民性相统一"中推进新闻舆论工作。

在马克思主义新闻观指导下开展新闻舆论工作，一方面要坚持马克思主义基本原理，另一方面要结合新实践推进马克思主义中国化时代化，后者为中国特色新闻学发展提供了强大动力。中国特色的新闻理论要对中国新闻舆论工作的现实复杂性与理论规律性进行揭示，特别是对处在全球传播格局弱势与新媒体快速发展的条件下的当代中国新闻舆论实践进行研究，源于实践，高于实践，指导实践，保持新闻理论与新闻实践的紧密互动。

马克思主义新闻观是具有很强解释力与批判性的理论体系，这一理论体系突出了新闻传播与社会发展的相互建构关系，认为新闻传播作为社会发展的力量，既受制于社会发展，又作用于社会发展。对于媒介技术的发展，既要关注技术进步带来的正面性作用与表面性效果，又要关注技术背后的资本控制者，认识新的媒介技术带来的隐性的、长远的社会问题。

新的媒介形态带来新的新闻传播形态，在丰富了当代新闻活动的同时，也产生了许多新问题。这些问题的发现成为当代马克思主义新闻观发展的实践动力。深入分析新闻实践变化中出现的新矛盾，才能得出有时代性的新闻理论。

个体传播权与新闻伦理的矛盾。当个体成为媒体，人人成为记者，新闻的专业性已经消失，真实性无法保障，伦理性也无从谈起。当代社会新闻传播的悖论在于，一方面，人们都希望拥有传播权，都倾向于在不承担责任的条件下

---

[1]《马克思恩格斯选集》（第 4 卷），人民出版社，2012，第 10 页。

发布或转发各类新闻；另一方面，人们都希望获得真实的高质量的新闻，对于虚假新闻、违反社会道德的新闻充满厌恶。

新闻传播主体与新闻生产主体的矛盾。当互联网成为强大的传播渠道时，传统的新闻生产环节与传播环节的统一也发生了分离。传统新闻机构负责生产新闻，而新兴互联网媒体、社交媒体等负责传播新闻，后者无疑具有更大话语权与盈利性。传统新闻机构的从业人员是接受新闻专业训练与行业规则约束的，而新兴互联网媒体机构并不认为自己是新闻机构，以至于在2016年美国总统大选后有许多人质疑Facebook上传播的虚假新闻误导投票时，公司回应说自己只是科技公司而非新闻媒体。在当代新闻传播中，传播主体与生产主体的脱节已经愈演愈烈，前者拥有资本与技术的优势，占据市场的主动权，既可以不用严格付出新闻采写成本而转发，也可以根据需要改写新闻标题乃至新闻内容，更重要的是，可以享受优质新闻内容带来的盈利可能。

资本力量与公众利益的矛盾。媒介技术、数据技术等的进步，互联网、物联网的大规模使用，方便了公众的传播行为，提升了公众的传播体验，但也引发了对个人隐私权与信息接收权的侵害。实质上，技术背后的资本力量让隐私商品化、信息商品化、传播商品化，让"网络公地"成为"网络市场"，让公众既作为消费者又作为生产者而成为资本的盈利工具。当代人的几乎所有行为都可以成为数据，并能够轻易获得，隐私权会被市场自由交换原则掩盖，资本为了通过数据获得盈利而控制了数据获得权。通过算法推送新闻已成为普遍现象，而且精准度越来越高，单一性越来越强，但这种推送却隐含着侵犯公众接收多样性信息的权利，带来"刻板印象"的传播、社会偏见的强化乃至社会群体的分化。

主流媒体声音与主流民意反映的矛盾。不论是在中国还是在国外，主流媒体一直被认为是对民意的主要体现并有主导影响，但在社交媒体兴起后，特别是在美国总统大选、英国脱欧公投等事件中，主流媒体对事件进展的预测出现了失误，也反映了主流媒体对主流民意的有限体现。在主流媒体中的"沉默的大多数"在新兴媒体中成为"活跃的大多数"，将这种线上的活跃延续到线下的行为对主流媒体影响力的巨大挤压，更引发对当代社会治理的严峻挑战。

国际新闻传播与国家形象建构的矛盾。当代国际新闻传播秩序总体上是建立在少数西方国家的少数媒体上，这少数媒体建构起世界公众对世界图景的想象。但由于这少数国家的少数媒体的鲜明立场，对中国的报道总是存在"数量少、方向偏"的问题，对"一带一路"倡议、人类命运共同体等的报道或是有限或是偏颇。现实中的世界与媒介中的世界有很大距离，与想象中的世界有更大距离。实践表明，对于中国等第三世界国家来说，如果希望提升自己的国家形象，既需要与这些已有的强势西方媒体打交道，更需要加快建设自己的国际传播平台。

以上这些问题，传统的新闻自由主义、客观主义、专业主义等是无法解释的，信息自由发布原则、市场自由交换原则与新闻业的职业伦理、新闻媒体的社会责任发生了严重冲突，而资本与个人的传播权力的扩张也对传统新闻业产生了严重挑战。要解释这些问题，需要马克思主义新闻观的批判性思维，需要历史唯物主义与辩证唯物主义的认识论，需要传播政治经济学的分析工具。

在马克思主义新闻观的视角下，新闻具有很强的意识形态属性，是社会权力的体现。在资本主导的传播市场中，受众成为商品，广告关注有价值的受众，媒体则会边缘化无价值的"受害者"。因此，不平等的社会存在会被媒体掩盖，媒体呈现的都是平等的社会现象。以消费主义和自由主义塑造的社会认同会掩盖数字资本主义的内在矛盾，资本主义成为"想象中的美好"，社会主义成为"想象中的丑陋"，两者都被媒体放大。

在马克思主义新闻观指引下构建中国特色新闻学，主要目标是基于中国特色道路形成中国学派，以对中国新闻实践的学理性研究提出具有解释力与引领性的新闻理论。西方新闻实践和理论中强调新闻游离于意识形态之外，新闻媒体独立于政府管理，新闻自由具有绝对地位，但实际上西方新闻界具有很强的"政治正确"原则，受控于清晰的资本控制，在战争、国际冲突等关键时刻不惜以假新闻来坚决维护本国利益。中国的新闻实践和理论强调新闻舆论工作是极端重要的意识形态工作，新闻媒体要围绕国家发展大局开展工作，新闻自由是有明确边界的。在中国特色新闻学研究中，要运用历史唯物主义和辩证唯物主义的方法，对中国新闻实践中的这些特点，从历史的维度、文化的维度、全球的维度给出理论性的阐释，对西方新闻实践与理论中的资本中心主义、媒介中心主义、西方中心主义的现象给予针对性的批判。

在中国特色新闻学中，新闻参与社会是有机性的，新闻价值的核心原则是积极性效果，而不是冲突性内容，新闻媒体要成为社会进步的参与者、推动者，而不是旁观者、批判者。这种中国新闻工作的定位是完全不同于西方新闻工作的。对这种根本性的差异，在构建中国特色新闻学时不应回避，而应清晰地表明与坚持，并在两种道路、两种制度、两种文化的实践中去比较、检验与改进。

当代中国，社会存在的多样性决定了社会意识的多样性，全球化与互联网使得新闻舆论工作面临的挑战性更大，能否牢牢掌握意识形态工作领导权，建设具有强大凝聚力和引导力的社会主义意识形态，对于中国特色社会主义事业具有极端重要的战略意义。而意识形态问题的复杂性对新闻理论研究的彻底性提出了更高的要求。如同马克思所言："理论只要说服人，就能掌握群众；而理论只要彻底，就能说服人。"[1] 因此，中国特色新闻学构建要在抓住人类新闻活动的根本上下功夫，要在中国与全球新闻实践上下功夫，而不是从理论上特别是西方理论上去找现成答案，要把新闻理论之根深深扎在新闻实践之土壤中。

三、马克思主义新闻观的创新气质与中国特色新闻学构建

马克思主义是创新的理论，不是僵化的教条。英国学者、《马克思传》作者戴维·麦克莱伦认为："马克思著作的思想力量在于他对资本主义的批判。""马克思在社会主义的理论和价值两方面都是思想的巨人。"[2] 事实上，社会科学理论的科学性是原则而不是教条，对马克思主义的简单化、程式化只会带来教条化、荒谬化。马克思主义的强大生命力来自于其批判性，对人类社会不公平现实的批判。在批判中建设，破除旧秩序，建立新社会。马克思主义的这种批判性使得马克思主义新闻观具有先天的创新气质，成为剖析媒体变革、国际传播变革带来的人类信息传播活动新问题的有效工具，成为指导中国新闻实践与理论创新的有效思想武器。

构建中国特色新闻学，要坚持全球视野下的问题意识，为营造积极清朗的新闻舆论生态、提升国际传播能力、解决世界性新闻传播问题提供中国特色的新闻理论。在传统媒体时代的新闻理论中，舆论生态由强势媒体主导，好的舆论生态以一个声音为主；而在新媒体时代，去中心化和去中介化成为当代新闻传播活动的突出特征，社交媒体成为形成社会情绪和认识的重要力量，社交媒体舆论与传统媒体舆论的疏离乃至冲突成为全球现象。为此，一方面，从技术视角看，要认识到当代传播环境中多样性舆论存在的必然性，探索新形势下的积极舆论生态构建规律，有效开展舆论引导；另一方面，从全球视角看，要认识到讲好中国故事、树立中国国家形象的紧迫性，探索新媒体传播规律和新型文化业态，积极开展创意传播与跨文化传播。

习近平指出："随着形势发展，党的新闻舆论工作必须创新理念、内容、

---

[1]《马克思恩格斯选集》（第1卷），人民出版社，2012，第865页。
[2] 戴维·麦克莱伦：《马克思传》，王珍译，中国人民大学出版社，2016，第466-467页。

体裁、形式、方法、手段、业态、体制、机制,增强针对性和实效性。"[1] 十九大报告中再次指出:"坚持正确舆论导向,高度重视传播手段建设和创新,提高新闻舆论传播力、引导力、影响力、公信力。"[2] 近些年来,《人民日报》、新华社等媒体牢牢把握马克思主义新闻观,积极推动新闻舆论工作创新,走在全国新闻界的前列,不论是融合媒体发展还是创意内容制作,不论是国内舆论引导还是国际传播能力提升,都体现了以先进思想、权威信息占领新兴媒体渠道、引领多样舆论生态的中坚作用,成为马克思主义新闻观的积极践行者,也为构建中国特色新闻学提供了鲜活的实践支撑。

中国特色新闻学的构建要培养浓郁的创新气质,动态地、敏锐地、深入地分析全球传播格局和中国新闻实践,特别是要善于创造融通中外的概念、范畴、表述,善于提出符合新的媒体格局和舆论生态的观点和理论,善于把思想的先进性与技术的先进性结合起来,如此,中国的新闻实践与新闻学话语体系就能更加有效地传递中国的国家形象,提高国家文化软实力,在全社会乃至全世界凝聚起推动中国发展的磅礴力量。

中国是哲学社会科学大国,"但目前在学术命题、学术思想、学术观点、学术标准、学术话语上的能力和水平同我国综合国力和国际地位还不太相称"[3]。以更强的使命感形成合力加快改变这种局面,是新时代赋予中国哲学社会科学界的任务,也是机遇。当代世界是极具文化多样性的世界,在这样的世界里只有构建自己的理论才能获得存在的价值;当代中国是极具发展独特性的国家,在这样的国家里构建自己的理论具有丰富的历史积淀与实践基础。为此,新时代的中国新闻学界要以强烈的理论自觉和理论自信,立足中国土,回到马克思,开创新理论。

第二节 马克思主义新闻观的内涵

新中国成立以来,围绕加强马克思主义对新闻舆论工作的指导,中国共产党历代领导人都做出了许多重要部署。十八大以来,习近平对如何在新形势下

---

[1]《习近平谈治国理政》(第二卷),外文出版社,2017,第333页。
[2] 习近平:《决胜全面建成小康社会夺取新时代中国特色社会主义伟大胜利》,人民出版社,2017,第42页。
[3]《习近平谈治国理政》(第二卷),外文出版社,2017,第338页。

做好新闻舆论工作做了许多重要讲话，特别是在2016年2月召开的党的新闻舆论工作座谈会上的重要讲话，深刻阐明了新闻舆论工作的基本规律，对做好新形势下新闻舆论工作做出了全面部署，指出新闻舆论工作要承担起历史职责和使命，就要牢牢坚持马克思主义新闻观，深入开展马克思主义新闻观教育，引导广大新闻舆论工作者做党的政策主张的传播者、时代风云的记录者、社会进步的推动者、公平正义的守望者。在新的历史时期，如何认识马克思主义新闻观的时代内涵，做到历史和逻辑的统一，理论和现实的统一，成为思想理论战线和新闻舆论工作必须回答的重大命题。事实上，只有准确全面把握了马克思主义新闻观的时代内涵，才能基于其内涵构建起中国特色新闻学。

一、新闻舆论工作的使命观

新闻事业的社会功能源于新闻、舆论与社会的紧密关系。新闻可以反映舆论、引导舆论乃至制造舆论，而舆论是社会公众观察外界的重要窗口，是社会公众行为决策的信息基础。在当代社会中，舆论对政治运行、社会进步、文明传承具有重大影响，作为舆论工具的新闻成为不可替代的社会公器。

徐宝璜在中国第一本新闻学专著《新闻学》中明确列出"新闻纸之职务"一章，他说："新闻纸应立在社会之前，导其入正常之途径，故提倡道德，亦为新闻纸职务之一。"[1]提倡道德的做法，对于当时的新闻界很有针对性，因为在近代的西方资产阶级大众报时期，许多报纸为了吸引读者购买，毫无道德底线地大量刊登煽情性新闻；而报业传入近代中国后，许多报纸为了获得商业上的成功，也是将商业需求摆在社会责任之前。徐宝璜在书中就批评了上述现象。徐宝璜对新闻的社会功能有着准确把握，明确提出新闻的道德职责就是一种使命感的体现。这种使命感成为中国新闻业的突出特色，内涵不断拓展，实践不断丰富，贯彻至今。

中国共产党从建立之日起，利用报纸和各类新闻媒体宣传自己的主张，用马克思主义理论武装群众，就成为党的新闻工作最重要的责任。1948年，毛泽东在《对晋绥日报编辑人员的谈话》中指出："马克思列宁主义的基本原则，就是要使群众认识自己的利益，并且团结起来，为自己的利益而奋斗。报纸的作用和力量，就在它能使党的纲领路线，方针政策，工作任务和工作方法，最迅速最广泛地同群众见面。""办好报纸，把报纸办得引人入胜，在报纸上正确地宣传党的方针政策，通过报纸加强党和群众的联系，这是党的工作中的一项

---

[1] 徐宝璜：《新闻学》，中国人民大学出版社，1994，第8页。

不可小看的、有重大原则意义的问题。"[1] 毛泽东的上述论断，正是对于新闻舆论工作的使命感的强调。

习近平指出，做好党的新闻舆论工作，事关旗帜和道路，事关贯彻落实党的理论和路线方针政策，事关顺利推进党和国家各项事业，事关全党全国各族人民的凝聚力和向心力，事关党和国家前途命运。在新的时代条件下，党的新闻舆论工作的职责和使命是：高举旗帜、引领导向，围绕中心、服务大局，团结人民、鼓舞士气，成风化人、凝心聚力，澄清谬误、明辨是非，联接中外、沟通世界。[2] 这五个"事关"将新闻舆论工作的社会功能、社会职责提高到了前所未有的高度，而这48字方针充分体现了当代新闻舆论工作应具备的使命感。

把握新闻舆论工作的使命观，关键要始终把握新闻舆论工作的导向性。这种导向性是全方位的，新闻舆论工作各个方面、各个环节、各个组成都要坚持正确舆论导向。各级党报党刊、电台电视台要讲导向，都市类报刊、新媒体也要讲导向；新闻报道要讲导向，副刊、专题节目、广告宣传也要讲导向；时政新闻要讲导向，娱乐类、社会类新闻也要讲导向；国内新闻报道要讲导向，国际新闻报道也要讲导向。这种导向性全覆盖的要求，体现了极强的使命感。换言之，新闻舆论工作的全部内容都必须坚持正向性效果。

在当代的复杂舆论生态下，每一个媒体，无论任何类型，传统媒体、新媒体、党报党刊、都市类报刊、财经类报刊，等等，每一篇新闻报道，无论任何领域，政治的、经济的、文化的、社会的，等等，都应意识到自身的责任，都应以传递正能量为主要目标。这种导向既是外在的要求，更是内在的责任。这种使命观是新形势下马克思主义新闻观的重要组成，也是中国特色新闻学的重要内容。

二、新闻舆论工作的政治观

新闻是传播、形成社会意识形态的主要工具之一，而意识形态是政治上层建筑的主要构成之一。两者在意识形态方面的交集使得新闻与政治的关系极其紧密。自有近代新闻事业以来，新闻舆论工作就成为政党活动的重要内容。

在资产阶级革命时期，"政党报刊成为报刊的主体，即使是商业性的报

---

[1]《毛泽东著作选读》（下册），人民出版社，1986，第644—645页。
[2]《坚持正确方向创新方法手段 提高新闻舆论传播力引导力》，《人民日报》2016年2月20日，第1版。

刊，也带有明显的政治倾向，投入到各自选择的政治宣传和讨论中"[1]。在英国，1720年托利党创办的《新闻日报》成为最早的政党报纸，而辉格党则支持《每日新闻》成为实际上的党报。在美国，从独立战争爆发起到19世纪末，民主党、共和党都有各自的机关报。

值得注意的是，西方资本主义国家在19世纪后期相继进入"商业报刊时期"，这个时期的报刊日益廉价化、规模化、商业化，政党不再直接控制报刊。出现这种情况与资产阶级政党获得稳定的统治权力，以及新闻媒体实际上由大资本家控制有关。今天的西方媒体呈现出集团化、垄断化的趋势，少数传媒企业控制了大众传媒。在这样的格局下，西方新闻媒体的政治性主要体现在对大资本家利益、垄断资产阶级利益的维护，以及在全球传播中对资产阶级国家利益的维护、对社会主义国家的排斥上。与此同时，从美国国内来看，各家媒体都有着鲜明的政治立场或党派性，特别是在特朗普执政时期，各个媒体对其都有着鲜明的支持或批评立场。

在中国，甲午战争后，由于国势日衰，政府软弱，外敌入侵，引起民众激奋，维新派在力求变革方面，主要斗争手段之一就是开设报馆，出版报纸，发表言论，引导舆论。在他们的带动下，中国掀起了第一次自办报纸的高潮。1896年，维新派创办《时务报》，梁启超亲任主笔，在初期，他每天要撰写4000多字的评论。[2] 梁启超高度重视报纸的"耳目喉舌"作用，以报纸作为宣传自己政治主张的主要载体，开展自己政治活动的重要手段。1905年，中国革命同盟会在东京成立，当年11月，创办《民报》作为自己的机关报。孙中山亲自撰写该报创刊号的发刊词，首次明确提出民族主义、民权主义和民生主义的政治纲领，并将宣传这一政治纲领定为办刊宗旨。孙中山在辛亥革命胜利后表示"革命成功，全仗报界鼓吹之力"，认为"革命成功极快的办法，宣传要用九成，武力只可用一成"。[3]

无产阶级从开始夺取政权之日起，就高度重视新闻舆论的政治动员功能。也是在1905年11月，列宁撰文指出，新闻出版事业"应当成为整个无产阶级事业的一部分，成为由整个工人阶级的整个觉悟的先锋队所开动的一部分巨大的社会民主主义机器的'齿轮和螺丝钉'"。列宁认为："我们要创办自由的报刊而且我们一定会创办起来，所谓自由的报刊是指它不仅摆脱了警察的压迫，而

---

[1] 陈力丹、王辰瑶：《外国新闻传播史纲要》，中国人民大学出版社，2014，第7页。
[2] 方汉奇：《中国新闻传播史》，中国人民大学出版社，2014，第72-73页。
[3] 《孙中山选集》（下），人民出版社，1987，第92-97页。

且摆脱了资本,摆脱了名位主义,甚至也摆脱了资产阶级无政府主义的个人主义。"[1]这体现了无产阶级的新闻自由观。

1925年12月5日,时任国民党中央宣传部代理部长的毛泽东在国民党机关报《政治周报》的创刊号上撰写文章,指出:"为什么出版《政治周报》?为了革命。""我们要开始向他们反攻。'向反革命派宣传反攻,以打破反革命派宣传',便是《政治周报》的责任。"[2]在之后的革命斗争中,毛泽东一贯强调利用新闻舆论工作推动各项工作,在延安时期,他号召"全党办报",发挥报纸对工作的指导作用,同时,强调新闻工作要增强党性,克服宣传人员中闹独立性的倾向。新中国成立后,毛泽东非常重视利用新闻工作推动党和政府工作。1958年1月,在南宁会议期间,毛泽东看了一些《广西日报》,觉得编得不够好,就专门给广西领导写信,提出:"一张省报,对于全省工作,全体人民,有极大的组织、鼓舞、激励、批判、推动的作用。"[3]在此之后,毛泽东又数次谈到"政治家办报"的要求,强调要使新闻工作配合国家政治形势,为党和国家工作的大局服务。

习近平指出,党的新闻舆论工作必须把政治方向摆在第一位,牢牢坚持党性原则,牢牢坚持马克思主义新闻观,牢牢坚持正确舆论导向,牢牢坚持正面宣传为主。新闻舆论工作者要增强政治家办报意识,在围绕中心、服务大局中找准坐标定位,牢记社会责任,不断解决好"为了谁、依靠谁、我是谁"这个根本问题。[4]这是对新时期新闻舆论工作坚持马克思主义新闻观的具体要求。

对新闻与政治的关系的理解是认识马克思主义新闻观内涵的重要维度。无论时代如何改变,新闻舆论工作就是政治工作,政治工作必须依靠新闻舆论工作。这是中国特色新闻学的重要内容。

三、新闻舆论工作的人民观

马克思恩格斯在《共产党宣言》中提出了一个问题:"共产党人同全体无产者的关系是怎样的呢?"他们的回答是:"共产党人不是同其他工人政党相

---

[1]《列宁全集》(第12卷),人民出版社,2017,第95页。
[2]《毛泽东文集》(第1卷),人民出版社,1993,第21、22页。
[3]《毛泽东文集》(第7卷),人民出版社,1999,第338页。
[4]《坚持正确方向创新方法手段 提高新闻舆论传播力引导力》,《人民日报》2016年2月20日,第1版。

对立的特殊政党。他们没有任何同整个无产阶级的利益不同的利益。"[1] 事实上，中国共产党从成立之日起，就是以人民的利益为自己的利益，带领人民为实现自己的利益而奋斗，"过去的一切运动都是少数人的，或者为少数人谋利益的运动。无产阶级的运动是绝大多数人的、为绝大多数人谋利益的独立的运动"[2]。"在无产阶级和资产阶级的斗争所经历的各个发展阶段上，共产党人始终代表整个运动的利益。"[3]

在中国共产党人的新闻舆论工作中，坚持以人民为中心的工作导向，是一以贯之的。刘少奇在1948年给华北记者团的讲话中就明确指出："你们是人民的通讯员，是人民的记者，要全心全意为人民服务。"在这篇讲话中，刘少奇反复强调新闻舆论工作的人民观："你们是给人民办报，是人民的记者、通讯员"，"如果你的事业建筑在人民利益与真理上面，那才是可靠的"，"人民的呼声，人民不敢说的、不能说的、想说又说不出来的话，你们说出来了。如果能够经常作这样的反映，马克思主义的记者就真正上路了"。[4]

如何理解新闻舆论工作与人民的关系呢？甘惜分在其《新闻学原理纲要》中有过精辟的表述："在新闻工作中，什么是要考虑的第一个要素呢？可以肯定回答：是人民。人民是新闻机构赖以生存的基础。"[5] "我们的新闻事业既是群众的朋友，又是群众的学生，更重要的是群众的导师。"[6] "朋友"意即新闻舆论工作要服务人民，"学生"意即新闻舆论工作要向人民学习，"导师"意即新闻舆论工作要指导人民。之所以清晰地划分这种关系，是因为人民的多样性构成。"人民是'上帝'，但我们不是人民的'奴隶'。人民中有先进、中间、落后之分。对于先进群众，我们是学习，是宣扬。对于落后群众，我们是说服，是教育。抓了这先进和落后两头，就能带领人数最多的中间群众前进。"[7] 甘惜分还有一段论述形象地阐释了新闻工作的党性与人民性："党的新闻工作者任何时候都要有这样一个信念：党是我们的领导，而人民是我们的母亲。没有党，我们将迷失方向，而抛弃生我、养我、育我的母亲，我们就会灭亡。"[8] 这一比

---

[1]《马克思恩格斯选集》(第1卷)，人民出版社，2012，第413页。
[2]《马克思恩格斯选集》(第1卷)，人民出版社，2012，第411页。
[3]《马克思恩格斯选集》(第1卷)，人民出版社，2012，第413页。
[4]《刘少奇选集》(上)，人民出版社，1981，第402、401、400、404页。
[5] 甘惜分：《甘惜分文集》(第1卷)，人民日报出版社，2012，第232页。
[6] 甘惜分：《甘惜分文集》(第1卷)，人民日报出版社，2012，第241页。
[7] 甘惜分：《甘惜分文集》(第1卷)，人民日报出版社，2012，第241页。
[8] 甘惜分：《甘惜分文集》(第1卷)，人民日报出版社，2012，第241页。

喻极其生动而深刻地阐释了新闻舆论工作中如何认识与党和人民的关系。

人民观体现了社会主义新闻舆论工作的根本立场，是马克思主义新闻观始终坚持的根本原则。具体说，新闻舆论工作要依靠群众，不能闭门造车；要服务群众，不能高高在上；要引导群众，不能人云亦云。这是中国特色新闻学的重要内容。

四、新闻舆论工作的真实观

真实性是对新闻报道的第一要求，在马克思主义新闻观里，真实观的要求不仅是报道的原则，更是科学的方法，即坚持用辩证法和唯物史观来看待事物发展并给予全面反映。习近平指出：真实性是新闻的生命。要根据事实来描述事实，既准确报道个别事实，又从宏观上把握和反映事件或事物的全貌。[1]

新闻传递的是对客观事实的主观认识。在一般事实向新闻事实的转化过程中，原本大量自在的事实发生了规则化、目的化的重组，具体表现在：无限向有限的转化、无序向有序的转化、自在向为我的转化。[2] 在这种转化过程中，新闻工作者的立场、观点、方法就成为影响新闻质量的根本因素。能够全面认识世界的记者与片面认识世界的记者，在看待事物的方法上不一样，给出的报道也不一样，这对公众准确认识世界的影响显然是不同的。掌握马克思主义，就可以避免形而上学的思想方法，避免片面性的思想方法。前者显然会给出高质量的新闻报道。

新闻真实性的问题在新闻理论中是最具有历史性、普遍性的研究领域之一，不论中国新闻学界还是西方新闻学界，真实性始终都是研究的焦点。新闻是对事实的报道，新闻的本源是事实。陆定一在1943年发表的《我们对于新闻学的基本观点》一文中明确提出："事实是第一性的，新闻是第二性的，事实在先，新闻（报道）在后。这是唯物论者的观点。"[3]

新闻真实性的内涵是：本质真实（整体真实）与现象真实（局部真实）的统一。理解这个内涵，有两层意义。一方面，任何新闻报道的细节应该是真实的，时间、地点、人物、事件等都应该是真实存在的；另一方面，所有新闻报

---

[1]《坚持正确方向创新方法手段 提高新闻舆论传播力引导力》，《人民日报》2016年2月20日，第1版。

[2] 胡钰：《新闻事实的内涵与生成》，《新闻界》1999年第2期。

[3] 中国社会科学院新闻研究所：《中国共产党新闻工作文件汇编》（下卷），新华出版社，1980，第188页。

道应该完整地反映事实,从不同的角度、不同的时间以不同的侧重点反映出事物的全貌。这一内涵所体现的基本原理就是马克思1843年在《摩泽尔记者的辩护》一文中提出的:"只要报刊生气勃勃地采取行动,全部事实就会被揭示出来。"[1]

在理解新闻真实性上,要避免片面性认识。一种是只强调本质真实,这就带来主观捏造、合理想象等问题,新闻彻底失去了微观的事实基础。早在延安时期,新闻界就反对过"客里空"现象,即记者根据主观意愿捏造新闻。在许多正面报道中,对细节的所谓合理想象也使得新闻失去真实性基础,现象不真实会损害本质真实。另一种是只强调现象真实,这就带来有闻必录、唯客观性等问题,新闻彻底失去了对世界的宏观把握能力。甘惜分认为:"反映了事实的真相并不等于反映了时代的真相。"在这里,"事实的真相"指"一个一个的局部的真实","时代的真相"指"全局的真实"。"一个一个事件的局部的真实固然重要,全局的真实却更加重要。"[2]完整地、科学地认识新闻真实性,是中国特色新闻学的重要内容。

五、新闻舆论工作的创新观

新闻舆论工作中始终有一对矛盾,即动机和效果的矛盾。有了正确的立场和目标,并不能保证必然办好新闻媒体,取得最好的传播效果。从动机到效果还有一个过程,这个过程就要靠新闻舆论工作的报道方式、传播方式等的持续创新。对社会主义新闻舆论工作者来说,绝不能仅仅满足于报道动机的正确性,还要追求传播效果的最大化。

毛泽东在1957年同新闻出版界代表谈话时就指出了新闻的传播效果问题:"报纸是要有领导的,但是领导要适合客观情况。马克思主义是按客观情况办事,客观情况就包括客观效果。群众爱看,证明领导得好;群众不爱看,领导就不那么高明吧?"[3]对当代中国新闻舆论工作来说,以马克思主义为指导思想,以受众接受效果为衡量标准,始终是两条紧密联系的重要原则,缺一不可。

当前的新闻舆论工作面临着全媒体的媒体格局和舆论生态,突出的问题在于"两个舆论场"的不平衡,具体表现在传统媒体舆论场与新兴媒体舆论场的

---

[1]《马克思恩格斯全集》(第1卷),人民出版社,1995,第358页。
[2] 甘惜分:《甘惜分文集》(第1卷),人民日报出版社,2012,第89页。
[3]《毛泽东文集》(第7卷),人民出版社,1999,第262页。

不平衡，国内舆论场与国际舆论场的不平衡。

新媒体时代的新闻传播表现出许多与以往不同的特征：新闻发布的全民化、新闻内容的视觉化、新闻推送的精准化、新闻终端的移动化、新闻平台的社交化、新闻阅读的碎片化。可以说，从新闻的生产到新闻的接收的全流程都发生了重大变化。

在传统媒体新闻时代，新闻的发布权掌握在专业媒体和专业记者手中，任何机构、个人想要向大众发布新闻，都要通过专业媒体和专业记者。而在新媒体新闻时代，这种新闻发布权的垄断被彻底打破。社交媒体作为重要的新闻发布平台，其新闻提供者发生了重大改变，从少数专业记者提供新闻，到全民进行新闻发布。以智能手机、平板电脑等为主要内容的移动智能终端已经成为高度普及的个人配置。受众在移动终端上获取新闻入口，一是新闻客户端，一是社交媒体。由于社交媒体是关系媒体，基于社会关系的交流让公众产生更大的行为依赖性，也产生更多的内容信任度。

2016年2月，在党的新闻舆论工作座谈会上，习近平要求党的新闻舆论工作必须创新理念、内容、体裁、形式、方法、手段、业态、体制、机制，增强针对性和实效性。要适应分众化、差异化传播趋势，加快构建舆论引导新格局。要推动融合发展，主动借助新媒体传播优势。[1]2019年1月，中共中央政治局在人民日报社就全媒体时代和媒体融合发展举行第十二次集体学习，习近平指出，推动媒体融合发展，要坚持一体化发展方向，通过流程优化、平台再造，实现各种媒介资源、生产要素有效整合，实现信息内容、技术应用、平台终端、管理手段共融互通，催化融合质变，放大一体效能，打造一批具有强大影响力、竞争力的新型主流媒体。要坚持移动优先策略，让主流媒体借助移动传播，牢牢占据舆论引导、思想引领、文化传承、服务人民的传播制高点。要探索将人工智能运用在新闻采集、生产、分发、接收、反馈中，全面提高舆论引导能力。要统筹处理好传统媒体和新兴媒体、中央媒体和地方媒体、主流媒体和商业平台、大众化媒体和专业性媒体的关系，形成资源集约、结构合理、差异发展、协同高效的全媒体传播体系。要依法加强新兴媒体管理，使我们的网络空间更加清朗。[2]

---

[1]《坚持正确方向创新方法手段 提高新闻舆论传播力引导力》，《人民日报》2016年2月20日，第1版。

[2]《推动媒体融合向纵深发展 巩固全党全国人民共同思想基础》，《人民日报》2019年1月26日，第1-2版。

当前，国际传播秩序不平衡与中国国家形象不佳的问题依然突出。"据统计，美联社、合众社、路透社、法新社这四大西方通讯社的新闻发稿量占全球总量的80%，以美国为首的西方发达国家的媒体传播的世界各地新闻占全球总量的90%以上。"新闻传播是意识形态很强的社会行为，在国际传播中，这种价值观决定的报道立场很鲜明。"在美国，只有符合他们的价值观的新闻才能被报道。"[1] 由于新闻传播在塑造国家形象中具有重要作用，当前的国际新闻传播秩序的不平衡就带来中国国家形象的扭曲。在一些全球范围的国家声誉调查中，中国的排名往往靠后，低于德国、日本、美国等国家。中国在国际上的美誉度与贡献度严重不匹配，信任赤字、形象赤字成为中国面临的重大问题。这种国际传播现状和国家形象问题会影响中国"一带一路"战略的实施，影响中国成为有影响力的全球大国。

国际传播能力不强已经成为制约中国成为全球大国的重要挑战，必须下大气力解决。为此，既不能无所作为，也不能盲目作为。国际传播是有其规律的，是效果导向的，是必须以专业手段在创新中提升的。2021年5月，中共中央政治局就加强我国国际传播能力建设进行第三十次集体学习，习近平指出，要全面提升国际传播效能，建强适应新时代国际传播需要的专门人才队伍。要加强国际传播的理论研究，掌握国际传播的规律，构建对外话语体系，提高传播艺术。要采用贴近不同区域、不同国家、不同群体受众的精准传播方式，推进中国故事和中国声音的全球化表达、区域化表达、分众化表达，增强国际传播的亲和力和实效性。要广交朋友、团结和争取大多数，不断扩大知华友华的国际舆论朋友圈。要讲究舆论斗争的策略和艺术，提升重大问题对外发声能力。[2]

马克思主义新闻观是基于实践不断创新的新闻观，基于实践中出现的问题提出新的思路与理论，才能解释新闻活动，指导新闻工作。这是中国特色新闻学的重要内容。

1987年，甘惜分在接受采访时说："中外新闻事业发展史表明，新闻事业的发展变化，朝晴暮雨，昨是今非，莫不与阶级、政党、集团之间的分化离合相关联，都只能运用马克思主义这一思想武器才能解释其奥秘。""可以说，新

---

[1] 史安斌、郭云强、李宏刚：《清华新闻传播学前沿讲座录：续编》，清华大学出版社，2012，第48-49页。

[2]《加强和改进国际传播工作 展示真实立体全面的中国》，《人民日报》2021年6月2日，第1版。

闻学研究离开了马克思主义,必将一事无成。"[1]2006年,有采访者问已经90岁高龄的甘惜分:"能谈谈您对当前中国新闻理论界的希望吗?"他回答说:"十个字:立足中国土,回到马克思。"[2]

今天的中国发展已经进入了一个崭新的历史阶段,全球的目光注视中国,既给中国以鼓励,也给中国以质疑,全媒体的发展激发全社会的活力,既给中国发展以新平台,也给中国发展以新困惑。在这一崭新的时代环境中,新闻舆论工作肩负着治国理政、定国安邦的重大使命,尤其需要思想定力、创新能力与传播效力。新的历史挑战需要马克思主义新闻观与中国特色新闻学,新的历史机遇也必将发展马克思主义新闻观与中国特色新闻学。

第三节 构建当代中国的新闻观念

新闻观念是新闻实践的指导。在当代中国的新闻活动中,由于专业主义新闻观念带来新闻媒介与社会的距离,由于商业主义新闻观念带来新闻媒介成为小众利益的工具,由于技术主义新闻观念带来新闻媒介被技术使用与渠道优势裹挟。有多少种新闻观念就有多少种新闻实践。在当代社会,新闻已经成为人们认识社会、形成判断、采取行为的基本依据,享有极其重要的基础性位置。那么,新闻构建人们的想象世界,谁来构建新闻的共同观念呢?在一个社会存在日益多样化的中国,怎样的新闻观念才是符合社会多数人利益、集成不同群体意志的共同观念呢?

一、坚持马克思主义的新闻观念

中国的革命、建设与改革都是在马克思主义指导下进行的,中国特色社会主义进入新时代也是在马克思主义指导下进行的。没有马克思主义就没有当代中国的发展,换言之,在当代中国讨论构建新闻观念,如何认识马克思主义的指导成为首要任务。

认识马克思主义可以有不同的角度与深度,但有三种错误的态度是要注意的:当作政治标签,这样的认识只把马克思主义挂在嘴上;当作教条束缚,这样的认识以马克思主义经典作家的论述画地为牢;当作过时话语,这样的认识

---

[1] 甘惜分:《甘惜分文集》(第3卷),人民日报出版社,2012,第496页。
[2] 甘惜分:《甘惜分文集》(第3卷),人民日报出版社,2012,第584页。

当马克思主义为过气的理论。事实上，认识马克思主义，正确的态度是要认识其所占据的道义制高点与真理制高点，坚持在返本开新中发展马克思主义、使用马克思主义。用列宁的话说："马克思学说具有无限力量，就是因为它正确。它完备而严密，它给人们提供了决不同任何迷信、任何反动势力、任何为资产阶级压迫所作的辩护相妥协的完整的世界观。"[1]

1883年，恩格斯在马克思墓前的讲话中对马克思一生的贡献有着精辟的评价，对这两个制高点有着清晰的表述。"正是他第一次使现代无产阶级意识到自身的地位和需要，意识到自身解放的条件。"[2]这表明马克思不是为了个人利益、少数人利益，而是为了多数人的利益在奋斗着。而他的奋斗是通过科学研究来进行的，马克思发现了人类历史的发展规律和资本主义的运动规律，即唯物史观与剩余价值。在恩格斯看来，"一生中能有这样两个发现，该是很够了。即使只能做出一个这样的发现，也已经是幸福的了"[3]。事实上，在恩格斯的这篇讲话中，开篇用的就是"当代最伟大的思想家停止思想了"的意味深长的表述。

在当代中国的新闻观念中，坚持马克思主义，要坚持的正是马克思主义的合目的性与合规律性的统一。合目的性，要求以人民为中心的工作导向；合规律性，要求尊重新闻传播规律。

从马克思主义的视角构建当代中国新闻观念，就要树立多样化思潮中的利他观念。当代多样化思潮来源于社会的多样化存在方式。从经济形态上看，公有制和非公有制并存，是根本的分野。从观念形态上看，利他观念和利己观念成为最显著的区别。马克思主义在讨论资产阶级观念时认为："你们的利己观念使你们把自己的生产关系和所有制关系从历史的、在生产过程中是暂时的关系变成永恒的自然规律和理性规律，这种利己观念是你们和一切灭亡了的统治阶级所共有的。"[4]因此，如何在新闻观念中突出"利他"导向，成为坚持中国特色社会主义道路的当代中国新闻观念的重要内容。

从马克思主义的视角构建当代中国新闻观念，就要防止片面化宣传的问题。习近平谈当代中国新闻舆论工作要"坚持党的领导，坚持正确政治方向，

---

[1] 《列宁选集》（第2卷），人民出版社，2012，第309页。
[2] 《马克思恩格斯选集》（第3卷），人民出版社，2012，第1003页。
[3] 《马克思恩格斯选集》（第3卷），人民出版社，2012，第1003页。
[4] 《马克思恩格斯选集》（第1卷），人民出版社，2012，第417页。

坚持以人民为中心的工作导向"[1]，这三个"坚持"是统一的、一体的，如果割裂开来谈，就会削弱说服力。中国共产党的历史和经验一再表明，新闻舆论工作的力量来自于党性与人民性相统一。

从马克思主义的视角构建当代中国新闻观念，就要加强自主话语体系的建设。马克思主义新闻观研究正在进入一个崭新的阶段。全球格局的深刻变化、中国实践的持续向前成为鲜明的时代背景，在此背景下审视马克思主义指导下的中国新闻理论与实践发展，会发现存在新闻发展滞后于国家发展、新闻理论滞后于新闻实践、中国理论滞后于西方理论的问题。要解决这三个"滞后"，需要立足现实、直面问题、融汇中西、返本开新，研究后真相时代、后霸权时代、后喻时代新闻实践中的新问题、真问题、大问题，找出规律性、学理性的发现。

二、坚持文化自信的新闻观念

近代以来的国人对自己的民族文化有着复杂的情感：一方面，五千多年没有断流的文明史足以让国人自豪；另一方面，1840年以来的落后挨打又让国人对自己的文化产生怀疑乃至要废除汉字、中医。1949年以来，随着中国站起来、富起来、强起来，中国人的文化自觉愈发清晰，民族的文化认同感也愈发明确。

费孝通在1998年的"中华文化与21世纪国际学术研讨会"上的发言中谈道："中华文化在新世纪面临的一个推陈出新、继续发展的迫切课题，是我们作为炎黄子孙、中华民族这一代的成员，首先要实事求是地认识我们受之于历代祖先的中华文化。人贵有自知之明，一个文化也不能没有实事求是的自觉意识。""文化自觉，意思是生活在既定文化中的人对其文化有'自知之明'，明白它的来历、形成的过程、所具有的特色和它发展的趋向。自知之明是为了加强对文化转型的自主能力，取得决定适应新环境、新时代文化选择的自主地位。"[2] 有了文化自觉，才会知道自身文化的独特性，进而树立文化自信，在此基础上，通过文化创新创造来实现文化自强，让本民族的文化不断向前发展，展现出具有时代感和世界性的魅力。

当代中国文化的内容包括中华传统文化、革命文化、社会主义文化、西方文化。对于这些不同的文化组成，当代中国新闻观念都需要吸收并形成指导新闻实践的文化价值观。而吸收的原则就是坚持文化自信的原则，即"不忘本来、

---

[1]《习近平谈治国理政》（第二卷），外文出版社，2017，第331页。
[2] 费孝通：《中国文化的重建》，华东师范大学出版社，2015，第34-35页。

吸收外来、面向未来，更好构筑中国精神、中国价值、中国力量，为人民提供精神指引"[1]。这一原则表明，当代中国新闻观念应该广泛汲取古今中外的文化资源，形成具有强大感染力、传播力的当代中国价值观。

《中共中央关于党的百年奋斗重大成就和历史经验的决议》指出："中华优秀传统文化是中华民族的突出优势，是我们在世界文化激荡中站稳脚跟的根基，必须结合新的时代条件传承和弘扬好。""加快国际传播能力建设，向世界讲好中国故事、中国共产党故事，传播好中国声音，促进人类文明交流互鉴，国家文化软实力、中华文化影响力明显提升。"[2] 这是回首百年奋斗历程总结出的基本经验，对中华文化特别是优秀传统文化的历史意义与当代价值做出了清晰有力的论断，一方面，把"中华优秀传统文化"视为中华民族的"突出优势"，显然当代中国新闻观念的构建也必须突出中华优秀传统文化的内核；另一方面，也指出要在世界文化激荡中站稳脚跟，依然要把"中华优秀传统文化"作为根基，因而在纷繁的国际舆论场中站稳脚跟，依然要把传统文化作为当代中国新闻观念的基因。

值得注意的是，在全球化日趋深入的今天，这种文化自信不仅是为了中华文化的复兴，也是为了人类共同的命运。从历史上看，中华文化在向世界各国广为传播中不以征服为目的，是多元一体的"和"的文化，而西方文化中是基于一神论的"同"的文化，前者是适应文化多样性的当代全球化的，后者却会带来"非我族类其心必异"的文化冲突，只是传统全球化的表现。因此，中国提出"人类命运共同体"正是反映了中华文化理念对未来人类命运的思考，而这种思考也呼唤我国新闻传播创造出更多为世界所接受的中国话语、中国声音、中国魅力来，让中华文化成为人类新文明构建的重要推力与基石。

三、坚持源于实践的新闻观念

作为新闻实践指导的新闻观念来源于新闻实践。构建当代中国的新闻观念不能是"空中楼阁"的理论设计，也不能是"拿来主义"的外部输入，而应是基于当代中国新闻实践的规律性提炼与学理性研究。

当代新闻实践的突出特征是社交媒体的兴起。在社交媒体的新闻传播中出

---

[1] 习近平：《决胜全面建成小康社会 夺取新时代中国特色社会主义伟大胜利：在中国共产党第十九次全国代表大会上的报告》，人民出版社，2017，第 23 页。

[2]《中共中央关于党的百年奋斗重大成就和历史经验的决议》，《人民日报》2021 年 11 月 17 日，第 1 版。

现了全新的变化：社交媒体成为获取新闻的主要入口，因而成为形成社会认识、情绪及行为的重要力量；自媒体与公民记者大规模出现，因而去中心化和去中介化成为当代新闻传播体系的主要特征；技术驱动型的聚合类媒体、搜索类媒体、平台类媒体占据传播优势，因而新闻把关人失灵、新闻事实核查成为新闻传播中的首要难题。

社交媒体赋予个人与非传统新闻媒体的各类机构以新闻传播权力，实现传播权利（right）向传播权力（power）的转移，传播主体从过去的传统新闻媒体、小众群体向现在的个人、机构自媒体、大众传播群体转变。这种新闻传播实践的大变化使得传统的新闻观念已不适应。政治选举、经济预测、社会治理等越来越受到社交媒体的关键性影响，任何一个社会事件都会出现不同版本的信息广为流传，大量虚假信息、情绪内容的传播误导社会判断与公众行为。在全社会抗击新冠肺炎疫情的过程中，疫情、舆情与心情交织在一起，信息供给成为与疫苗供给、口罩供给、粮油供给同等重要的社会需求。

传统媒体主导的时代里，精英对舆论的引导力很强，但在社交媒体发达的条件下，产生了"脆弱的精英"。在传统的舆论管理观念中，好的舆论生态就是只能有一个声音。而在社交媒体时代，多样性舆论生态成为一种必然，因此"无害的多样性"的新闻观念逐渐出现，这要求媒体管理实现从媒体控制到媒体引导，再到媒体治理的转变。对公共话题，要有参与性的讨论与引导性的意见，越是充分的讨论、理性的信息，得出的认识的共识度就越高。同时，这种传播要有创意性，体现90后、00后受众的行为特点。在后喻时代，新闻的功能已经发生了重大变化，过去的新闻主要发挥信息功能，而现在的新闻还具有娱乐功能、社交功能与服务功能。

以主流价值观引导新兴人群需要全新的观念。从新闻渠道上要适应网络化、移动化的融合媒体趋势，形成立体多样的传播矩阵。从新闻内容上要适应视频化、故事化的阅读习惯，形成丰富多彩的传播形式。当前，"学习小组""侠客岛""新华视点""央视新闻"等一批中央主要媒体打造的微博、微信公众号正能量与影响力俱佳。《人民日报》微博粉丝量、新华社客户端下载量、央视新闻海外社交媒体账号粉丝数等不断创造新高，一批现象级融媒体产品生动讲述中国共产党与中国故事，获得广泛好评。

对正面宣传的理解需要全新的观念。正面宣传为主，不是为了某个人、某个机构、某个组织的小利益，而是为了国家与人民的大利益。不能简单地把正面宣传理解为只能说好话，甚至是说过头的好话。习近平在党的新闻舆论工作座谈会上的讲话中指出："舆论监督和正面宣传是统一的，而不是对立的。新闻媒体要直面我们工作中存在的问题，直面社会丑恶现象和阴暗面，激浊扬清，针砭时弊。对人民群众关心的问题、意见大反映多的问题，要积极关注报道，及时解疑释惑，引导心理预期，推动改进工作。"[1] 在理解"正面宣传为主"时，应该打开思路，所有推动社会进步的报道，都可视为正面宣传。或者说，只要发挥正面力量的报道，都是正面宣传。正面力量与正面内容是不同的，一个是效果维度，一个是内容维度。坚持效果维度来判断正面宣传，标志了当代中国新闻观念的一个大发展。当然，这就需要媒体在进行监督报道时把握好建设性的态度和客观性的事实，同时在时度效方面有较高的技巧。

四、坚持理论创新的新闻观念

当代中国新闻观念的构建要立足于发展中的新闻实践，也要着眼于具有中国特色与普遍意义的新闻学学科体系建设，通过新实践，发现新问题，构建新理论。有新闻理论支撑的新闻观念才是稳定的。

理论创新要以正确的哲学思维作为指导。恩格斯在《自然辩证法》一文中就指出："自然科学家尽管可以采取他们所愿意采取的态度，他们还得受哲学的支配。问题只在于：他们是愿意受某种蹩脚的时髦哲学的支配，还是愿意受某种建立在通晓思维历史及其成就的基础上的理论思维形式的支配。"[2] 今天的新闻理论创新就面临这样的选择，是以辩证唯物主义、历史唯物主义的科学思维为指导，还是以一些"蹩脚的时髦哲学"为指导，是以被动的直觉的世界观为指导，还是以能动的辩证的世界观为指导。

理论创新要有学术自信与学术原创性。伟大的实践产生伟大的经验，伟大的经验呼唤伟大的理论。中国的实践给中国的哲学社会科学研究提供了无比丰富的实践资源，立足中国现实，研究中国问题，贡献中国理论，就可以让世界更多地看到"学术中的中国""理论中的中国"。对于新闻理论创新来说，就是要为中国特色新闻学的建设做出自己原创性的贡献，摒弃西方中心主义、市场中心主义、媒介中心主义，构建超越资本主义历史与学术资源的知识体系。

理论创新要有学理性与规律性。百余年前的1918年，蔡元培先生为中国第一部新闻学专著作序，评价该书"根据往日所得之学理，而证以近今所见之事实，参稽互证，为此《新闻学》一篇，在我国新闻界实为'破天荒'之作"[3]。

---

[1] 习近平：《论党的宣传思想工作》，中央文献出版社，2020，第188页。
[2] 《马克思恩格斯全集》（第26卷），人民出版社，2014，第528页。
[3] 徐宝璜：《新闻学》，中国人民大学出版社，1993，第6页。

而方汉奇先生在此书1993年再版时作序，评价该书，尽管成书于75年前，但是"这部书有关新闻事业普遍规律的论述，如有关报纸功能的论述，有关新闻五要素的论述，有关新闻与意见应该分离的论述等等，对今天的新闻工作者和新闻学研究工作者，仍然有重要的参考价值。"[1]今天，尽管距离该书完成已经一个世纪，这本书对于新闻学学习和研究依然具有重要的参考价值。有学者认为，在中国的新闻观念启蒙时期，徐宝璜、邵飘萍等人对新闻观念的现代构建发挥了重要作用。[2]在当代中国新闻理论研究中，依然需要有这样的"破天荒"之作，依据事实与学理，得出中国新闻学之新理论。

从现实中看，当代中国的新闻观念依然处于多样化观念并存的状态，因而，如何构建以马克思主义新闻观为指导、基于中国文化与实践、具有全球视野与理论支撑的新闻观念，成为新闻学界重要的使命。从世界范围看，"很长时期里，新闻学被冲突和负面的框架所主导"。在新闻观念中存在"坏消息是好新闻"的普遍认识，近来有美国学者提出了"建设性新闻学"的理论，"让记者的焦点从冲突和负面转移，在履行新闻核心功能的同时，报道和生产更有成效的故事，即提供重要信息，同时吸引新闻消费者、更准确地描绘世界的故事"[3]。笔者也提出了"积极新闻学"的理论，从积极的新闻参与社会、积极的新闻真实观、积极的新闻舆论监督、积极的新闻舆论生态等方面提出了一些思考。[4]这些中外理论思考都为认识当代中国的新闻观念提供了崭新的视角，为构建当代中国的新闻观念提供了理论支撑，也成为构建中国特色新闻学的理论视角。

第四节 党性和人民性相统一

"党性和人民性相统一"是中国特色新闻学构建中的重大命题、突出特色与实践经验。中国共产党百年新闻工作的基本经验就是准确认识并坚持实践"党性和人民性相统一"的思想。"党性和人民性相统一"是中国共产党新闻工作的基本原则，具有丰富的历史内涵、科学的理论内涵和鲜活的实践内涵，准

---

[1] 徐宝璜：《新闻学》，中国人民大学出版社，1993，第3页。
[2] 单波：《论二十世纪中国新闻业和新闻观念的发展》，《现代传播》2001年第4期。
[3] 晏青、凯伦·麦金泰尔：《建设性新闻：一种正在崛起的新闻形式》，《编辑之友》2017年第8期。
[4] 胡钰：《新时代的积极新闻学》，《新闻与写作》2017年第12期。

确认识这一原则的基本内涵,对于更好地坚持和发展这一原则,从理论与实践上推动当代中国新闻事业与新闻学发展具有重要意义。

返回中国共产党新闻工作的历史深处,可以看到大量鲜活的内容,1922年创办的《向导》发刊词开篇就提出"现在最大多数中国人民所要的是什么"的问题,1923年创办的《中国青年》发刊词中饱带感情地说"我们常听见青年界的呼喊,常看见青年界的活动",这些历史脉络是认识"党性和人民性相统一"内涵的重要历史起点。

延安时期是中国共产党在新闻工作的党性与人民性建设上日趋成熟的时期,体现在最高领导人直接抓新闻工作,纠正新闻工作中出现的问题,提出明确的改进要求,使得新闻工作取得实质性的提升。1942年2月,毛泽东出席中共中央政治局会议,讨论《解放日报》时指出:"报纸要以自己国家的事为中心,这正是表现一种党性。现在《解放日报》还没有充分表现我们的党性,主要表现是报纸的最大篇幅都是转载国内外资产阶级通讯社的新闻,散布他们的影响,而对我党政策与群众活动的传播,则非常之少,或者放在不重要的位置。《解放日报》应把主要注意力放在中国抗战、我党活动和根据地建设上面,要反映群众的活动,充实下层消息。"[1]

1942年3月,毛泽东出席中共中央政治局会议讨论《解放日报》改造草案时指出:"党报是集体的宣传者与组织者,对党内党外影响极大,是最尖锐的武器。要达到改造党的目的,必须首先改造党报的工作。报社的同志要了解经过党报来改造党的方针,现在报社的同志没有了解这个方针。报纸必须地方化,要反映地方情形。党报要反映群众,执行党的政策。党性是一种科学,是阶级性的彻底表现,是代表党的利益的,无论什么消息都要想想是否对党有利益。党报要允许同情者作善意的批评。"[2] 通过改造党报来改造党,体现了党报的重要性;提出党性是一种科学,体现了党性内涵的丰富性与规律性,包括要代表党的利益,反映地方与群众情形,允许同情者作善意的批评,等等。

从理论的维度看,"党性和人民性相统一"是中国共产党在马克思主义基本原理与中国革命、建设、改革实践相结合过程中提出的基本规律。中国共产党从成立之日起,就是以人民的利益为自己的利益,带领人民为实现自己的利

---

[1] 中共中央文献研究室:《毛泽东年谱(1893-1949)》(中卷),中央文献出版社,2013,第362页。

[2] 中共中央文献研究室:《毛泽东年谱(1893-1949)》(中卷),中央文献出版社,2013,第367-368页。

益而奋斗，正如毛泽东指出的："我党没有人民，便等于鱼没有水，便没有生存的必要条件。"[1] 在中国共产党新闻工作中，坚持以人民为中心的工作导向，是一以贯之的。对新闻工作者来说，"为了谁、依靠谁、我是谁"，始终是做好新闻工作的根本问题。

1948年，毛泽东在对《晋绥日报》编辑人员的谈话中指出："马克思列宁主义的基本原则，就是要使群众认识自己的利益，并且团结起来，为自己的利益而奋斗。报纸的作用和力量，就在它能使党的纲领路线，方针政策，工作任务和工作方法，最迅速最广泛地同群众见面。"[2] 这一论断是对马克思主义新闻观的精辟阐释，也是对新闻工作中党性与人民性相统一原则的生动表述。

1948年，刘少奇在对华北记者团的谈话中指出："我们要经过千百条线索和群众联系起来，而其中最重要的办法，就是报纸、新华社。你们的工作，你们的事业，它是千百条线索中最重要的一个。""千种桥、千种线，最重要的一个就是报纸。"[3] 这充分说明了党性和人民性相统一在中国共产党新闻工作中具有重要性的核心缘由。这一认识成为中国共产党新闻工作的基本规律，什么时候坚持了，新闻工作就能取得成绩；什么时候违背了，新闻工作就会犯错误。这一规律不但是中国共产党新闻工作的规律，也是中国特色新闻学的重要内容与理论基础。事实上，从构建中国特色新闻学的视角来看待"党性和人民性相统一"原则的具体内涵与历史经验，就会更好地深化其学理性，把握其规律性。

从实践的维度看，"党性和人民性相统一"是中国共产党在革命、改革与建设时期做好新闻工作的基本经验，处理各种复杂问题、尖锐挑战的有效利器，在全球化与信息化的当代社会，这依然是做好中国新闻舆论工作的基本指引。2016年，在党的新闻舆论工作座谈会上，习近平对"党性和人民性相统一"的原则做出了系统论述，指出："在中国共产党领导的社会主义中国，党性和人民性是一致的、统一的。我们党以全心全意为人民服务为根本宗旨，没有自己的特殊利益，体现党的意志就是体现人民的意志，宣传党的主张就是宣传人民的主张，坚持党性就是坚持人民性。党性寓于人民性之中，没有脱离人民性的

---

[1] 中共中央文献研究室：《毛泽东年谱（1893—1949）》（中卷），中央文献出版社，2013，第369页。

[2] 中国社会科学院新闻研究所：《中国共产党新闻工作文件汇编（下）》，新华出版社，1980，第233页。

[3] 中国社会科学院新闻研究所：《中国共产党新闻工作文件汇编（下）》，新华出版社,1980，第250页。

党性，也没有脱离党性的人民性。""坚持党性，新闻舆论工作才能有明确的立场和指向；坚持人民性，新闻舆论工作才能获得活力源泉和动力根基。"讲话中还特别批评了那些"你是替党讲话，还是替老百姓讲话""你是站在党的一边，还是站在群众一边"的论调，指出"把党性和人民性对立起来，在思想上是糊涂的，在理论上是错误的，在实践上是有害的"。[1] 这是重申并深化中国共产党新闻工作中最重要的基本原则的认识，体现了"党性和人民性相统一"在当代中国新闻舆论工作实践与中国特色新闻学理论中的重要性。

当然，今天的时代条件已经发生了重大改变，以互联网、社交媒体为代表的新兴媒体迅猛发展，当代信息传播格局和社会舆论生态已经与过去大相径庭。因此，习近平指出："网民来自老百姓，老百姓上了网，民意也就上了网。""各级党政机关和领导干部要学会通过网络走群众路线，经常上网看看，潜潜水、聊聊天、发发声，了解群众所思所愿，收集好想法好建议，积极回应网民关切、解疑释惑。善于运用网络了解民意、开展工作，是新形势下领导干部做好工作的基本功。"[2] 这是创新中国共产党新闻工作"党性和人民性相统一"基本原则的要求，这种创新也是坚持。

在当前社会思潮多样化、信息传播个人化的社会环境中，新闻工作要发挥积极作用，就要始终坚持并且创造性地实践这一原则，建构党和人民需要的舆论生态，形成对中国经济发展的稳定社会预期，形成植根中国的主流价值观和文化自信，形成面向全球的良好国家形象。要切实成为党和政府与人民群众联系的"千百条线索中最重要的一个"，发挥治国理政、定国安邦的作用，推动建立坦诚、透明的现代政府，发挥舆论监督作用，守护公平正义，推动社会进步。

"党性和人民性相统一"是中国共产党在百年历史中创造的具有丰厚理论价值与现实意义的新闻思想，在实践中须臾不可离开，在理论上需要不断丰富。准确把握并坚持实践"党性和人民性相统一"的思想，是从实践上做好新时期中国新闻舆论工作的根本保证，也是从理论上构建中国特色新闻学的历史基点与逻辑支点。

---

[1] 习近平：《论党的宣传思想工作》，中央文献出版社，2020，第182-183页。
[2] 习近平：《论党的宣传思想工作》，中央文献出版社，2020，第195页。

第五节　抗疫新闻力量及其理论启示

在重大疫情暴发期间，疫情、舆情与心情交织在一起相互影响，社会情绪的最大问题是负面情绪累积引发的不稳定。这种情绪会给抗疫带来阻碍，也会导致社会运行的不稳定。按照马克思主义新闻观，新闻舆论工作的重要作用就是引导社会舆论，稳定社会情绪，形成社会合力。在这一过程中，重点是要处理好政府与社会、理性与情绪、事实与判断的关系，在全社会形成抗击疫情的信心与共识。疫情期间的新闻报道成为观察中国特色新闻实践的重要窗口，也对理解中国特色新闻学构建提供了积极启示。

一是加强政治传播，凸显政府的抗疫决心与整体部署，向全社会传递信心。在此次抗疫期间，新闻媒体对中国最高领导人亲自指挥、亲自部署和中央统揽全局、果断决策的报道，让人们看到了全国迅速形成的统一指挥、全面部署、立体防控的战略布局，这种坚强态势对于遏制疫情困难局面尤其是刚刚暴发阶段的全社会恐慌情绪具有重要作用，体现了中国政府对于抗击疫情的坚定决心和信心，极大平息了社会不稳定情绪。在抗疫期间，新闻媒体密集报道中央和各级政府对抗疫的部署和判断，不但有具体新闻事实，而且有系列新闻评论。围绕中央关于抗击疫情的重要政策精神，中央主要媒体密集推出评论言论和解读文章，系列重头评论把握要义，进行深入阐释，微评网评、金句海报言简意赅，进行超级传播。

在应对重大突发公共危机的环境中，政府的力量是最关键的力量，这种力量的关键性在于其对危机形势的准确把握和对社会资源的整体配置。这种关键性力量要通过新闻的力量才能更有效地传递开来，形成全社会应对危机的力量。

二是加强事实传播，持续更新疫情最新进展，向全社会传递真相。在疫情期间，全社会的流动性被压缩到最低状态，人们对信息的"饥渴"与人们行为空间的"有限"叠加在一起，造成不符合客观现实的"谣言满天飞"的局面。针对这种局面，新闻媒体与各级政府部门紧密配合，持续通过大密度、高频次的新闻发布渠道更新疫情最新进展，澄清各种误解性谣言、牢骚性谣言和攻击性谣言，对于保持社会情绪的稳定度发挥了重要作用。疫情期间出现各种混乱情况是正常的，但可怕的是基于谣言形成的对各种疫情状况的认识扭曲和负面情绪放大。新闻力量的重要体现就在于粉碎谣言，在人们的头脑中建构起客观景象。

值得肯定的是，此次抗疫期间的新闻发布工作非常及时。国务院新闻办、国务院联防联控机制和各省（区、市）共举办疫情相关发布会千余场。其中，国务院新闻办将"国字号"发布会开到"听得见炮声"的战疫前线，在武汉举办现场发布活动。中央电视台直播国新办和国务院联防联控机制发布会上百场，新闻频道收视率创2003年开播以来最高纪录，央视新闻客户端单场直播观看量最高达18亿次。

与此同时，根据各级政府的新闻发布、疫情形势发展和防控任务变化，新闻媒体有针对性地设置议题，就疫情防控、医疗救治、物资保障、科研攻关、防疫科普、援鄂医疗队、医护人员、复工复产、稳定经济社会运行、学校复课、中考高考、防控境外疫情输入、抗疫国际合作、防控救治经验、海外留学人员安全等发布大量权威信息，牢牢把握有关政策举措的发布权、定义权和解释权，及时传递客观真实的疫情进展情况。上海用中、英、法、日、韩5种语言每天发布疫情防控内容，开通外籍人士24小时咨询电话。针对舆论中关注的武汉"封城"、"解封"、应收尽收、提高治愈率降低病亡率、气溶胶传播等热点问题，新闻媒体都及时解疑释惑，澄清事实。

疫情期间，新闻的力量通过传递危机情况下的事实和真相，在稳定社会情绪、增强社会信心的过程中得到充分彰显。新闻媒体在疫情报道中既不夸大，也不掩盖，既找问题更找答案，形成积极面对疫情的正向力量。

三是加强科学传播，报道抗疫的科学知识与方法，向全社会传递理性。如何预防疫情，保证自己不得病，在疫情期间是全社会关注的焦点。正因为如此，各种"土方子"有效的信息层出不穷，一些食物、药品一旦被认为有预防新冠肺炎的效果，迅速就被抢空。针对这种情况，新闻媒体加大了对医疗工作者、科学工作者的采访，通过专家的介绍，说明什么样的预防和治疗手段有效，有效降低了社会的不理性情绪和行为。

疫情期间公众对医学知识、健康知识、环境知识等的需求急剧上升，这为科学传播提供了良好的氛围，让在非疫情的日常状态下不太被关注的科学家、专家等在此期间获得了前所未有的高关注度。新闻媒体在突发公共卫生事件爆发的情况下，挖掘科学类信源，传递科学性信息，既可以发挥新闻舆论对疫情防治工作的推动作用，也可以有效提升新闻媒体的传播力与影响力。

四是加强情感传播，展现抗疫期间的一线故事，向全社会传递温度。在抗疫期间，全国医疗人员和各类社会服务人员，特别是许许多多普通人、年轻人，投身到治疗病患、维持社会运行的艰苦工作中,演绎了一首感人肺腑的团结抗疫的伟大乐曲。新闻媒体到一线挖掘这些平凡人物的不平凡故事,通过一张张满是泪痕的面孔,一个个疲惫的笑容,一句句朴实而令人感动的话语,向社会展示了在困难中不懈奋斗的一个个伟大的中国人,这些普通人的朴素情感和鲜活故事是疫情期间最好的"治愈剂",让全社会更加坚强与团结,更加自觉地从我做起,从现在做起,形成抗疫合力。

以抗疫一线摄影记者为主的工作团队用40多天时间完成了为4.2万余名全国各地和军队援鄂医疗队员拍摄肖像的任务。《我们出院了》《防护,一丝不苟》等20余个摄影报道专题在《人民日报》要闻版刊发,30多组图文、视频报道在《人民日报》新媒体平台发布。这些来自一线的图片极其生动、真实而感人,一图胜千言,一图催人泪,极其正向地传递了温暖而坚定的抗疫力量。湖北广播电视台拍摄制作纪录片《见证》,全景式地记录了4.2万多名援鄂医疗队员肖像照片的拍摄过程。该片在腾讯视频上线23小时播放量达到6.6亿次,在央视中文国际频道、央视新闻频道、中国国际电视台5个语种频道播出,并被翻译成13种语言向全世界传播。

新华社围绕疫情进展、舆情热点加强新媒体创意策划,首部武汉战疫全景纪录片《英雄之城》真实记录了武汉战疫的重要历史时刻以及众多凡人英雄的感人故事,全网浏览量超20亿次。中央广播电视总台接连推出爆款纪录片,推出动画微纪录片《战武汉》、独家中英双语新闻纪录片《武汉战疫纪》,推出时政微纪录片《武汉保卫战》、动画微纪录片《守护生命》,短短5天时间触达全球227个国家和地区超过6亿人,刷新总台视频产品的海外传播新纪录。

武汉疫情结束后,笔者与从武汉一线回来的新闻记者交流,并邀请多位记者到大学课堂上讲述自己的亲身采访经历。这些深入抗疫一线的记者一个共同而突出的特点是,他们是带着深厚的情感在进行报道,这种情感既是对个体病患的同情,也是对社会危难的共情,这些记者报道了许多抗疫期间的感人故事,而其背后的采访故事同样感人甚至更加令人钦佩。

抗疫新闻实践对中国特色新闻学研究具有深刻而生动的启示。此次抗疫期间的新闻实践充分说明,新闻舆论工作是"治国理政、定国安邦"的大事,新闻舆论工作者要成为社会进步的推动者而不是旁观者。最大限度地发挥新闻舆论的正向引导力与社会凝聚力,已经成为现代国家治理体系特别是危机事件管理中的战略能力,也成为中国特色新闻理论与实践中的核心内容。从中国特色的抗疫新闻实践看中国特色新闻学的研究,要坚持以下的视角。

其一,中国特色新闻学的研究要坚持主体性视角。中国的新闻理论总体上要基于中国的新闻实践而不是外国的新闻实践来建构。在此次全球抗疫期间，中国的新闻舆论与国际的特别是西方的新闻舆论有很大差异，发挥的作用也是不同的。中国的新闻舆论成为抗疫力量中的有机组成，而不是作为冲突性事件的旁观者，更不是政府的对抗者。因此，深入挖掘包括此次抗疫期间新闻报道在内的中国新闻实践的规律，就能避免"西方理论—中国经验"的研究范式，将中国作为视角和方法，逐渐推动形成中国特色的新闻理论。

其二，中国特色新闻学的研究要坚持人民性视角。中国的新闻舆论工作坚持的是以人民为中心的工作导向，这种"人民"的概念是总体性的概念，而不是不同利益集团的组合。在此次抗疫期间，新闻媒体不是代表不同利益集团在选择不同的报道对象与角度，而是为了整体人民利益在奋战。不论是挖掘一个个普通人的抗疫感人故事，还是全景式地展示援助武汉医疗队的四万名医疗人员，充分体现了"全国一盘棋""抗疫一条心"的新闻舆论取向。这种取向是集中力量办大事的社会主义制度特色的体现，也是作为人民新闻工作者的社会责任的体现，如同穆青常说的"勿忘人民"。

其三，中国特色新闻学的研究要坚持实践性视角。新闻记者要写出好的报道，一定要深入一线采访，获得一手资料；同样，新闻学研究要发现好的理论，提出有原创力和解释力的理论，一定要紧密结合新闻实践，获得一手资料。范敬宜常说："离基层越近，离真理越近。"这对于新闻报道和新闻研究同样适用。新闻学界与新闻业界的距离过大是制约中国特色新闻学研究的重要障碍，如何推进双方更加有机地融合、紧密地互动，对于中国的新闻学研究与新闻人才培养都是值得深入思考的问题。

其四，中国特色新闻学的研究要坚持历史性视角。在面对中国的突发自然灾害与公共危机时，从水灾到地震再到疫情，中国的新闻舆论工作始终以成为对抗危机的积极力量出现，这是中国新闻实践的一条基本经验。随着媒介手段、舆论生态的变化，新闻媒体的报道策略与方式会发生改变，但一些基本的新闻观念是非常稳定的。这些新闻观念深植于历史中，可以回溯到延安时期，即为人民服务的根本宗旨、实事求是的思想路线与艰苦奋斗的工作作风。历史地看待当代中国的新闻实践发展特别是新闻媒体的变化，可以在变化中发现不变，更重要的是，也可以以不变引领更自主、更积极的变化。

其五，中国特色新闻学的研究要坚持批判性视角。在此次抗疫期间，中国面临的新闻舆论压力前所未有地严峻，既有国内疫情新闻传播中出现的问题，更有国际舆论特别是西方舆论的质疑乃至恶意攻击。对于这些现象，中国特色新闻学要坚持以马克思主义新闻观的世界观与方法论进行批判，批判全球新闻传播秩序的不平衡，批判资本对媒体平台与信息传播的控制，批判媒介中心主义与新闻客观主义，批判信息过载中的事实与真相缺位。对中国特色新闻学来说，真实是新闻的生命，价值是新闻的灵魂，真实与价值相统一才是推动社会进步与正义的新闻。

在此次抗疫过程中，中国的新闻舆论工作者特别是在抗疫一线采访报道的记者们付出了大量心血，克服了大量困难，成为当之无愧的抗疫战士，可以说，新闻舆论工作发挥的力量如何肯定都不为过。认真分析抗疫新闻力量中蕴含的实践规律与理论基因，对于中国的新闻业界与学界都具有重要意义。

第三章　构建中国特色新闻学的理论工具

在中国特色新闻学研究中，有几种现象值得重视：一是表态型研究，仅仅从政治立场上表示支持中国特色新闻学，但并不深究其学理基础；二是表述型研究，仅仅把领导人讲话乃至马克思恩格斯经典文章再次组接来阐释中国特色新闻学，但并不结合新的媒介环境和舆论格局；三是表象型研究，仅仅以一些中国特有的新闻现象来填充中国特色新闻学框架，但其内在的逻辑性与学理性并不强。这三类研究现象作为中国特色新闻学研究的初级阶段是可以的，但要建设中国特色新闻学的学术大厦还远远不够，由此带来的问题是：中国特色新闻学的理论构建不够坚实，即便在中国学术界内部也会受到一些批评，更遑论与世界对话的普遍意义。

推动中国特色新闻学的理论构建是中国新闻学研究的重中之重，而要实现这一任务，工欲善其事，必先利其器，掌握兼具中国特色和普遍意义的理论工具，在理论与实践的紧密互动中突出问题感与规律性，循序渐进，中国特色新闻学的学术大厦才能逐渐建立起来。中国特色新闻学的理论体系要坚持科学性与政治性的统一、理论性与实践性的统一、主体性与主体间性的统一，需要构建在坚实的理论基石上，基本的理论工具包括：辩证唯物主义认识论、传播政治经济学、文化研究、媒介理论。

第一节　辩证唯物主义认识论

辩证唯物主义认识论为中国特色新闻学提供了世界观与方法论的理论工具。认识论是关于认识本质与规律的方法论，是人类获得真理的基本依据，有科学的认识论才有科学的理论。近代西方哲学以认识论为研究重心，摆脱了神学对人的认识活动的束缚，强调理性的重要性。但随之而来的问题是关于主体与客体的二元对立思维范式，带来了认识论上的机械性、形而上学性。黑格尔就是以精神化的历史作为研究对象，以绝对精神作为逻辑起点与世界终极。

马克思主义认识论实现了对以往的唯心主义、经验主义、机械唯物论的超越，形成了辩证唯物主义认识论。这一认识论所阐发的能动的革命的反映论，推动认识论实现了根本变革，形成了科学的认识工具，也成为中国特色新闻学的最基本的认识工具。

辩证唯物主义认识论的核心是以现实的、实践的维度来认识世界。观念是现实的产物，意识是社会的产物。马克思幽默地说："'精神'从一开始就很倒霉，受到物质的'纠缠'，物质在这里表现为振动着的空气层、声音，简言之，即语言。"在马克思看来，语言是实践的产物，"语言是一种实践的、既为别人存在因而也为我自身而存在的、现实的意识。语言也和意识一样，只是由于需要，由于和他人交往的迫切需要才产生的"。[1] 在批评青年黑格尔派脱离现实的认识时，马克思指出："他们只是用词句来反对这些词句；既然他们仅仅反对这个世界的词句，那么他们就绝对不是反对现实的现存世界。"[2]

新闻活动是人类认识世界的一种实践活动。这种实践不能仅仅是"词句的活动"，词句源于现实，是主客观关系的体现。以辩证唯物主义认识论来分析新闻活动，关键是要准确把握实践的内涵。新闻活动要准确报道现实，不能脱离实际存在进行主观想象，也不能直观反映进行有闻必录，而是要在主体对客体的对象性的、关系性的活动中检验认识的准确性、客观性、真实性，"人的思维是否具有客观的真理性，这不是一个理论的问题，而是一个实践的问题。人应该在实践中证明自己思维的真理性，即自己思维的现实性和力量，自己思维的此岸性"[3]。因而，离开实践讨论新闻的客观性、思维的真理性都是经院哲学的表现，都是不符合辩证唯物主义认识论的。

在新闻活动中，事实是第一位的，报道是第二位的，报道外界的过程就是认识外界的过程，第一阶段是感性认识阶段，对报道对象进行采访，获取一手的信息，了解事情的基本情况；第二阶段是理性认识阶段，对采访资料进行消化吸收，按照新闻报道的基本要素、新闻价值的基本原则与新闻写作的基本规范进行事实选择与内容表达。

按照辩证唯物主义认识论来分析新闻活动，既要反对脱离感性认识阶段的主观主义报道，也要反对脱离理性认识阶段的客观主义报道。事实上，在新闻

---

[1]《马克思恩格斯选集》（第1卷），人民出版社，2012，第161页。

[2]《马克思恩格斯选集》（第1卷），人民出版社，2012，第145页。

[3]《马克思恩格斯选集》（第1卷），人民出版社，2012，第137-138页。

活动中，既有报道的选择性，任何国家、任何组织、任何个人进行新闻报道，都有其选择事实的尺度；同时，也有事实的客观性，不论是机构媒体报道还是社交媒体报道，任何报道都要追求或宣称自己的报道是依据客观事实的。在这个过程中，一方面，真实是新闻的生命，无真实无新闻；另一方面，价值是新闻的灵魂，无价值无新闻人。"新闻是真实与价值的统一体，这是马克思主义新闻观的一条核心原理。基于这一原理，新闻工作既要把握'根据事实来描述事实'的真实观，也要把握'以人民为中心的工作导向'的人民观。"[1]

当然，按照辩证唯物主义认识论，到达理性认识阶段还没有完结，还要将这一理性认识转化为实践，在实践中检验其真理性。因而，新闻报道的质量还要以该报道带来的社会效果进行评价，能够反映整体真实、促进社会进步的报道才是高质量的新闻。

第二节 传播政治经济学

传播政治经济学为中国特色新闻学提供了分析新闻与权力关系的理论工具。进入信息社会，传播成为社会运行的核心力量之一。从一定程度上看，传播即利益，传播即权力，传播即生活。那么，什么是当代传播背后的力量呢？谁在控制传播资源呢？政治经济学提供了有效的理论工具，从新闻传播行为的深层次政治经济关系来分析，可以更透彻地看到其支配力量及其运行，可以更全面地看到国家、市场、社会三个权力场域之间的互动。"在传播政治经济学研究中，学科的母体或者方法论是政治经济学，研究对象是以传播媒介为核心的人类传播行为及其活动。传播政治经济学是将传播活动作为一种经济活动，以生产、分配、流通、交换及其宏观决策活动这种政治经济学的思路来观察媒介及其传播行为的。"[2]

值得关注的是，当代新闻传播具有突出的超越国界的全球化特征，任何一国的新闻同时也是国际的新闻，同样，任何国际的新闻也可以引爆国内的舆论，因此，如何在全球范围内以政治经济学方法来分析传播行为，就形成了跨文化传播政治经济研究这一有关全球传播的整体性理论和实践框架。"作为马克思主义传播学术的当代发展，这一研究取向聚焦权力这一核心概念，以挑战

---

[1] 胡钰：《马克思主义新闻观的真理性、批判性与实践性》，《新闻与写作》2018年第8期。
[2] 郭镇之：《传播政治经济学之我见》，《现代传播》2002年第1期。

西方中心主义、文化本质主义和媒介中心主义为己任,将传播、政治经济结构和社会发展等问题放在全球资本主义体系内不同文化间的碰撞和互动过程中来分析,强调社会体系的动态转型与历史性演变过程以及传播与文化的社会历史嵌入性和社会主体的能动性。"[1]

随着经济全球化的深入和媒体市场化的推动,资本尤其是跨国资本在中国新闻传播活动中的主动性、主导性越来越强,分析这些新闻传播活动背后的资本力量及其关系,可以对新自由主义全球化带来的政治、经济与文化冲突有更深刻的把握。事实上,一些全球性、垄断性的大型社交媒体平台具有强大的平台权力,平台成为新的社会权力中心,其传播渠道成为当代社会新闻传播的主要出口,而选择性赋权更是带来公共空间治理权的私有化。

在信息媒介被技术与商业裹挟的环境中,全社会的注意力越来越稀缺,思考力则更稀缺,理性与秩序也会更稀缺。事实上,永远在线=丧失自我。在社交媒体环境中,人们丧失了自我的独立性、自主性、反思性。社交媒体赋予公众行为的自由,也赋予资本控制公众行为的自由。更值得警惕的是,在当代世界,社交媒体公司的强大权力成为私有权力,可以对抗国家公权力特别是不同国家公权力,私有权力的公共治理成为突出问题。

2021年12月,社交平台脸书创始人扎克伯格被美国自由主义的百年刊物《新共和》(*The New Republic*)评为"年度恶人"(scoundrel of the year),理由是他创建了"世界上最坏的网站"(worst website in the world),向用户推荐"各种病毒式的愚蠢言论和广告",而扎克伯格从这个网站上"不合理地赚了大钱",该刊物甚至指责脸书网站存在"反人类罪行",等等。

全球视野下的中国特色新闻学建设,需要更加整体性的视角、批判性的视角和建设性的视角,而跨文化传播政治经济研究无疑提供了具有探索性的积极的理论工具。换言之,这种理论工具的价值不仅在于批判,也在于建设。批判西方的新闻理论、新闻观念、新闻哲学,建设基于马克思主义认识论、中国历史传统和当代实践的新闻理论、新闻观念、新闻哲学。其目标是"超越形而上学的二元对立(我们/他们、东方/西方、结构/主体等等)以及世界是由一种'内/外二元体'构成的本体论立场,以马克思的'过程关系本体论'以及

---

[1] 赵月枝:《跨文化传播政治经济研究中的"跨文化"涵义》,《全球传媒学刊》2019年第1期。

中国传统哲学中的'关系理性'为基础，构建有关世界秩序新的认知体系"[1]。

第三节 文化研究

　　文化研究为中国特色新闻学提供了分析新闻与政治关系的理论工具。在对唯物史论的理解中，常常会存在一种简单化、庸俗化的取向，即认为经济基础是决定上层建筑的唯一因素，甚至经济基础自行创造上层建筑，而上层建筑在历史进程中完全是被动的、消极的。恩格斯在晚年曾对此有着清晰的批评："根据唯物史观，历史过程中的决定性因素归根到底是现实生活的生产和再生产。无论马克思或我都从来没有肯定过比这更多的东西。如果有人在这里加以歪曲，说经济因素是唯一决定性的因素，那么他就是把这个命题变成毫无内容的、抽象的、荒诞无稽的空话。经济状况是基础，但是对历史斗争的进程发生影响并且在许多情况下主要是决定着这一斗争的形式的，还有上层建筑的各种因素。"尽管经济基础是决定性的因素，"但是政治等等的前提和条件，甚至那些萦回于人们头脑中的传统，也起着一定的作用，虽然不是决定性的作用"。[2]

　　在简化论的经济基础—上层建筑关系中，包括新闻舆论在内的上层建筑的产生是被动的，作用是有限的，这显然违背了现实情况中观念与认识的产生机理。事实上，无产阶级即便夺取了政权，也无法立刻获得思想上的统治权，更无法完全消除观念层面的资产阶级影响。为此，列宁在1921年就"出版自由"问题撰文指出，"在全世界，凡是有资本家的地方，所谓出版自由，就是收买报纸、收买作家的自由，就是买通、收买和炮制'舆论'帮助资产阶级的自由。这是事实。任何人任何时候都推翻不了。""出版自由会助长世界资产阶级的力量。这是事实。'出版自由'不会用来祛除俄国共产党的许多弱点、错误、偏差、毛病（毫无疑问，毛病有的是），因为这是世界资产阶级所不愿意的。出版自由会成为这个世界资产阶级手中的武器。资产阶级并没有死，它还活着，正在一旁窥伺着我们。"[3]

　　强大的"正在一旁窥伺着我们"的资产阶级力量，决定了在当代社会主义

---

[1] 赵月枝：《跨文化传播政治经济研究中的"跨文化"涵义》，《全球传媒学刊》2019年第1期。

[2]《马克思恩格斯选集》（第4卷），人民出版社，2012，第605页。

[3]《列宁选集》（第4卷），人民出版社，2012，第546、547页。

国家中，社会主义观念形成的艰巨性。在当代世界，社交媒体引发的新闻舆论发挥的巨大的乃至颠覆政权的作用，更是无法用这种线性的经济决定论来解释。从当前中国发展面临的挑战来看，在国际合作中，仅仅依靠商业合同无法自然而然产生舆论认同、观念认同、价值认同的问题更是普遍存在。

意大利思想家葛兰西为中国特色新闻学研究提供了丰富的、极具启发性的思想资源。葛兰西是第一个直接关注上层建筑问题的重要的马克思主义思想家。[1] 葛兰西的思想体系具有很强的原创性，以至于英国历史学家霍布斯鲍姆认为，葛兰西是1917年以来西方最具原创性的思想家，其最大贡献是创立了马克思主义的政治理论。[2]

文化领导权理论[3]是葛兰西政治理论的核心。文化指的是意识形态、价值观念，领导权指的是以非暴力为特征的吸引力和权威性。葛兰西在研究中，对资产阶级的执政经验和无产阶级的执政教训进行了反思，重点是统治阶级如何获得意识形态领导权，获得人民群众自愿的、集体的认同。葛兰西认为，人民群众在世界观转变方面比较缓慢，统治阶级在新旧世界观的转换中要研究其传播规律。"新世界观的传播过程有其政治的原因（就是说，归根到底是社会的原因），但是，形式的要素，逻辑上的融贯一致性的要素，权威性的要素以及组织的要素，在不论是由单个的个人还是一定规模的集团确定了总的方向之后，就立即在这个过程中发挥出非常重要的作用。"[4]

葛兰西认为培养"有机知识分子"对于实现全社会的文化认同具有重要作用。"要努力培养出一种新型的直接从群众中产生出来，而还同群众保持着联系的知识分子精英，就像以前，变成女服胸衣上的鲸骨制品。"[5] 显然，新闻舆论工作者就是当代最有活跃度、影响力和规模性的"有机知识分子"群体之一。

---

[1] 阿兰·斯威伍德：《文化理论与现代性问题》，黄世权、桂琳译，中国人民大学出版社，2013，第15页。

[2] 埃里克·霍布斯鲍姆：《如何改变世界：马克思和马克思主义的传奇》，吕增奎译，3版，中央编译出版社，2017，第297-299页。

[3] "文化领导权"中"领导权"的意大利文是egemonia，英文是hegemony，国内也有人将其译为"文化霸权"。本文依据其内涵，认为以非强制性的"领导权"来表述更贴切。

[4] 安东尼奥·葛兰西：《狱中札记》，曹雷雨、姜丽、张跣译，河南大学出版社，2014，第391页。

[5] 安东尼奥·葛兰西：《狱中札记》，曹雷雨、姜丽、张跣译，河南大学出版社，2014，第394页。

这个群体能否对社会主义制度、道路有着发自内心的认同，与人民群众有着有机的融合，极大地影响了社会主义国家意识形态领导权的建立。

葛兰西开创并强调了文化研究的独立性，从20世纪60年代开始，文化研究在欧洲兴起，也出现了德国法兰克福学派、英国伯明翰学派这样的显学。这些研究将文化视为符号、媒介、价值观和意识形态，关注其产生机理以及社会影响，特别是能否成为社会黏合剂。而在对现代性、后现代性社会的理论阐释与发展预测中，文化研究表现出了很强的解释力和洞察力。哈贝马斯的交往理论、福柯的话语理论、布迪厄的场域理论等都成为文化研究重要的理论组成，也可以帮助解释新闻传播行为在当代社会文化中的位置、运行与影响。

新闻活动是当代意识形态的重要组成，事实上，新闻活动自身不仅是单纯的信息活动，也成为文化活动，前者追求真实性，后者追求娱乐性、社交性，在视频内容日趋获得高点击率的当代新闻传播中，新闻的文化产品属性日趋显现，好看、好玩的新闻是有传播力的新闻，而有文化感的新闻是有持续影响力的好新闻。

在当代中国，新闻舆论的重要性得到了前所未有的认识，国内舆论场关乎人民群众的道路自信、理论自信、制度自信与文化自信，国际舆论场关乎中国的国家形象、"一带一路"倡议等新全球化进程的实施，也充分反映了葛兰西文化领导权思想的现实性、规律性所在。与此同时，全球化、个体化、技术化的舆论场的引导难度与挑战性也越来越大，当前新闻舆论环境的复杂性、风险性与不确定性也越来越强。这也在一定程度上凸显了采用文化理论来分析新的新闻传播活动的必要性。

第四节　媒介理论

媒介理论为中国特色新闻学提供了分析新闻与技术关系的理论工具。从印刷媒介到电子媒介再到数字媒介，媒介在当代传播活动中的作用越来越凸显。麦克卢汉提出"媒介是人的延伸"，作为极具洞见的理论观点，穿越半个世纪成为传播学经典理论之一。至今，当"手机成为人体器官"的普遍现象出现，这一理论依然具有很强的解释力。事实上，在人工智能、大数据、机器人等技术广泛应用的大背景下，当代传播的媒介性、物质性、技术性已经成为突出特征。

麦克卢汉、基特勒和克莱默尔的媒介思想体现了近50年来研究人、媒介和技术关系的重要理论范式转折。这些理论范式由原本以技术为核心、强调技术的决定力量的视角，转向以媒介本体为核心的视角。[1] 技术变迁改变媒介形态，媒介形态改变内容呈现，内容呈现改变受众行为，媒介在新闻传播活动中的关键性作用愈发明显。从当代社会来看，虽然看报纸、看电视的人越来越少，但看新闻的需求依然不变，只是看新闻的媒介从报纸、电视转变为手机等移动终端。媒介的快速发展使得其自身成为新闻传播活动中最具活力也最具破坏性的自变量。

媒介将传播的信息转换成符合媒介自身条件的数据结构，这种经过变形而转成的媒介符码构成了媒介的结构性内容，它们不仅传播信息，而且同时塑造、决定甚至最终构成了它们所传播的那些东西。[2] 媒介的这种关键性作用往往并没有得到充分显现和认知，甚至会出现"日用而不知"的隐匿。受众沉浸在内容中而不是媒介中，但忘却了媒介的能动性作用和结构性力量。在当下新闻活动的屏幕阅读、平台传播、智能推送中尤其如此。

值得关注的是，技术的先进度越高，媒介的透明度越低，信息的真实度、客观度也越低。这是媒介的另一种隐匿。具体来看，随着技术的发展，媒介的选择性呈现能力与主观性加工能力更强，新闻图片与新闻视频都可以"制作"出来，媒介呈现的"真实感"不代表新闻事实的"真实感"。而算法技术带来的精准推送行为更是让新闻呈现的世界图景趋向单一化、封闭化和固定化，新闻推送的规模化不代表事实呈现的全景化，海量信息不代表非常真实。后真相时代的出现表明，从"客观的真实"到"媒介的真实"再到"想象的真实"的距离越来越大，其重要原因在于，媒介对"想象的真实"的构建力量前所未有的强大，技术性符号取代客观性事实成为认识社会的依据。

从当代新闻传播实践特别是智能传播趋势来看，技术化驱动依然在不断加快，机器人新闻主播可以替代真人新闻主播，机器人写稿可以完成部分专业新闻稿件，更有甚者，社交机器人在社交媒体上有目的性地发布各种攻击性、虚假性的信息。对这些现象的分析，媒介理论是不可替代的重要的理论工具，可以帮助理解新闻传播活动中人与机器的关系、人性与技术的关系，更好地处理

---

[1] 吴璟薇、曾国华、吴余劲：《人类、技术与媒介主体性——麦克卢汉、基特勒与克莱默尔媒介理论评析》，《全球传媒学刊》2019年第1期。

[2] 西皮尔·克莱默尔：《作为文化技术的媒介：从书写平面到数字接口》，吴余劲、叶倩、吴璟薇译，《全球传媒学刊》2019年第1期。

技术的先进性与伦理性的平衡，更好地推动媒介技术发展的价值引领。

中国的新闻传播已经进入全媒体时代，随着5G、大数据、云计算、物联网、人工智能等技术的全面应用，乃至元宇宙概念与场景的出现，移动互联网成为新闻传播主渠道，媒体智能化成为新闻传播新趋势，探索新的媒介技术伦理，将人工智能运用在新闻聚集、生产、分发、接收、反馈等全流程中，用主流价值主导主流算法成为中国特色新闻实践与理论探索中崭新的课题。

第五节 扎根理论

20世纪60年代提出的扎根理论（grounded theory），综合了哥伦比亚学派的经验主义倾向和芝加哥学派的实用主义倾向，将实证研究和理论建构二者紧密地结合了起来，目的在于挑战由韦伯、涂尔干、哈贝马斯等人引领的"宏大理论"（grand theory）风潮，使质性研究方法超越描述性研究，进入解释性理论框架的领域，由此对研究对象进行抽象性、概念性的理解。[1]这种将实证与建构相结合的范式，对传统描述性质性研究方法的超越，以及其具备的科学性的操作方法，构成了扎根理论作为一种方法论的强大优势，成为构建新的社会科学理论的有效工具。

扎根理论的操作方法大致分为搜集数据、编码、撰写备忘录、理论抽样、重构理论、撰写草稿和反思研究过程七个基本阶段。"扎根理论要对数据进行比较，向上建构抽象理论，同时向下把这些抽象理论和数据联系起来。它意味着要了解具体和一般——而且要看到其中新的东西，然后考察和更大问题的关系，或者产生更大的未曾发现的总体性问题。"[2]

在搜集数据的过程中，研究者往往可以通过民族志、深度访谈、焦点小组访谈等典型的质化研究方法对数据进行收集和整合。值得注意的是，研究者需要正视自己在数据搜集过程中的影响，因为研究者自身的固有观念、解释框架和语言习惯等会隐性地内化到最后呈现的数据中去。编码是扎根理论的核心阶段，是将搜集到的数据转化为研究可用数据的关键步骤。

---

[1] 凯西·卡麦兹：《建构扎根理论：质性研究实践指南》，边国英译，重庆大学出版社，2009，第7页。

[2] 凯西·卡麦兹：《建构扎根理论：质性研究实践指南》，边国英译，重庆大学出版社，2009，第229页。

编码过后，需要进行理论抽样（theoretical sampling），来判断扎根理论是否达到了理论饱和（theoretical saturation）。理论抽样就是通过对数据进行抽样（sampling），补充和完善类属的属性，直到没有新的属性出现，则说明类属已经达到饱和，然后进行分类（sorting）和画图，从而整合所生成的理论。在这个过程中，不仅需要调动研究者的归纳推理能力，总结目前类属的情况，也需要发挥演绎推理能力，来寻找新的类属以完善理论。

扎根理论作为一种问世半个多世纪的规范的社会科学研究方法，对各个门类的社会科学研究具有普遍意义，而其哲学基础、研究范式、理论追求对于当代中国新闻学研究，特别是原创性研究更是具有较高的匹配度，具有较强的学术价值。

在哲学传统上，当代中国新闻学研究以阐释主义哲学传统占据绝对主流，实证研究较少。扎根理论兼有实证主义和阐释主义，强调实证研究和数据的重要性，同时在此基础上形成理论，这可以在强化中国新闻学实证研究方面提供有效的理论工具。在研究逻辑上，当代中国新闻学原创性研究主要以归纳的逻辑为主，从实践中总结出观点，但缺乏演绎逻辑，很难对观点进行验证。扎根理论是"归纳和演绎方法的混合"[1]，一定程度上可以解决论证不足的问题。研究者需要归纳地发展理论，然后不断检验直觉，过程充满理论推演的诱导性（abductive），得出的理论结果也更加扎实。

在研究方法上，当代中国新闻学研究大多以质化研究方法为主，然而科学性、可信性等方面并不突出，规范性略显不足；而当代社会科学中的量化研究则会因为缺乏深入的观察，得出的结论有时"拍脑袋"也能想到，常常出现"精致的平庸"，即精致的方法与平庸的结论。扎根理论是质化研究与量化研究的结合，要求研究者抛却质化与量化二元对立的思维，既保持思辨性的理论洞察力，又提升新闻学研究中实证研究的比重。

在理论建构上，当代中国新闻学的理论研究脉络大多自上而下，整体上缺乏建构感，仅有观点陈述，缺乏中观理论和微观理论支撑，以宏观论述为主。而扎根理论则是自下而上的研究脉络，在建构中观理论和实质理论（substantive theory）[2]方面独树一帜，可以在建构中国特色新闻学的中观理论和实质理论方

---

[1] 凯西·卡麦兹：《建构扎根理论：质性研究实践指南》，边国英译，重庆大学出版社，2009，第132页。

[2] 实质理论指的是对某一特定领域内的特定问题的理论解释或说明，例如突发事件的危机应对问题、大学生群体的媒介使用习惯等。

面提供有益的方法。

在适应场景上,当代中国新闻学研究缺少具体场景和场景的多样性,而扎根理论目前已在社会学、政治学、医学、管理学等多个学科领域广泛应用,场景适应性较强,许多涉及文本数据和理论概念的场景都可以使用扎根理论,理论适应性较强。这一多样性场景的适应与介入可以将新闻学研究与当代社会发展结合得更加紧密。

在实践应用上,当代中国新闻学研究目前仍以学理性探讨为主,部分观点和结论虽然关照了现实,但仍达不到有效指导实践的要求。扎根理论秉持实用主义和实证主义的哲学传统,流动性、开放性特征明显,关注意义和过程,理论扎根于实践,可以对实践经验进行恰如其分的概括,且生成的理论有深度,源于实践又高于实践,可以对经验世界产生更加有效的指导。

在国际共识上,目前当代中国新闻学研究在国际上缺乏有影响力的理论体系、话语体系,原创性、标识性概念提炼不够,一个重要原因是研究方法的国际共识度不高。而扎根理论作为在国际上普遍应用的研究方法,具有较强的理论形成能力,可以基于中国特色的新闻实践,提供富有想象力和解释力的理论框架,成为中国新闻学研究进入世界舞台的有效工具。

值得重视的是,扎根理论对中观研究图景的补足具有重要作用。从结构上来看,宏观理论结构较为简单,涉及变量较少,好的宏观理论结论往往具有较强的普适性与较高的可解释度;中观理论的结构更加复杂,涉及的变量也更多,其情境感要求更强,往往针对某些具体场景和具体案例。以发现中观理论为主的扎根理论研究对于当代中国新闻学研究有着承上启下的重要作用。这一方面体现在中观研究可以有效弥补传统宏观论述中实践性的缺失,另一方面也可以在具体的场景中将理论与实践勾连起来,使理论源于实践,在实证与思辨的基础上实时更新,进而高于实践,指导实践。

中观理论作为连接宏观的一般理论与微观的特殊理论的中间地带,不会像单纯的宏大理论那样"大而无当",也不会像单纯的微观理论那样"小打小闹"。这一中观理论研究图景的加强,正是当代中国特色新闻学研究,特别是原创性研究迫切需要补齐的一块"拼图"。

自20世纪60年代以来,扎根理论历经半个世纪的应用与发展,作为一种质性研究方法正在包括新闻学和传播学在内的更广泛的社会科学学科领域内生根发芽,被更多人所认知、学习和应用。可以说,扎根理论是总结"中国经验"与形成"中国理论"的优质方法。一是它综合了定性与定量、归纳与演绎的特性,可以改善质化研究"科学性"和"可信性"不足的短板,形成更加规范的方法工具，一定程度上打破目前学界存在的"方法论缺失"；二是扎根理论在哲学传统、研究逻辑、理论建构、适应场景、实践应用等多个方面与当代中国新闻学研究需求存在较高的结构性匹配度；三是因为扎根理论强调了中观理论建构的视角，这是当前中国新闻学原创性研究中建立经验理论亟待补充的视角；四是扎根理论的实用主义倾向意味着其理论必须高度贴合实践，有较强的"有用性"，这可以有力地提高中国新闻学研究中的理论成果与现实发展的动态拟合。

掌握科学的理论工具，构建坚实的理论体系。中国特色新闻学的理论构建不是封闭的过程而是更加开放的过程，不是纯粹理论思辨的过程而是理论与实践互动的过程，不是一蹴而就的过程而是日积月累的过程，保持对实践的敏感性与多元理论的包容性，追求理论的原创性和普遍性，中国新闻学的自主知识体系研究就会不断取得新的进展。

第四章 中国特色新闻学的话语体系

在学术领域进行知识生产中，话语的生产居于基础性、核心性的地位。能否形成一种特殊的学术话语体系，决定了一门学科的存在可能。在中国新闻学领域，一百余年前徐宝璜留学回国，"第一个在大学讲授新闻学课程，第一个参与创办新闻学研究团体，第一个出版新闻学专著"，同年，徐宝璜将自己讲授新闻学的讲稿整理完成《新闻学》一书。由此发端，"新闻学在中国已经发展成为能够跻身于众多社会科学学科之林的新学科，并且越来越受到人们的瞩目"。[1]

话语即权力，这或许是福柯留给后世的最有力的隐喻。他说："在每个社会，话语的生产是同时受一定数量程序的控制、选择、组织和重新分配的，这些程序的作用在于消除话语的力量和危险，控制其偶发事件，避开其沉重而可怕的物质性。"[2] 话语生产的社会性和建构性不仅表现在社会和实践领域，同样也表现在学术和知识领域。如果缺乏对权力——无论是政治权力、资本权力还是某一特定文化霸权的批判性反思，依附于权力的话语及话语体系就容易毫无阻挡地获得合法性，并进而反过来对社会实践进行框限，成为后者的秩序和规则[3]。

当前，学术界对中国新闻业的认识大体形成了儒家模式、革命干部模式和市场化模式的不同类型[4]，然而，在社会主义中国的政治语境下，市场的逐利性以及政治的去政治化出现，市场化模式却成为当下新闻领域的"主导性思

---

[1] 徐宝璜：《新闻学》，中国人民大学出版社，1994，第1-4页。

[2] 米歇尔·福柯：《话语的秩序》，肖涛译，许宝强、袁伟编《语言与翻译中的政治》，中央编译出版社，2011，第3页。

[3] 周海燕：《话语即权力：大生产运动典型报道中的"新闻生产-政治动员"》，《当代传播》2012年第3期。

[4] 李金铨：《超越西方霸权：传媒与文化中国的现代性》，牛津大学出版社（香港），2004。

路"[1]。这说明,话语的权力并不完全源于政治权力,经济、文化的隐性权力同样有着重要影响。

20世纪80年代以来,中国的新闻学和传播学研究在规模和质量上都取得了长足的进展,然而,不容否认的是,这一进程却显著地受到以美国为代表的"主流传播学"的影响[2],与之相适应的学术话语体系也同样烙上了美国政治社会语境的深刻印记。进入新时代,如何构建符合中国实际的、具有中国主体性与原创性的学术概念、学术范畴、学术表述也日益成为一股学术思潮,在社会学、政治学、经济学、新闻学等哲学社会科学领域,构建基于费孝通"差序格局"[3]上的"差序政府信任"理论[4]、概括性描述当代中国政治体制的"六权分工"体制[5]、解释中国经济增长制度性因素的"中性政府"理论[6],以及回溯中国共产党新闻实践并将其理论化的"政治家办报"[7]和"群众办报"[8]思想,无不是有益尝试。

这些富有洞察力的诠释为世界理解中国提供了不同于西方的观察视角,但是这离构建完整而自洽的中国特色哲学社会科学话语体系尚有距离。更明显的是,中国特色新闻学话语体系的构建显然处于落后的状态,不要说与美国传播学相比,与中国社会学、政治学等其他学科相比,也为落后者。为此,需要探讨构建中国特色新闻学话语体系的原则和结构,对现有话语体系的现状进行描述,形成构建中国特色新闻学话语体系的理论基础。

---

[1] 李彬:《试谈新中国新闻业的"十大关系"》,《山西大学学报(哲学社会科学版)》2014年第2期。

[2] 胡钰、虞鑫:《构建中国特色新闻学:何以可能与何以可为》,《国际新闻界》2016年第8期。

[3] 费孝通:《乡土中国》,人民出版社,2015,第25-34页。

[4] 李连江:《差序政府信任》,载景跃进、张小劲、余逊达编《理解中国政治——关键词的方法》,中国社会科学出版,2012,第197-205页。

[5] 鄢一龙:《六权分工:中国政治体制概括新探》,《清华大学学报(哲学社会科学版)》2017年第2期。

[6] 姚洋:《中性政府对转型期中国经济成功的一个解释》,《经济评论》2009年第3期。

[7] 朱清河、张荣华:《"政治家办报"的历史起点与逻辑归点》,《新闻与传播研究》2009年第4期。

[8] 朱清河:《群众办报的逻辑起点与未来归宿》,《新闻与传播研究》2011年第3期。

第一节 构建中国特色新闻学话语体系的原则、结构和现状

诺曼·费尔克拉夫认为,"话语"反映的对象是"社会实体和社会关系;不同的话语以不同的方式构建各种至关重要的实体(它们可以是'精神疾病'、'市民权'或'文化水平'),并以不同的方式将人们置于社会主体的地位"[1]。那么,"学术话语"即可认为是对社会实体和社会关系的理论性抽象和规律性表达,学术话语体系即"体系化"的"学术话语",指的就是对若干学术话语之间逻辑关系的整合。因此,按照马克思主义认识论,学术话语体系是主客体之间的关系的反映,不是纯粹客观且唯一的,而是主观基于客观构建且具有多样形态的,不同学术话语体系根植于不同的政治、经济和文化权力结构。

一、构建中国特色新闻学话语体系的原则

以关于"中国政体"的话语体系为例,"民主"与"威权"的二元对立是西方政治学界关于政体研究的主流话语,然而学者的经验研究却发现简单的威权模型很难解释中国政治实践的全部。于是,学者们在"威权主义"之前加上一系列定语,比如"碎片化威权主义(fragmented authoritarianism)""碎片化威权主义2.0(fragmented authoritarianism 2.0)""软性威权主义(soft authoritarianism)""韧性威权主义(resilient authoritarianism)""适应性威权主义(adaptive authoritarianism)""灵活威权主义(flexible authoritarianism)""威权主义协商(authoritarian deliberation)"等等。然而,当"软性""韧性""适应性""灵活""协商"这些在所谓"民主政体"中的显著特征被赋予所谓"威权政体"之上时,恰恰从一个侧面鲜活地反映了"民主/威权"二元话语的理论低效。显然,这一话语体系是在西方中心主义的主导下,受到"历史终结论"的意识形态和权力的影响,而且对中国实践与经验缺乏平等的研究姿态。遗憾的是,这套话语体系依然是西方学界乃至国际学界的主流,其根本原因在于"民主"与"威权"的二元对立理论的基础性与牢固性。也正因为如此,中国的学术话语体系必须由中国学者自己来建构,这是基础性与关键性的任务。而且,这种建构既是为了中国,也是为了世界。

在构建中国特色新闻学话语体系中,有几点原则是要坚持的。

---

[1] 诺曼·费尔克拉夫:《话语与社会变迁》,殷晓蓉译,华夏出版社,2003,第3页。

其一，自主原则。自主是与模仿、跟随相对立的，作为中国特色新闻学话语体系，一定要在认清西方新闻学的特征的基础上，坚持自己的学术主体地位。西方新闻学历史的驯化特征、新闻学概念的神化倾向、新闻学理论的僵化认识，是构建中国特色新闻学的研究起点。[1] 为此，中国特色新闻学话语体系的构建应当在此基础之上展开，克服西方话语体系"时间截面式""历史终结式""丢弃批判式"的缺陷，努力实现批判人文传统和社会科学传统中的有效整合[2]，以自主性的姿态开展话语体系的构建。

其二，学术原则。学术是与政治、常识有差异的，作为中国特色新闻学话语体系，是基于学理性、规律性的把握，而不是单纯的立场表态与感性表达。对于学术概念而言，准确性是首要标准。只有概念的内涵和外延足够清晰准确，没有歧义，学术工作的延续或争论才有意义，也才能得以继续；而在准确定义概念的基础之上，对于学术范畴而言，解释力则是评价学术话语体系优劣的关键标准，解释力不足的话语是没有活跃度的。

其三，普遍原则。普遍是与封闭、单一完全不同的，作为中国特色新闻学话语体系，评价并提高其生命力，不仅要基于中国特殊的研究对象得出特殊性的结论，又要反映全球普遍的新闻实践、研究问题得到普遍性的认识。当代的媒介化社会是典型的全球化社会，媒介化社会中的新闻观念竞争是一种全球范围的竞争。[3] 全球化与全媒体化使得全球的新闻实践和新闻研究都面临共同的形塑，中国特色新闻学话语体系在具有中国特色的同时，也应具备普遍意义，既要解释中国实践，又要解释世界问题，尤其是要站在人类命运共同体的高度，考虑跨文化传播的语境。事实上，从全球南方合作来看，亟须拿出有普遍意义的新闻话语、新闻理论来改变国际传播秩序的失衡问题。

二、构建中国特色新闻学话语体系的结构

有学者在论述"中国模式"话语体系时，提出事实层次、逻辑层次、价值层次和表达层次作为构建的逻辑和结构。[4] 其中，事实层次指向中国模式客观

---

[1] 胡钰、虞鑫：《构建中国特色新闻学：何以可能与何以可为》，《国际新闻界》2016年第8期。

[2] Zelizer, B., "What is journalism studies?" *Journalism*, 2000（1），pp.9-12.

[3] 杨保军：《新闻观念论》，复旦大学出版社，2014年。

[4] 唐海江、陈佳丽：《话语体系：概念解析与中国命题之反思》，《现代传播》2015年第7期。

存在的景象，逻辑层次是基于中国道路形成的关于中国特色社会主义理论体系及其学术思想，价值层次指的是话语体系所包含的特定观念和思想，表达层次则是完成话语体系从理论表达向现实社会的转化。

构建中国特色新闻学话语体系是构建中国特色哲学社会科学话语体系的一部分，也是发展21世纪中国的马克思主义的一部分。有学者在讨论"术语的革命"时提出，要将马克思主义基本原理同21世纪中国新的实际相结合，不断概括出理论联系实际、科学、开放、融通的新概念、新范畴、新表述，打造具有中国特色、中国风格、中国气派的哲学社会科学话语体系。[1] 学术界的一些讨论也提出，新概念、新范畴、新表述既是马克思主义中国化的过程，也是中国道路、中国制度、中国理论进一步科学化、大众化、国际化的必然要求[2]。从讨论中可以看出，概念、范畴、表述是话语体系建构的基本组成。构建中国特色新闻学话语体系的结构，也应当包括概念、范畴、表述三个层面。

概念层面与事实层次相对应，是话语体系中的最基本单元，是客观具体现实的主观抽象认识，对相似概念的辨析是构筑话语体系的基石。"范畴"最早由亚里士多德在《范畴论》中系统论述，作为反映事物本体和普遍联系的基本概念，被用于对所有存在的最广义分类，其中性质、数量、关系等分类是最重要的范畴[3]。一方面，可以说范畴层面与上文提及的逻辑层次相对应，指向不同概念之间的关系，进而形成理论和学术思想；另一方面，由于范畴的基础是概念，即对客观现实的主观认识，也包含特定的观念和价值。表述层面则与表达层次相对应，主要考虑具体概念、范畴在不同语言和文化中的名称表达，是从现实到理论再到现实的二次转化。有学者认为，新概念、新范畴、新表述的"三新"问题本质上属于修辞学范畴，即强调通过对语言的策略性使用来达到更好的社会劝服与认同功能。[4]

三、构建中国特色新闻学话语体系的现状

通过选取2007—2016年发表在《新闻与传播研究》《国际新闻界》《新闻大

---

[1] 张宇：《概括形成开放融通的新概念新范畴新表述 积极推动"术语的革命"》，《理论导报》2015年第8期。

[2] 陈亦琳、李艳玲：《构建融通中外的新概念、新范畴、新表述——中国政治话语传播研讨会综述》，《红旗文稿》2014年第1期。

[3] 汪子嵩：《亚里士多德关于本体的学说》，《中国社会科学》1981年第3期。

[4] 刘涛：《新概念新范畴新表述对外话语体系创新的修辞学观念与路径》，《新闻与传播研究》2017年第2期。

学》《现代传播》四种中国新闻传播学科内重要学术期刊上的论文逾9000篇，观察分析这些论文共计27074个关键词的统计分布情况，可以对中国新闻传播学界关于学术话语使用的现状进行简单评估。

从表1可以发现，总体而言关键词的集中度不高，最频繁出现的关键词"媒介融合"也仅占总体的0.357%。出现频次前五名的关键词分别是媒介融合、新媒体、国际传播、新闻学、电视节目，可以发现全部关键词排名前20位的词语，大多都是较为模糊的研究领域（如国际传播、跨文化传播、政治传播、人际传播等）或者研究对象（新媒体、电视节目、新闻报道、电视新闻、互联网等），甚至还有二级学科名称（即新闻学、传播学研究、传播等），指向的明确性还很不足。

表1　全部关键词分布及排序

排序	关键词	频次	百分比(%)	排序	关键词	频次	百分比(%)
1	媒介融合	190	0.357	11	传播过程	91	0.171
2	新媒体	186	0.349	12	新闻报道	90	0.169
3	国际传播	153	0.287	13	社交媒体	89	0.167
4	新闻学	117	0.220	14	电视新闻	88	0.165
5	电视节目	116	0.218	15	新闻教育	86	0.162
6	跨文化传播	105	0.197	16	传播	85	0.160
7	传播学研究	104	0.195	17	互联网	85	0.160
8	政治传播	101	0.190	18	意见领袖	81	0.152
9	人际传播	99	0.186	19	广播电视	80	0.150
10	传播研究	96	0.180	20	新闻学院	76	0.143

与之相对照，将描述某一具体理论概念，或者对某一个具体理论范畴的关键词及其排序进行了统计整理，发现"概念/范畴"关键词排序第20位的词语，在全部关键词排序中处于172～185位。从中可以看出，作为建构学科话语体系核心的"概念/范畴"关键词，在中国学者的日常使用中没有得到应有的重视。这一方面体现出理论话语使用的准确性、指向性、规范性程度还有较大不足，另一方面从具体的"概念/范畴"关键词内容来看，仅有"舆论监督""舆论引导"等话语具有一定的理论主体性和学术原创性，其余的理论话语仍然具有较强的"引进"特征，尤其是来自于美国"主流传播学"的话语特征。

表 2 "概念/范畴"关键词分布及排序

排序	关键词	频次	百分比(%)	排序	关键词	频次	百分比(%)
1	媒介融合	190	0.357	74~75	公共外交	40	0.075
18	意见领袖	81	0.152	105~111	把关人	32	0.060
20~21	议程设置	76	0.143	105~111	公共空间	32	0.060
24	媒介素养	72	0.135	105~111	舆论引导	32	0.060
25~26	新闻专业主义	71	0.133	115~123	框架分析	30	0.056
37~39	舆论监督	60	0.113	115~123	言论自由	30	0.056
41~42	新闻自由	56	0.105	128~134	集体记忆	28	0.053
45~46	意识形态	53	0.100	135~151	新闻价值	27	0.051
70	媒介接触	43	0.081	165~171	媒介化	25	0.047
71~72	媒介事件	42	0.079	172~185	公共性	24	0.045

从以上分析可以看出中国特色新闻学话语体系构建基础的薄弱，突出体现在基本概念的集中度不够、学理性不够、原创性不够，这些问题也就制约了中国特色新闻学的理论体系建设。

第二节 中国特色新闻学的基本概念

互联网的发展改变了人们对传统新闻业的认知，新的媒介形态和传受关系也同样挑战着既有的学术话语。针对学术概念的混淆不清，柳斌杰提出作为科学体系的新闻学应首先解决新闻、媒体、传播、舆论这些密切关联而又本质不同的概念之间的关系。[1] 事实上，围绕这些概念组成了关于新闻学研究的"概念群"，如信息、消息、报道、传媒、媒体、媒介、舆情、民意、众意、公意等，这些概念之间亦存在模糊性、流动性、交叉性等诸多特征，[2] 为构建准确且逻辑自洽的话语体系制造了认识论的障碍。因此，需要首先从最基本的关于"新闻"的概念群入手，辨析"消息""报道""新闻"三个概念之间的差别，而后进入与"媒体"相关的概念群，辨析"传媒""媒体""媒介"的异同，最后则从新闻和社会的视角入手，辨析"舆情""民意""舆论"等相关概念的区别及其所蕴含的社会结构性话语意涵。

---

[1] 柳斌杰：《构建中国特色新闻学的几个问题》，《全球传媒学刊》2017第3期。
[2] 殷乐：《新闻和娱乐之间：概念群的出现及变迁》，《新闻与传播研究》2017年第6期。

一、从机械到能动：信息、报道、新闻

在中国新闻学界，关于"新闻"的最普遍定义，被广泛采纳的是1943年由陆定一提出的"新近发生的事实的报道"，不难发现在这一定义中，"新闻"和"报道"是类似的概念，区别只在于时间序列上"新近发生"的定语限定。而随着信息技术嵌入社会发展的各个角落，信息社会成为解释当代社会的基础性框架，信息传播、信息生产、信息扩散等以"信息"为基本单元和基础概念的论述出现在新闻学的研究中。那么，信息、报道、新闻这三个概念之间是否能够混用？如果不能，三者的区别是什么？

什么是信息（information）？维纳（Norbert Wiener）给出的经典定义是"信息是人们在适应外部世界，并使这种适应反作用于外部世界的过程中，同外部世界进行互相交换的内容和名称……信息是系统组织程度的标志"[1]。在这个定义中，维纳强调了两点：第一，信息是在人们与外部世界（其实也包括人与人之间）互相交换过程中产生的，它一般会被人们所认知；第二，信息只能以"内容和名称"作为描述方式，盖因信息的概念既非常抽象，又最为基本——作为最基本的认知单位。

那么报道（coverage）又是什么？毫无疑问，报道也是由作为基本单位的信息构成的，但是与其说报道是人们认知的对象，不如说是人们主观阐释的结果。在英文中，报道也可以翻译成"story"或"report"，它们指的都是经过了作者、编者等人为加工后的作品，其中纳入了人类的劳动和意义。

按照陆定一的定义，新闻（news）和报道在概念内涵上大同小异，指的是具有时间限定的"……报道"，在学术研究中也是具体的分析单位。然而在"新闻"话语的惯常运用场景中，新闻的概念内涵大多超越具体的报道本身，具有更加丰富的内涵。新闻不仅是认知的对象，也不仅是阐释的结果，还包含着信息和报道与社会互动的动态过程，也包括信息和报道所处的体制性环境。在英文世界的语境中，研究者也常将"journalism"（新闻）作为他们的研究对象，就某种程度而言，"新闻"本身就是一种意识形态，一种判断何为"新闻"的文化知识[2]。这套意识形态不仅囊括了专业、产业、文学类型等元素，同时也

---

[1] 诺伯特·维纳：《人有人的用处：控制论和社会》，陈步译，商务印书馆，1978，第133-136页。

[2] Schudson, M, "The objectivity norm in American journalism," *Journalism*, 2001（2）, pp.149-170.

生产了一整套类似客观性、自主性、及时性、伦理性的价值体系[1]。诸如客观新闻学、对话新闻学、精确新闻学、支票新闻学、公民新闻学、公共新闻学、调查新闻学、怪诞新闻学等多元新闻范式的背后，不仅体现了不同群体和不同文化下对新闻的不同认识[2]，同样也从另一个侧面印证了"新闻"这一概念内在的复杂性和动态性。

在新闻学研究中，如何理解、区别和使用信息、报道、新闻等概念，不仅是话语准确性的需要，同时也反映了研究者对学科的理解：新闻学研究到底是关注所谓价值中立的信息传递问题，还是关注历史的、民族的、阶级的、政治的、文化的社会系统问题？从信息、报道到新闻的概念使用，是一个从静止描述到动态认识的过程，也反映着概念使用背后的认识论取向：是孤立的、机械的还是联系的、发展的？中国特色新闻学的理论体系自然不应基于形而上学的认识论，那么重新理解"新闻"与"信息""报道"的概念差异，主要就是防止新闻学研究失去人文和批判传统的历史性、整体性路径，违背了辩证唯物主义的认识论，陷入机械反映论之中。

二、从具体到抽象：传媒、媒体、媒介

"传媒"与"媒体"是两个含义相近的概念，在通常使用中，"传媒"往往与"大众"一起使用，一般有大众传媒机构，[3] 而"媒体"的概念则相较于"传媒"更为扩大，除了机构化的媒体之外，还包括更加广义的内容传播的介质，[4] 尤其在数字化和移动传播的环境下，无论是自媒体、社交媒体，还是另类媒体，都有"去机构化""去中心化"的特征。

而在"媒体"与"媒介"概念的区别上，西方学术界历来有基于"内容"和"形式"的二分法传统。[5]"媒体"研究关注媒体上呈现的内容是如何被生产以及对受众产生效果的，而"媒介"研究则倾向于从具体的媒体内容上脱离开来，进而分析媒介形态本身的演变及其社会效应，以麦克卢汉为代表的"媒

---

[1] Deuze, M., "What is journalism? Professional identity and ideology of journalists reconsidered," *Journalism*, 2005（4），pp.442-464.

[2] Weaver, DH. *The global journalist*：*News people around the world*. New Jersey：Hampton Press, 1998, p.468.

[3] 谢金文、邹霞：《媒介、媒体、传媒及其关联概念》，《新闻与传播研究》2017年第3期。

[4] 柳斌杰：《构建中国特色新闻学的几个问题》，《全球传媒学刊》2017年第3期。

[5] 戴宇辰：《走向媒介中心的社会本体论？——对欧洲"媒介化学派"的一个批判性考察》，《新闻与传播研究》2016年第5期。

介即讯息"的思想就是其中的典型。可以说,"传媒""媒体""媒介"这三个概念之间是逐渐从具体到抽象的过程,其中"传媒"概念包含于"媒体"的概念。

有学者倡议要将传播研究的对象从复数形式的 media(媒体)转向单数的 medium(媒介),从而构建传播研究的内生话语系统,[1] 这反映了学界对于学科话语创新的愿望。不过,如果说注重形式的"媒介"顺应了当下数字化、技术化的媒介形态变迁浪潮,是互联网语境下的概念再发掘,那么注重内容的"媒体"概念在具体的议题分析上也同样不可偏废,因为中国特色新闻学的理论旨趣具有历史唯物主义的哲学观念,纳入具体社会语境的媒体研究,具有更加重要的学术价值与现实意义。

三、从局部到整体:舆情、民意、舆论

如果说"新闻"聚焦信息阐释的生产过程及其体制性文化知识,"媒体"和"媒介"分别从具体的内容层面和抽象的形式层面提供了新闻与社会互动的载体,那么最终新闻与社会互动的结果则体现在关于"舆论"的概念群上。这一概念群的相关概念主要来源于英文语境的"public opinion",在对这一外来概念进行翻译的时候,中国学者主要形成了"舆论说""民意说""公共/公众意见说"三种用法[2]。

此外,随着网络媒体的发展和网络事件的频发,"舆情"这一概念也在近年来逐渐流行。关于"舆情"的概念,较少有研究者对其进行严格的定义,一般也与"舆论"混淆使用。大致来说,"舆情"可以被解释为"舆论的情况",是对"舆论"的一种操作性、实务性的再认识。从现实中的舆情分析行业实践来看,基于特定对象的网络舆情分析成为重点。"舆情"的使用也往往与相应的方法联系在一起,主要指通过数据挖掘和搜索引擎技术在互联网上抓取的信息数据。[3] 因此,"舆情"概念具有突出的对象特征和语境特征,主要和网络舆情、事件舆情、对象舆情相关联,往往是对"舆论"的实务化、操作化解读。

那么,由"public opinion"一词引申而来的"舆论""民意""公众意见"

---

[1] 姜飞:《从媒体(media)转向媒介(medium):建构传播研究内生话语系统》,《新闻与传播研究》2011 年第 4 期。

[2] 郜书锴:《"公共舆论"还是"公众意见"?——兼对 Public Opinion 术语不同翻译的商榷》,《国际新闻界》2009 年第 10 期。

[3] 杨斌艳:《舆情、舆论、民意:词的定义与变迁》,《新闻与传播研究》2014 年第 12 期。

等概念是否可以等同对之呢?事实上,它们之间也有细微的差别,而这种差别是英文概念所无法区分的。在此,可引入卢梭在《社会契约论》中提出的"众意"(will of all)和"公意"(general will)的区别进行参照。在卢梭看来,"公意和众意之间经常有着很大的差别。公意总是着眼于公共利益,而众意则着眼于私利,它只是个体意志的总和"。通过系统性地梳理"舆论"在近现代中国的意义演变史,可发现无论从中文对"public"的主要含义的理解,还是不同时期代言机制的变化,"舆论"始终表达的是"寻求某种方式和范围内的相互承认、认同和同一性",而这一概念则与卢梭的"公意"相近。[1] 相应的,如果从"众意"的层面对"民意"和"公共/公众意见"进行理解,则会发现两者都表达着类似的含义,即"众人意见的集合",其细微的区别在于"民意"凸显了人民的主体性,且多与民意调查、民意测验等一同使用,更具有经验层面的可操作性。

可以说,从主要应用于网络环境和特定事件、对象的"舆情",到将众人意见集合理解的"民意",再到包含意见交换、认识整合,进而形成共识性公共意见的"舆论",这三个概念的含义依次呈现出从局部到整体的变化。特别要指出的是,在技术化驱动的网络传播环境与社交媒体环境,将"舆情"等同于"民意"乃至"舆论"的认识是不对的,既是理论认识误区,也是实际操作误导。

第三节 中国特色新闻学的主要范畴

相较于西方新闻学体系,中国特色新闻学的重要特征就是马克思主义认识论的历史性、整体性、批判性视野,以及历史唯物主义和辩证唯物主义的方法论。在中国特色新闻学研究中,作为社会现实再认识及其体制性知识的"新闻"概念应当取代静止孤立的"信息"概念和局部的"报道"概念作为主要研究对象;同样地,"舆论"概念相较于"舆情"和"民意"更具有整体性,更应成为主要研究对象。而关于"媒体"和"媒介"的概念,二者分别从语境化的内容和抽象化的形式两条路径构成"新闻"所处的环境,具有同样重要的研究价值。

---

[1] 史文静:《近现代中国"舆论"语义内涵的演变》,《国际新闻界》2015年第2期。

一、新闻权力与新闻权利

新闻到底是需要约束的权力还是言论自由的权利？这涉及新闻与政治的基本关系，也是新闻学研究的核心问题，更是中西新闻学根本差异的体现。在西方语境下，新闻素有"第四等级""第四权力"的称谓，意在体现新闻业作为独立于体制政治机构之外的第四种力量，其内在意义之一就是对政治机构施加影响和作用。然而，这也不禁让人质疑，作为缺乏正当权力授予过程的新闻业，何以能对经民主程序产生的政府机关进行限制——难道是因为新闻是"公民权利"的代言人吗？从现实中看，一方面，新闻是公众意见的"传声筒""放大器"，即新闻是公众个体权利的延伸；另一方面，新闻对公众意见具有重要的设置作用与引导力量。新闻代表舆论，新闻也引导舆论甚至创造舆论。事实上，新闻既是权利，也是权力。新闻在权力与权利的转换之间，核心范畴还是落在了"新闻"运行的过程之中，即新闻生产与传播的动态过程和体制性环境。

将新闻与政治的关系从"权力"与"权利"的话语范畴入手，能够更加具有洞察力地发现其他相应的问题。如果新闻偏向权力，那么在政府层面就会产生新闻治理的要求，在新闻业则需更加关注新闻的独立性与人民性；如果新闻偏向权利，那么自下而上的新闻问政则是必然，在新闻业则需国家关注新闻的理性与公共性。

从当代媒介化社会的现实来看，新闻是作为一种社会权力的存在，新闻舆论是治国理政定国安邦的大事，因而新闻业所具有的自由价值就不能仅仅是消极自由，新闻对社会的参与是有机性的，应当考虑新闻传播对社会政治和社会发展的影响力，从积极自由的角度出发，追求积极性的新闻社会效果，建构中国特色的积极新闻学。

二、媒体场域与媒介逻辑

基于"媒体"和"媒介"的概念辨析，本文认为相应范畴的研究也形成了媒体场域和媒介逻辑两条路径。媒体场域路径关注具体内容研究，强调新闻生产、传播的场景。新闻的不同议题、不同框架在媒体场域互动、竞争、融合、消长，构成新闻根植的媒体场域。在社会中，经济基础形成的结构性因素和上层建筑代表的主观能动性认识构成了一对辩证关系，依据布尔迪厄的场域理论，媒体场域的研究范畴就在于观察分析其中涉及的政治资本、经济资本、文化资本、社会资本与不同习惯、价值、观念之间的现实张力。

在更为抽象的层面上，强调形式的"媒介"概念形成了媒介逻辑的研究路径。在当前的新闻传播生态下,"媒介逻辑"和"事实逻辑"构成了新闻传播活动与社会关系的一对核心关系。媒介逻辑的形成依赖于社会的"媒介化"这一元过程(meta-process),在海量信息构筑的社会环境中,能否获得公众的"注意力"成为社会活动的核心资源。[1] 而在这一过程中,社会行动者会将"吸引眼球"作为各项行动的优先选项,宁可牺牲事实的真相,即形成"媒介逻辑"超越"事实逻辑"的趋势,这也成为"后真相时代"出现的内在机制。

在媒体场域的研究中,传播政治经济学、文化研究等理论工具可以发挥作用,在媒介逻辑的研究中,媒介研究的理论工具可以发挥作用。总的来看,中国特色新闻学的研究需要依靠马克思主义的认识论,坚持以人民为中心的研究导向,对媒体场域中的权力关系做出分析,对媒介逻辑中的媒介中心主义进行批判。

三、舆论监督、舆论引导、舆论治理

在西方学术语境中,"public opinion"作为"民意"概念具有与政府权力对立的政治正确性,其二元性较强,且多与民意调查的具体方法联系在一起。然而,正如前文所阐述,如果从作为公意的"舆论"概念来加以理解,则会发现其含义与实际情况更为复杂,而且寻求认同和共识也表明了这一概念的动态性及社会性。正因为如此,在中文学术界关于"舆论"的次生范畴则较为广泛,如舆论监督、舆论引导、舆论导向等。

一般来说,舆论监督的主体来自体制之外,具有社会性、民间性;而舆论引导的主体则主要是政府机构,具有目的性、教化性。根据机械认识论,舆论监督与舆论引导呈现对立关系,提倡舆论导向是干涉新闻自由的,但在中国特色新闻学中,舆论监督和舆论引导并非对立关系,舆论导向与新闻自由也并不是矛盾关系,都可以统一在以新闻舆论活动推动社会进步的大目标下。

阐述舆论监督和舆论引导的辩证统一关系,涉及对"舆论"内涵的动态性的理解。正因为"舆论"概念强调"你来我往"的互动性和"形成共识"的过程性,所以只要没有信息屏蔽等"物理手段"、信息造假等"恶意手段"的强行干预,政府机构和公众、媒体都是舆论形成过程的主体,都可以在舆论形成过程中发挥作用。事实上,习近平在党的新闻舆论工作座谈会上的讲话中明确指出:"舆论监督和正面宣传是统一的。"这种"统一"体现在"是否积极推动

---

[1] 虞鑫、陈昌凤:《美国"事实核查新闻"的生产逻辑与效果困境》,《新闻大学》2016年第4期。

社会进步的态度",前者推动负面问题解决,后者推动正面经验传播。[1]

在社交媒体日益活跃的当代舆论环境中,媒介化政治的现象愈发突出,任何政治活动、政府行为多要通过新闻媒介、社交平台来进行社会沟通,任何政府突发事件、危机应对都要掌握信息传播规律,因而舆论治理成为当代社会治理的重要内容。国家治理体系现代化与国家治理能力的提升,都需要关注社会舆论的治理。习近平指出:"网民来自老百姓,老百姓上了网,民意也就上了网。""善于运用网络了解民意、开展工作,是新形势下领导干部做好工作的基本功。各级干部特别是领导干部一定要不断提高这项本领。"[2]这种本领就是舆论治理特别是网络舆论治理的本领,既要关注舆论中体现的民意,又要准确分辨其中的真实性与结构性,更重要的是,能够有效引导网络舆论。

第四节 中西新闻学核心术语的表述辨析

由于近现代以英美为代表的西方学术界掌握着人文与社会科学研究的话语主导权,中国新闻学术界使用的许多学术话语也来自于英文术语。然而,正如前文所讨论的"public opinion"一词在译介的过程中存在中英双语"不一一对等"的情况,对于一些来自英文术语中的重要表述的辨析就非常重要,否则要么会出现"自说自话"的现象,要么会出现"张冠李戴"的现象,都不利于中国特色新闻学的发展,也不利于中国特色新闻学与西方学术界的沟通。

一、"新闻专业主义"或是"新闻职业主义"?

在中国新闻学研究中,"journalistic professionalism"是引发热烈讨论乃至争论的一个核心表述。关于这一话语,学界既有从其产生的历史和权力框架予以解构的[3],也有从媒介技术变革所带来的挑战层面进行反思的[4],亦有认为这

---

[1] 胡钰:《新时代的积极新闻学》,《新闻与写作》2017年第12期。
[2] 习近平:《论党的宣传思想工作》,中央文献出版社,2020,第195页。
[3] 王维佳:《追问"新闻专业主义迷思"——一个历史与权力的分析》,《新闻记者》2014年第2期。
[4] 吴飞、孔祥雯:《反思新闻专业主义》,《新闻记者》2017年第10期。

套话语的"中国热"其实是"冠冕堂皇的话语对抗现有体制"[1];当然,也有认为在中国语境下,其作为一种话语资源,为改革开放后的新闻工作者开创了新闻改革的新局面[2],尤其在当下所谓"后真相时代",其所包含的一系列关于事实核查、平衡信源、保持客观的专业化操作指南,应当成为重构新的公共生活的重要观念资源[3]。

那么,为何会形成对于"journalistic professionalism"的不同理解,甚至是截然对立的判断呢?一个重要原因在于现有"新闻专业主义"的翻译承载了过多的内涵乃至价值判断。事实上,从职业社会学的理论出发,"profession"的更恰当翻译应是"职业",而关于"journalistic professionalism"的历史形成,也主要是源于美国进步运动时期新闻业的"职业化"(professionalization)进程,从而形成一个基于职业社群的共享价值观体系[4],并逐渐形成了围绕职业的"职业自主性"(professional autonomy)趋势[5]。

按照马克思主义新闻观对于新闻与政治的理解,由于新闻业所天然具有的意识形态属性,甚至是在西方语境中所谓的"第四权力"地位,如果仅仅因为"职业化"而赋予新闻完全独立于政治的正当性,那么无疑是一种话语的垄断、权力的垄断。同时,如果简单地将"政治"等同于行政权力、科层体制,而认为"新闻专业主义"不存在政治性与权力化,那也是一种过度简单化的断言。要想试图解决这类话语冲突,存在两条路径:第一条路径在于仔细辨析新闻专业主义作为一种"专业权力"的授权来源、责任义务以及与其他类型权力的关系,在这种辨析中进行规制;第二条路径则是从话语层面入手,将"journalistic professionalism"译为"新闻职业主义",强调从职业自主性、独特性的角度赋予其理论意义,这既符合"journalistic professionalism"这一来自西方理论体系话语的历史语境,也同样能够使概念的内涵更加准确,减少中西新闻学界在使用这一概念时出现"鸡同鸭讲"的局面。

---

[1] 童兵:《厘清对"新闻专业主义"的认知——兼论对美国"新闻专业主义"的质疑》,《新闻与写作》2015 年第 9 期。

[2] 陆晔、潘忠党:《成名的想象:中国社会转型过程中新闻从业者的专业主义话语建构》,《新闻学研究》2002 年第 71 期。

[3] 潘忠党、陆晔:《走向公共:新闻专业主义再出发》,《国际新闻界》2017 年第 10 期。

[4] Aldridge, M. & Evetts, J., "Rethinking the concept of professionalism: The case of journalism," *The British Journal of Sociology*, 2003(4), pp. 547-564.

[5] 刘思达:《职业自主性与国家干预——西方职业社会学研究述评》,《社会学研究》2006 年第 1 期。

笔者认为，应当明确弃用"新闻专业主义"作为"journalistic professionalism"的中文翻译，如果仅是为了强调新闻生产或传播活动的"专业"特征，直接使用"专业化""专业性"等词语即可，没有必要上升到"主义"的层面。在中文语境中，"专业"意味着"科学""高效"，具有较强的肯定色彩，"主义"意味着"理想化追求""系统性认识"，"专业＋主义"带来内隐却明显的肯定色彩，以之作为新闻理念的核心表述，不论对新闻业发展还是对新闻学发展都是不准确的。

使用"新闻职业主义"来讨论"journalistic professionalism"这一西方新闻学中的核心术语，表述形式上体现了各自的内涵与意义，也有助于减少中国新闻学界的误用和混淆。对于中国特色新闻学的构建来说，也避免了很多表述中的模糊，更避免了许多望文生义的延伸误读。

二、"群众路线"或是"群氓路线"？

中国新闻业的实践也形成了一系列凝练的理论话语，比如政治家办报／党性原则、群众办报／群众路线等。这些话语在翻译成外文贡献给国际学术界时，也应当注意跨文化的语境差异。

比如，很长时间里"群众路线"一般翻译成"mass line"，然而"mass"一词在英文语境中具有一定的贬义色彩，往往带有群氓、乌合之众的意思，显然不是"群众路线"思想的本意。在对这个词语的翻译上，王绍光将"群众路线"与"公众参与"（participation）进行了类比，仍然是一种独特的"逆向公众参与"，于是借用"群"字的拼音创造了"qunticipation"一词表达。[1]

"人类命运共同体"是十八大以来中国为世界发展提出的最重要的原创性概念，体现了中国对人类发展的理念和思考，具有极强的内核性、基础性，这一概念也写入了党章、宪法，成为中国对外宣示各项战略、政策的基点理念。这一重要概念的中文表述是没有歧义的，体现了中华传统文化中天下大同、协和万邦的美好追求与博大胸怀，但在对这一重要概念进行英文表述时，显然出现了"试错"的过程。在这一概念中，"命运共同体"如何表述是关键所在。自提出以来，主要出现的官方翻译有"a community of common destiny""a community of shared destiny"，到2017年前后，稳定下来用了"a community of a shared future""a community with a shared future"。究其原因，"common destiny"和"shared destiny"表达出与自身生存、发展息息相关的共同命运，带

---

[1] 王绍光、鄢一龙：《大智兴邦：中国如何制定五年规划》，中国人民大学出版社，2015。

有贬义,暗含一种无法逃避的宿命,而 shared future 更多表达了积极、正面的含义。

"人类命运共同体"的英译从十八大的"a community of common destiny",演变到十九大的"a community with shared future for mankind"。这一英译的演变过程诠释了一种从被动接受命运的"宿命观"到主动改变命运的"未来观"的变化。这一演变更好地解读了中国所倡导的人类命运共同体的内涵,即中国愿同世界各国携手,发展全球伙伴关系,拓展友好合作,促进美美与共、天下大同的大格局,中国始终将自己的命运同世界相联系,为世界的发展进步贡献中国智慧和中国力量。[1]

讨论以上两对表述,可以看出在跨文化传播中准确表述意义的重要性。从中文语境的表述向非中文语境的转换中,这种准确性体现在内涵的准确传达上,在中文语境中的内涵能否成为外文语境中的相同内涵,而不是简单找寻现有外文单词的直译。从外文语境向中文语境的转换中,这种准确性除了体现在内涵的准确传达上,还体现在价值的判断上,也就是说,在翻译过程是否存在价值预设。值得重视的是,如果没有很好地拿捏这些核心表述的内涵与价值,一旦形成中西术语中的稳定对译关系,带来的理解偏差和使用歧义会导致中西新闻学术界交流之间的极大障碍,更遑论中国特色与普遍意义的结合。

三、"人民性"或是"公共性"?

新闻传播的"公共性"已经成为当前新闻研究和政治传播的重点领域和核心议题[2]。有学者将传播的公共性理解为"具有平等身份的公民在开放的场所,遵循公开、公正、相互尊重和容纳等原则展开的涉及共同关心议题或相关利益的交往,它的指向是通过信息的交流、意见的交锋,以及关系的建立与维系而形成具有集合主体性和行动力的公众"[3]。在这一定义中,对"公共性"的理解不仅包含了此前体现代表性的作为可视性(visibility)的公共性,以及体现过程性的作为公众参与(public participation)的公共性[4],更是强烈指向了体现组

---

[1] 张健、杜丽娟:《新、热词英译漫谈(48):人类命运共同体》,《东方翻译》2021年第1期。

[2] 陈韬文:《传媒的公共性是传媒研究的核心议题》,《传播与社会学刊》2009年第8期。

[3] 潘忠党:《导言:媒介化时代的公共传播和传播的公共性》,《新闻与传播研究》2017年第10期。

[4] 邓力:《传媒研究中的公共性概念辨析》,《国际新闻界》2011年第9期。

织性的作为集合主体性（collective subjectivity）的公共性。

诚然，上述对"公共性"的概括提供了多层次、多角度和可操作性的研究框架，然而如果追溯"公共性"及其一系列关联话语，如"公众""公共领域""公共利益"的反面——"私人性"以及"私人""私人领域""私人利益"的话，一个不难得出的推论便是："公共性"必然不等于"私人性"的简单加和。也就是说，通常情况下"公共性"的实现必然以少部分或短期"私人性"的损失为代价，以换取大部分或长期"私人性"的增益为目标。

"公共性"作为理论话语和理想目标的正当性自然具有普遍意义，但是在具体的概念阐释中，却有意无意地忽略了"阶级"的要素。而在当代的国家与社会关系建构现实下，"阶级"的表现方式往往就是通过国家来实现的。可以说，"去阶级""去国家"进而"去政治"的主流"公共性"论述既无法作为理论框架指导中国特色的哲学社会科学知识生产，也同样不符合中国特色社会主义道路现实中的社会实践。

如何"把国家带回来"？历史上，哈贝马斯的"公共领域"也曾遭到类似的批评，他的解决方案是将理论话语进行了扩展，将仅存在于市民社会中的公共领域称为"弱公共领域"，而将包含国家的公共领域称为"强公共领域"。[1]那么，去国家化的"公共性"概念是否也能通过理论话语的转换弥补理论内涵的局限呢？事实上，中国特色新闻学话语体系中的"人民性"就具有这一潜力。

相较于"公共性"而言，"人民性"的核心内涵突出了中国特色社会主义特征的主体性，在资本逻辑的环境中，人民的主体性必须依赖于政治与国家的保障。具体到新闻传播领域，新闻媒体在市场化环境下的运作，不仅可能体现出对广告主、消费者以及劳动者的"厚此薄彼"，更会因为维护自身经济利益而成为独立的利益团体，影响自身的"公共性"。[2]新闻行业的"走转改"活动便是近年来"人民性"实践的重要案例，普通民众作为报道主体，越来越多地取代政商精英登上媒体头条，[3]这一方面体现了中国共产党政权本质属性的要求，另一方面也是全球"公民新闻"运动的终极目标——形成鲜明讽刺的是，2016年在全美爆发的"民主之春"运动，却在追求"新闻专业主义"和"传媒公共性"的CNN等主流媒体上鲜有报道，选择性突出与选择性忽视是明显的。

---

[1] 虞鑫：《重新发现"公共领域"：从理想情境到理论框架》，《新闻春秋》2017年第4期。

[2] 李希光、毛伟：《资本逻辑主导下的新闻媒体发展困局》，《青年记者》2015年第21期。

[3] 史安斌、李彬：《回归"人民性"与"公共性"——全球传播视野下的"走基层"报道浅析》，《新闻记者》2012年第8期。

中国特色新闻学是基于中国新闻实践形成的理论认识，实践是第一性的，理论是基于实践的规律性总结和学理性提炼。这种理论的形成要借鉴西方已有的新闻学理论，但不能简单地照搬过来，以西方话语来解释中国实践，以中国实践来验证西方话语。这既是源于中西之间不同的历史文化背景和现实基础，也源于如上文所分析的中西之间的概念表述存在诸多难以准确表达的内涵差异和价值意蕴。

中国特色新闻学在解释中国新闻实践的同时，也要关照对世界新闻实践的解释。这是日趋深入的全球化要求的，也是中国在人类命运共同体中担负更大责任要求的。关起门来的、只有自己听得懂的话语体系是没有说服力的，而要站在人类发展共同挑战与共同未来的制高点上，提出具有引领性的概念，其表述应是具有人类意识的，应是清晰而无异议的，如此才能让中国特色哲学社会科学的话语体系具有生机勃勃的力量。

党的十八大以来，中国不断深化对民主政治发展规律的认识，提出全过程人民民主的重大理念。关于"民主"概念的内涵挖掘及其表述是当代中国政治话语建设中的重要领域，基于中国民主实践，实现了体系化、学理化的构建。中国全过程人民民主不仅有完整的制度程序，而且有完整的参与实践。中国的全过程人民民主实现了过程民主和成果民主、程序民主和实质民主、直接民主和间接民主、人民民主和国家意志相统一。中国特色民主概念的形成，既为中国特色新闻学概念体系的形成提供了直接的理论来源，也提供了有效的方法借鉴。

开展基于日新月异的独特实践的中国特色新闻学研究，关键在于扎根现实，坚持问题导向与科学方法，继而形成具有解释力的理论体系。概念、范畴、表述等话语体系的批判性反思与自主性构建，一方面是构建理论体系的基础与起点，另一方面也是在对既有话语的"重新概念化"探讨中，力图寻找"重构理论"的"另一种可能"的方向与思路。中国特色社会主义的道路是人类发展史上不同凡响的崭新道路，为世界发展提供了"另一种道路"，因此，"另一种话语""另一种理论"也成为必然的可能。在此过程中，独特的话语体系构建无疑是重中之重。

第五章　数字时代的中国特色新闻学

数字化是当代新闻传播面临的最突出的时代特征之一，数字技术成为新闻媒介发展驱动力，数字平台成为主要新闻传播渠道，数字内容成为新闻主要呈现形式，数字化的新闻生产与传播成为当代新闻传播活动的主要形态。在与报刊、广播、电视等传统媒介形式完全不同的数字时代，中国特色新闻学的构建不能停留在复制已有新闻理论来指导当代新闻实践，而是要切实深入新媒体环境，把握其基本特征，与此同时，运用更具批判性、针对性的态度来看待当代数字新闻传播的背后力量、内在机理和行为边界，引导数字时代新闻活动健康发展。

第一节　中国的新媒体发展

经过多年快速发展，中国新媒体的发展规模与格局总体越来越趋于稳定，到达阶段性高点，正在进入转型与升级期。整体而言，需要对中国新媒体发展方向与路径进行反思。技术的持续发展激发着新媒体内容生产和传播模式创新，接近饱和的用户参与倒逼新媒体平台不能进行同质化的规模扩张，必须探索差异化生存和运营之路。

一、工业升级与多元生态：新媒体发展的整体特征

一是个体化传播成为趋势。在新媒体出现以前，人类的新闻传播活动主要是以机构为主体开展的，多表现为新闻媒体的形式。但是在新媒体环境中，个人传播力量正逐步加大，成为重要的信息源，形成越来越大的社会影响力。从包括中国在内的全球范围看，个人作为传播主体，在社会信息传播体系中扮演的角色越来越重要，传统媒体时代以机构为主的传播格局正在被新媒体撼动。个体化媒体不仅带来了丰富的信源，带来了更加多元化的声音，同时也在强烈

削弱着传统媒体的影响力。个体化媒体正在慢慢形成以个人为中心的品牌、运营模式与团队,基于新媒体的新型个人化媒体正在快速形成。

二是圈层化社群日益壮大。新媒体时代打破了传统媒体时期单点对多点的传播格局,形成了多点对多点的网状传播。在这一传播体系中,具有相似兴趣、价值观的节点逐步聚合,形成了相对聚集的圈层传播。在新媒体传播网络中,日益形成了"大广场"与"小客厅"的概念。"大广场"指的是网络公共空间,"小客厅"就是圈层交流空间。值得重视的是,"小客厅"越来越占据着用户的个人时间与信息获取通道,同时用户之间的关系连接远高于在"大广场"中。圈层传播形成稳定的社群,也带来社群之间传播的障碍,因此产生了很多圈层之间的传播冲突,也产生了"不懂勿犯"的圈层交往礼仪。

三是工业化生产形成。人工智能、大数据、5G等技术的赋能,一方面让技术直接参与内容生产,另一面保证普通用户更有机地融入生产流程中,让新媒体生产力被规模化释放,推动新媒体内容生产进入了工业化时代。生产方式由个体化内容生产转向了工业化规模化内容生产。新媒体的内容生产力、质量把控力、传播影响力等均得到大幅度提升。与此同时,技术带来了信息真实性的问题,数字技术使得图像、视频、音频造假越来越容易,社交机器人的大规模使用使得社交媒体舆情愈发脱离真实的民意甚至被恶意操纵。从一定程度上看,媒介技术的先进性正在改变着媒介内容的可信度。

四是商业化模式不断出新。新媒体产业的商业价值在数字经济时代日益凸显,基于新媒体的商业模式探索日益主动。随着用户红利的饱和,传统广告模式、流量分成、会员付费模式进入瓶颈,新媒体开始探索多样化盈利渠道。社会媒介化、经济数字化为新媒体运营增加了多样化可能,新媒体产业正在从广告智能投放、精品定制内容生产、电商引流、线下活动、平台转型等方面探索更多商业可能。

五是生态型平台逐步丰富。新媒体已从单纯提供内容的"媒体",向产业上下游扩展,向社会各个领域扩展,负载着更加多样的功能,逐步形成基于媒体自身的生态圈。尤其是在新冠肺炎疫情期间,为了满足大众线上需求,新媒体纷纷上线多样化功能,例如在线教育、数字展演等,推动新媒体平台快速转型,以新媒体作为整合各类社会资源的枢纽。

六是用户导向思维凸显。在信息过载的环境中,新媒体从内容生产到传播方式等,形成了越来越清晰的用户思维。由此,也从单一的信息思维扩展为产品思维,换言之,新媒体新闻从业者不只是简单的新闻生产者,而要从用户的需求出发,重塑信息生产和传播流程,打造基于信息供给的多样产品。新媒体的服务属性愈发突出，其服务内容包括政务、商务以及各种生活服务。

七是泛娱乐化氛围浓厚。新媒体的天生属性是"年轻态"的，其使用主体是年轻人，其引领主体也是年轻人。为了贴合大众，特别是年轻人的使用兴趣和使用习惯，新媒体使用呈现出泛娱乐化的氛围。具体来看，在新媒体传播内容中，不仅是娱乐化内容的增加，而且，新闻等严肃信息也正逐步尝试泛娱乐化语态，出现了中央主流媒体的新闻播报进入短视频领域等现象。新闻传播行为愈发成为一种娱乐与社交行为。在新冠肺炎疫情期间，在线娱乐平台成为调节社会情绪的重要手段，也开始肩负起资讯平台功能，逐步发展成为新型资讯平台。

八是非接触的"云生活"普及。新冠肺炎疫情给社会生活带来的巨大改变就是：基于隔离策略的非接触行为方式成为硬要求，"云会议""云课堂""云演出""云展览"等方式愈发普遍，并且被广泛接受，可以预见，在疫情后时代，"云生活"方式依然是现实生活的重要组成。新媒体行业的"国民总时间"大幅度提升，在线内容消费额度大幅度提升，促使新媒体整体行业活跃度上升。许多线下产业线上化发展，让新媒体迎来了重要提升期。例如，疫情使得线下销售受阻，商家纷纷转战线上，同时开发出多元化的销售方式。电商直播用户规模、远程办公用户规模、在线教育用户规模、生鲜电商和线上买菜用户规模都达到数亿用户。在这种大的需求拉动下，媒介技术与应用的总体趋势都是朝向"云端"前行，线上与线下日趋合一。

九是行业发展规范性增强。2019年以来，国家相继推出了《未成年人节目管理规定》《关于推动广播电视和网络视听产业高质量发展的意见》《网络信息内容生态治理规定》等极具针对性的管理规定，凸显了政府管理者希望构建健康有序信息环境的目标。值得肯定的是，在多年的高速发展和喧嚣沉淀后，新媒体行业整体上也趋于自律，尤其是在新冠肺炎疫情期间，许多新媒体主动承担起社会责任，开设疫情专区，开展公益项目，跟进疫情信息，同时联手建立辟谣联盟，传播真实性、科学性的抗疫信息，使行业发展的整体规范性不断提升。

十是年轻一代用户文化自信明显。95后和00后是新媒体使用群体中的活跃者、引领者。从各个话题讨论来看，年轻一代因为生长在国家改革开放后的日益富强时期，普遍具有自觉的民族文化归属和主流文化认同。尤其是在此次抗疫中，国内迅速控制疫情并实现了经济社会的稳定发展，对比国际纷扰不断的局势，更加强了年轻一代的道路自信和文化自信。这种思想倾向在新媒体的青年使用行为中特别是一些热点事件的讨论中不断得到体现。

二、激发产能与资源链接：新媒体内容生产方式发展趋势

一是科技赋能内容生产。媒介技术的发展促使新媒体内容生产进入标准化、规模化阶段。人机协同的数据汇聚、智能标引、算法挖掘、机器生成等新内容生产方式正逐步推广应用。伴随着生产力的激发，新媒体进入到工业化内容生产时代。

人工智能正在很大程度上辅助甚至取代着记者的工作，已经深入到新闻生产的全部流程中，例如素材收集、写作、制作和推送。目前，人工智能在体育、财经等领域已经开始大规模投入实践。新华社建立了智能化编辑部，以人机协作为特征，借此提高新媒体产品的创新能力和生产传播效率。除文字之外，AI技术等在视频制作领域开始大量运用。2019年央视运用 AI 剪辑开发新媒体版本国庆阅兵视频，这是央视新闻新媒体首次将人工智能技术运用在短视频剪辑中。在人机协作下，央视可以快速制作各方阵每条一分钟左右的短视频并迅速在新媒体上传播。

技术赋能丰富了媒体报道的形式，让媒体能够承载更加多元化的功能。疫情期间，央视频客户端在"疫情24小时"专题页面开设了武汉"火神山"和"雷神山"两家医院建设的慢直播，利用 VR 技术还原真实的现场感。"慢直播+VR"的形式让处于疫情恐慌的人们通过真实的现场触达和可视化的控制感，消解担忧和焦虑，增加用户自主选择和参与的权利。疫情之后，由于线上信息行为的常态化，VR/AR 等具有较强现场还原性的技术需求被激发。

人工智能技术除了参与到内容生产，还在内容甄别领域发挥着重要作用。在新媒体传播中，人工甄别的能力已经远不足以跟上信息爆炸式增长的步伐，基于人工智能技术的甄别力量能够帮助平台维持较健康的信息环境。在疫情期间，人工智能技术发挥着疫情态势研判、精准防控、传播路径分析等功能，而"AI 谣言粉碎机"等技术则投入到谣言识别中。利用智能化技术对于碎片信息进行拼图，提取关键信息，进行价值判断，对今后新媒体发展愈发重要。

防疫需要与技术发展使得区域性媒体服务得以提升。在疫情期间，对于社区数据信息需求激增，客观推动区域媒体的数字化发展，技术也增加了区域媒体的移动交互、大数据分析的能力，这为新媒体的社区服务、精准服务带来了更多可能性，打通了信息触达的最后一公里。

二是 MCN 激发众包式生产活力。由"单打独斗"向"抱团出海"转变是互联网新媒体传播的一个显著变化。许多机构媒体虽然拥有广泛的媒体影响力，但是单兵作战的形式在新媒体传播环境中显得形单影只。为此，一些机构

媒体开始布局 MCN 策略，通过培养子账号，与 UGC\PUGC 合作、签约等形式，形成矩阵化的运营模式，扩充媒体声量和影响力，同时也有利于为用户提供差异化服务。

新媒体内容生产和分发逐渐形成 MCN 模式，MCN 形成内容的规模化、垂直化创作生态，通过工业化手段和流程控制，进行批量生产、质量把控、内容把关。值得关注的是，MCN 仍然处于野蛮生长时期，大部分机构采取海量签约策略，没有对签约者进行筛选，签约后培训亦不足，同时高额提成无法保证创作者合理收入和持续创作热情。

除了对既有内容的开发，许多媒体通过 MCN 打开媒体边界，拓展更广泛的发声渠道，让媒体从新闻性平台向泛内容矩阵拓展。

三是专业余者成生力军。专业余者（PUGC）的影响力不断增加，他们相对于传统记者为业余者，相对于一般网民为专业者，尽管没有媒体机构的专业身份，但有着专业的新媒体内容生产能力。尤其在疫情期间，身在武汉的 PUGC 带来了大量一线报道视频、VLOG，弥补了媒体记者的采访短板。PUGC 的内容为新闻报道提供了多元化的视角，影响着新媒体环境中受众的新闻接受习惯，具有社交化、情感化、现场化、个人化的特点。

PUGC 的出现是符合新媒体环境中个人化、全民化的传播特征的，这种现象的出现要求媒体机构改变发展策略，不但要发挥媒体自有记者的作用，更要成为平台与纽带，能够调动更多的媒体以外的个体来参与信息传播。《人民日报》在疫情期间发布了"疫"线 Vlog 专题视频，让抗疫一线的医护人员和普通武汉市民用自己的镜头讲述疫情故事，形成了用户生产内容、专业媒体把关的生产模式，既激发了生产活力，增加了信息的多样性，又能够保证信息价值。事实上，央视频、今日头条、腾讯新闻、抖音、快手、封面新闻等也都推出了抗疫 Vlog 专题。

四是新媒体内容 IP 体系正在形成。新媒体已经逐渐告别粗犷式内容抢夺的阶段，开始注重购买、培育、生产符合自己平台特色的内容。内容以 IP 形式聚合出现，IP 成为内容选择的重要影响因素。部分平台已经开始形成自身的 IP 宇宙。例如芒果 TV 一直注重"青春"和"合家欢"基因，从快乐家族、天天兄弟到快男、快女，再到姐姐团、密逃家族等，多年来沉淀的内容已经形成了芒果 IP 宇宙。许多的明星在芒果 IP 宇宙中拥有平台特色的标签，平台也生产出一系列具有强烈个性色彩的节目、影视作品等。传统的节目创新，一般是开发新节目，或者是纵向延伸已有的节目品牌，制作金牌节目的"N 代"。但是芒果 TV 已经开始横向联结 IP 体系内资源，实现不同内容之间的联名再造，在已有影响力的基础上，力争强强联合的传播效果。

IP 具有天生的用户导向，出于流量、商业等元素的考虑，是贴近需求的个性化定制。当前，IP 正在经历由量变向质变的过程。在 IP 刚刚出现的野蛮生长阶段，良莠并存，由于过度快速开发，导致许多"求量不重质"的畸形现象。目前这种状况在头部企业与政府参与的情况下正在得到有效改观。2019 年，中国电视剧制作产业协会青年工作委员会与阅文集团共同举办青悦 IP 大会，达成战略合作，打通文学和影视创作，释放 IP 选择标准，希望培育扎根现实、告别套路与悬浮的优质 IP。同时，阅文集团也在建立完善的 IP 开发体系和评判标准，实现产业升级。

五是短视频"两超多强"格局凸显。疫情期间，抖音日活跃用户数量突破 4 亿，快手突破 3 亿。除此之外，微信和微博推出视频号，B 站逐步突破二次元圈层，小红书在视频种草垂直类发展迅速，短视频形成了"两超多强"的格局。

短视频领域的竞争围绕着流量进行。各平台一方面大力发展垂直类内容，增加在教育、音乐、影视娱乐、美食、生活等领域的流量补贴，以优质内容保证用户黏性；另一方面通过与头部资源的联动，利用明星等具有影响力的人士吸引用户。平台间的竞争成为内容创作者的发展契机，尤其是垂直内容创作者和腰部作者，各个平台针对创作者提供了大量流量红利和扶持。

短视频平台虽然仍然处于纵深与横向共同发展的"跑马圈地"时期，但是各个平台已经形成了较为清晰的定位，吸引着具有相似价值观的用户。例如抖音的口号是"记录美好生活"，重点落在"美好"；快手为"记录世界记录你"，重点落在"真实"；微信视频号有着显著的社交特性；B 站主打兴趣和圈层；小红书倾向于"种草""消费"和"生活方式"。在短视频竞争中，流量红利逐步消失，平台间内容同质化严重。短视频因内容承载量的问题，开始向长发展。各大平台开始推出短视频变种，形成差异化的视频社区。例如微博就推出了星球视频，提供 1 分钟到 15 分钟的横屏视频，与微博故事、微博视频等产生区分，通过形式特色吸引差异化用户。

六是以人格化传播加强社交对话能力。在社交媒体、自媒体、UGC/PUGC 发展的影响下，过去由媒体垄断的信息发布权利正在分散到许多个人手中，个体化传播趋势明显。除了传播源的改变，个体化信息传播相较于媒体报道，有着强烈的人格化传播特点。传播者的个性化展示加强了社交对话能力，让用户和传播渠道之间产生了黏性，无形之中也在信息传递的过程中完成了价值观的传递。

即便是在"回形针"这一类严肃科普视频，都能够看到强烈的个性特征。

"回形针"的科普视频几乎全部是由作者配音，虽然不是字正腔圆，却产生了和用户之间无阻隔的交流感。而且，"回形针"的制作也刻意加入了自我的创作风格，在全面、客观的论证过程中，会适度加入个人风格的点评、幽默，在科普视频中依靠强烈的个性吸引到大批黏性用户。

新闻媒体曾经培养出一批有着显著性格的记者，但是随着新闻的规模化生产要求，记者更多地成为新闻流中传递信息的标准化工具，与观众的人际交流感逐步减弱。而全媒体环境正在要求记者重新找回"人"的属性与特征价值，建立具有标识性、个性化的形象标签。事实上，新闻机构内部的记者、编辑等个体已经不仅只借助所在机构的传播影响力，也会通过建构个人影响力来反哺机构。对这种双向影响的趋势的把握，可以有效提升新闻机构在媒体融合发展中的竞争力。

七是新媒体舆论生态中的内容质量堪忧。新媒体内容蓬勃发展的同时，舆论固化、分化乃至极化现象日趋严重，立场先行、情感传播超越事实报道成为普遍现象。社交媒体和短视频盛行让人们的注意力变得愈加短暂，理性判断力愈加减弱，信息传递变得碎片化、情绪化，高质量的深度新闻总量减少。尤其是在疫情期间，各种误解性、情绪性、攻击性谣言等大量充斥新媒体空间，侵占了权威信息、真实信息的空间和传播渠道。

新媒体内容生产中的"产量高、质量低"现象非常突出。数字垃圾日渐增多，且规模庞大，如同共享单车堆满大街小巷，低质与同质内容堆满新媒体的"大街小巷"。内容的质量与个性正在被削弱，低门槛的信息发布和快速生产模式导致内容趋同与竞低。

值得警惕的是，新媒体内容中的商业化生产模式导致内容生产者以追逐利益为内容生产目标，当一、二线用户红利接近饱和，许多新媒体转向下沉市场。在此过程中，利用用户的"趋利"心理，用拉新奖励、拉低质量等手段完成快速获客。长久而言，虽然一些简单粗暴的手段能够完成在短时间内的用户积累，但是低俗的信息环境并不能长久维持用户，也经不住监管体系的审核。优质内容仍然为稀缺品，优质的内容创作者仍然是各新媒体平台的主要争夺对象。在快速变革和迅速膨胀的新媒体环境中，优秀的内容生产者需要具备内容方向感与创新力。

中国新媒体经历了爆发式增长后，正在进入深度调整和再探索的阶段。进入人工智能时代，从传播行为看，传播主体从专业化到大众化再到机器化，传播动机从事实呈现到社交体现再到价值实现。内容生产力被持续释放，媒介新技术不断向前发展。但与此同时，用户红利接近饱和，内容同质化严重，信息传播依然存在低质化等问题。新媒体的发展，正在经历着从开疆到深耕的调整。

次元打开与携手共进推动了主流媒体与商业网络平台的新媒体合作。虽然在过去，两者的发展模式、议程设置方式、话语体系等存在差异，但是近年来，尤其是在此次团结抗疫的特殊背景下，不同类型媒体平台之间通力协作，促进了主流媒体与商业平台之间的一系列合作。一方发挥价值引领力，另一方发挥平台传播力，共同践行社会责任。媒体合作的背后，是价值的共通与共融。

新媒体的持续发展已经不仅是依靠圈地用户就能够解决，竞争也不能只停留在内容层面。新媒体已经逐步发展成为全功能的服务性平台，考验着媒体的综合运营能力与持续创新能力。中国新媒体需要深度践行媒体社会责任，以更积极的姿态探寻着新媒体发展的新边界。

第二节　数字时代的高质量新闻缺失

进入数字时代的新闻传播活动中，人工智能、算法推介、数字编辑等技术愈发成为新闻生产的重要手段，社交媒体、搜索类媒体、聚合类媒体等新媒体愈发成为新闻分发的主体渠道，这些非传统型、非专业的媒体带来新闻数量的大幅度上升，新闻质量却没有保障，以至于出现了"信息越来越多，真相越来越少"的状况。

从当前全球新闻业和新闻研究的现状来看，新闻推送技术化、新闻获取社交化、新闻形态视听化和新闻消费快餐化这几大转变趋势，都纷纷指向了一个当下全球新闻活动面临的突出问题——高质量新闻（quality journalism）的缺失。而这也正是当前新闻传播中后真相（post-truth）流行、信息沟（information gap）扩大、政治观点极化（polarization）出现、民粹主义（populism）抬头等诸多问题产生的重要原因，因而成为数字时代新闻传播面临的最大挑战。

一、新闻推送技术化与新闻质量下降

新闻为公众描绘世界的图景。这一图景的真实性、丰富性是公众认知世界的基本要求。算法推介、人工智能等技术的不断发展，让算法（algorithms）成为新闻推送中的主导力量，在新闻媒体业得到广泛运用。媒体或新闻平台服

务商通过数据挖掘算法追踪用户在"物联网"上的行为数据[1]；通过分类算法对受众进行个人定位和分组分类[2]，并推荐给他们"定制"的新闻消息。同时，机器学习算法被用于撰写新闻消息，操作参数由开发人员指定，根据用户想要的结果进行配置，却会忽略价值观和道德要求。因此，在算法推介技术的基础上形成的"个性化新闻推介系统"（personalized news recommend system）带来新闻伦理和社会秩序的严重挑战，而且愈发脱离原有的新闻专业性要求。

有研究将个性化新闻推介的伦理问题概括为三点：内容上取悦与迎合读者，形成"信息茧房"，失去教化和引导功能；操作上剥夺读者阅读选择权，可能造成媒体代理权过度甚至机器异化；时间上追求热点和速度，解释力不足，有引发数字媒体时代"黄色新闻潮"的风险。[3] 推荐算法容易忽视信息的重要性，反而以信息的趣味性为衡量标准，会导致推荐内容过于娱乐化，甚至走向低俗。[4]

牛津大学路透新闻研究所2018年的报告《时代的到来：欧洲数字新闻媒体的发展》中认为，算法推介是数字新闻媒体向更加成熟的分销模式转型的体现，同时该报告将 Facebook 的算法改革作为核心案例，认为合适的算法可以起到一定的减少极端意见和误导性信息传布的作用。[5] 而该研究所时隔几个月新发布的《2019数字新闻报告》则基于对各国新闻业最新的调查研究，对新闻生产和传播中算法的使用提出了更多的批判性观点，表示了对它可能造成受众教化能力降低、信息多样性不足或政治群体分化的担忧。[6]

---

[1] Portmess L and Tower S, "Data Barns, Ambient Intelligence and Cloud Computing: The Tacit Epistemology and Linguistic Representation of Big Data," *Ethics and Information Technology*, 2014（1）, pp.1-9.

[2] Floridi L, "Big Data and Their Epistemological Challenge," *Philosophy & Technology*, 2012（4）, pp.435-437.

[3] 陈昌凤、师文：《智能算法运用于新闻策展的技术逻辑与伦理风险》，《新闻界》2019年第1期。

[4] 宋建武：《智能推送为何易陷入"内容下降的螺旋"——智能推送技术的认识误区》，《人民论坛》2018年第11期。

[5] Tom Nicholls, Nabeelah Shabbir, Lucas Graves, and Rasmus Kleis Nielsen, "Coming of Age: Developments in Digital-Born News Media in Europe," *Digital News Project*, Reuters Institute for the Study of Journalism, 2018. http://www.digitalnewsreport.org/publications/2018/coming-age-developments-digital-born-news-media-europe.

[6] Reuters Institute for the Study of Journalism, "Reuters Institute Digital News Report 2019," https://reutersinstitute.politics.ox.ac.uk/sites/default/files/2019-06/DNR_2019_FINAL_1.pdf.

根据《2019数字新闻报告》对于荷兰大选的研究表明，YouTube等媒体对于政治观念极化有"铺路"作用，因为随着用户观看更多某一政治偏向的视频，相关推荐也会变得更加极端。2019年3月荷兰政府发起了一场名为"保持好奇，保持批判"的运动，向公众普及"算法""过滤器"等新闻推送技术，以期提高公众的新闻媒介素养，减少政治观点极化的现象。荷兰政府推行的这项全民教育运动，从荷兰省级选举持续到欧洲议会选举。

迎合受众的算法推送新闻，也被称为"新闻馈送算法"（news feed algorithm），早期是Facebook公司的工程师们在实践中使用的一套方法。处在基于新闻馈送算法的媒介环境中，受众接收到的信息倾向和领域是有限的，在主题、偏好、观念、立场上，往往接收到的是自己较为认同的、喜欢的内容。长期不断在"算法"下接受新闻信息，会不断加固受众原来持有的观点，在某些问题上变得顽固"甚至激进"。这在一定程度上造成了社会群体观念极化现象的不断发展。

实证研究表明，社交媒体和智能媒体环境下的新闻生产，比起传统的新闻，更加强调情感因素和吸引眼球的故事元素，以符合用户偏好和新闻馈送算法的逻辑。因此，新闻生产的过程越来越受到用户参与的驱动，而逐渐放弃传统的高质量新闻标准和新闻品牌的做法——为用户参与设定界限，不是每个人都可以参与其中，而只有部分水平足够的读者可以通过写信、写评论等方式参与，在真正理解的基础上，进行理性而"有营养"的讨论。算法推介下全球新闻生产的价值追求，逐渐从生产"足够优质"的新闻，转变为"足够讨喜"的新闻，这一方面失去了新闻产品告知信息、教化公众、对社会传递多元文化和观点的公共属性，另一方面也失去了对于"讲对事实、讲清道理、讲好故事"的高质量新闻的追求。[1]

二、新闻获取社交化与新闻质量下降

随着社交媒体的日趋普及与渗透，公众的新闻获取渠道发生了显著转型，即从"大众媒体"转向"社交媒体"，并且逐渐从"公开社交"转向"私密社交"。这两个重要转向使得社交媒体，特别是小圈子的社交媒体传播成为当前新闻获取的重要渠道。在现实中，不同社交媒体平台上"私密信息群组"（private messaging groups）日趋火热，也使得人们传播和获取新闻消息、参与和讨论

---

[1] Lischka, Juliane A., "Logics in Social Media News Making: How Social Media Editors Marry the Facebook Logic with Journalistic Standards," *Journalism*, 2018（7）.

公共事务的"公共领域"变得越来越"私密化"。

牛津大学路透新闻研究所的报告显示，人们花在相对开放的网络上的时间越来越少，花在私人信息应用上的时间越来越多，比如 WhatsApp、Facebook Messenger、Telegram 等非常流行。更多的人通过群组分享新闻、讨论新闻。这一方面促进了网络政治参与模式转型，提升了政治参与度，另一方面又会造成缺少审核的虚假新闻、错误信息、仇恨言论的大量传播。[1]

该研究所的另一份研究报告《2019年新闻、媒体和技术趋势与预测》中，还将类似的小群组和私人社交分为两个层次："封闭或半封闭的社交网络"（closed or semi-closed networks），例如 Facebook 和 WhatsApp 的群组，和"网络结社团体"（conspiracy community），例如 Reddit 论坛、YouTube 频道。报告指出，误导性信息的传播，往往经历从匿名网站到封闭或半封闭的社交网络，再到网络结社团体，再到社交媒体，最后到专业媒体的几个阶段，传播范围和效能不断扩大，从一个可能毫无凭据的"小道消息"转变升级成为公众议程。[2]

数字时代新闻传播的改变不仅影响了新闻活动本身，也在一定程度上助推了全球政治生态发生深刻变化，使得民粹主义和政治极化成为当下国际政治环境的新趋势，也成为新闻业需要慎重反思的伦理问题。

有趣的是，小群组的"新闻社交"，不一定意味着"熟人社交"。根据《2019年新闻、媒体和技术趋势与预测》，Facebook 等平台小群组的用户，几乎都存在加入的群聊中有"陌生人"的情况。在此基础上甚至出现了所谓的"对话新闻（dialogue journalism）"，比如美国的一家公司，其业务就是主持一些秘密的 Facebook 群组，邀请陌生人之间分享和讨论时事话题。

不难想象，这样的新闻获得方式，容易被不同的利益团体所利用，无论是政治竞选还是商业广告，会让错误的、不良的甚至非法的信息有机可存，以至于形成"愤怒团体（angry group）""仇恨团体（hate group）""阴谋团体（conspiracy group）"等对社会稳定与公民福祉产生威胁的群体或组织。

在新闻获取社交化的趋势下，新闻从"作品"变成"产品"，最重要的"功能"在于"博人眼球"，为社交媒体平台带来流量，而基于真实性、专业性等的新闻质量则被忽视。高质量新闻的缺失，使得新闻业丢失自身公共服务能

---

[1] Reuters Institute for the Study of Journalism, "Reuters Institute Digital News Report 2019," https://reutersinstitute.politics.ox.ac.uk/sites/default/files/2019-06/DNR_2019_FINAL_1.pdf.

[2] Reuters Institute for the Study of Journalism, Newman, Nic, "Journalism, Media, and Technology Trends and Predictions 2019," http://www.digitalnewsreport.org/publications/2019/journalism-media-technology-trends-predictions-2019/.

力，同时低质量新闻的大量出现还成为一些个人或团体实现自己私利的工具和利器，造成了群体的不断分化，甚至导致社会的撕裂。

作为全球最大社交媒体之一的Facebook，起初面对"假新闻"太多、媒体责任不够等的指责，坚持"技术公司"的立场，对假新闻抱有"暧昧"态度以保持广告收入，直到屡屡受到美国、欧盟质疑才推出"新闻标签"业务，并投入大量资金获取主流新闻机构版权，以解决其平台上假新闻泛滥的问题。"数字平台"的权力与义务如何平衡成为焦点，各种平台类媒体已不能无视新闻作为公共物品的伦理要求，不能回避自身肩负的新闻伦理要求。

三、新闻形态视听化与新闻质量下降

以5G为代表的数字技术进一步推动了新闻产品的多媒体化，新闻形态逐渐出现"视听化"的趋势。牛津大学路透新闻研究所用"视听化转向（pivot to audio）"来形容这一改变。

"播客（podcast）"是数字广播技术的一种，现在常作为一个嵌在网页中的音频而存在。早在2004年的MP3时代，播客就已出现，而近年来由于传播方式不断简化，越来越多地被用来接收新闻消息。随着年轻群体大规模使用播客，《卫报》（The Guardian）、《华盛顿邮报》（The Washington Post）、《经济学人》（The Economist）和《金融时报》（Financial Times）等媒体纷纷在过去的一年内开设了官方播客账户，他们把使用播客的年轻群体称为"播客一代（the podcast generation）"。

中国的新媒体"短视频"新闻也是新闻形态视听化的一个典型案例。在微博、抖音、快手等多个社交媒体平台上，众多媒体都开设了自己的视听公众号。央视《新闻联播》开拓了一个新媒体环节"主播说联播"，用竖屏手机短视频的方式，录制当日新闻主播在节目后的短评。这些视频比起电视播出的《新闻联播》，更加轻快且亲切，语言也更多使用了俗语、歇后语等"接地气"的内容，取得了很好的传播效果，受众互动参与度较高。

视听化的新闻产品具有"短平快"的特征，与传统新闻相比的确更加容易接受、容易传播，但它也造成人们阅读新闻方式的逐渐碎片化、浅层化，只追求感官的刺激和简单易懂的内容，而不再深究其背后的真相或道理。制作精良的、专业的高质量新闻，由于时效性差和成本偏高，逐渐失去市场优势，取而代之的是内容简短、说理简单、情感饱满、视听冲击力强的新闻内容。特别令人忧虑的是，大量非专业的"草根记者""全民记者"通过视听手段录制新闻片段进行传播，这会对高质量新闻的生产带来消极的影响。

与视听化叠加出现的移动化媒介形态更加剧了新闻阅读习惯的改变，阅读新闻时间越来越短，视听刺激要求越来越强，与此同时，对新闻内容的真实性、全面性、客观性要求在降低，对新闻画面、声音乃至新闻播报者的表现技巧要求越来越高，对使用技术的先进与炫酷的要求越来越高。接收与接受新闻的判断维度越来越依据感性维度，而理性维度则愈发后置，这种受众的选择趋势会极大地影响新闻生产行为，即便对传统专业媒体机构来说，被裹挟在这种大潮中，也不得不实现"短平快""炫酷美"的转型。

四、新闻消费快餐化与新闻质量下降

牛津大学路透新闻研究所《2019数字新闻报告》显示，新闻在线订阅和付费阅读模式的持续增长，让人们对于信息的平等、信息的质量和媒体的公共属性产生担忧。媒体在自己的网站建起"付费墙（paywall）"，在未付费的用户面前挡住网站的信息内容，要求订阅才能查看。而老牌媒体，如《华盛顿邮报》和《华尔街日报》本土版，全年订阅价格都在2万元人民币以上。此种经营模式，在愿意为新闻付费的群体和无能力或者不愿意付费的群体之间，造成"信息鸿沟（information gap）"不断扩大，加大公众信息的"贫富差距"。

愿意付费的群体能够获得高质量的信息，而不愿付费或无力付费的群体则会更加倾向于使用"抓人眼球"的免费新闻消息，忽视其质量与可信度。"消费新闻"业态的不断发展，是否会导致数字时代的新闻媒体成为拉大社会财富和知识差距的又一"罪魁祸首"，公共新闻媒体服务社会发展的属性是否能够得到保障，都成为需要关注的新闻伦理问题。

为了保持时效性，抓住受众，当前的新闻，尤其是基于社交媒体的报道，追赶"爆炸新闻（breaking news）"的能力提升迅速，但"解释新闻（explaining news）"的能力和投入不足。这也与新闻机构自身精英化发展趋势有关，全球各大有影响力的新闻媒体，其记者和编辑大多受过较高水平的教育，或者对于某些专业领域有持续关注，他们的表述可能没有考虑到教育水平不足的更大多数受众群体，造成了信息获得的进一步"不平等"。解释能力的不足，也使得"事实第一，新闻第二"的原则难以贯彻。事件往往是复杂多变的，如何将它更加真实的面目呈现给广大读者，真正做好"观察者"和"记录者"，都需要解释新闻的能力，而不仅仅是追赶速度。

从全球范围看，值得关注的一个趋势是，传统专业媒体愈发受到大众的冷落，而一些个体或非机构媒体却愈发受到大众的关注，获得了极大的传播能力，成为新闻消费的依赖对象。特朗普在任期间发布了一系列推文，攻击包括

CNN、《纽约时报》(*The New York Times*)等在内的美国媒体，称他们的内容是"假新闻"，并称《纽约时报》是"人民的敌人（the enemy of the American people）"。而特朗普之所以敢如此与传统媒体对抗，得益于其个人自媒体的强大传播力。

将特朗普的推特和几家美国主要的媒体机构进行比较的话，可以发现，特朗普的个人社交媒体影响能力已经远远高过几家具有悠久历史的专业媒体，他个人的粉丝数量甚至超过《华盛顿邮报》和《纽约时报》的总和。在一定程度上，特朗普的个人推特比专业的、有品牌的新闻媒体更具备传播能力，这不得不让人反思特朗普所说的"人民的敌人"的真正内涵。

这一现象表明：数字传播环境下的新闻消费逐渐进入快餐化时代，受众阅读的基本需求是只需媒体告诉发生了什么，而不需要也没有意愿向媒体付费以得知更深层次的内容。在这种新闻消费习惯下，公众会转而从社交媒体中，从免费信息中，从自己关注的信源中获得更多的解释。"快餐式"的新闻品，获取免费、快捷，同时添加各种"情绪"的调味料，口味好，可饱腹，但却无营养，甚至造成各种"信息健康问题"和"认知失衡问题"。

进入数字时代的新闻传播活动愈发活跃，愈发成为个人行为的依赖，也愈发成为社会发展的动力。值得注意的是，这种动力不仅有正面的作用，也可能有负面的作用，前者让社会更加包容、和谐、进步，后者让社会更加撕裂、焦虑、倒退。新闻业肩负着提供信息、教化公众、服务社会的公共责任，新闻伦理的最大责任是推动社会更加美好。而现在，从生产者、传播者到消费者，都逐渐失去了对高质量新闻的追求，在个性化信息技术日新月异的硬环境支持下，在追求个体言论绝对自由"公理"的软环境推动下，新闻的专业性受到了前所未有的挑战，新闻专业队伍持续流失，新闻专业操守逐渐被淡忘，新闻专业质量不断出现滑坡。而对大众来说，沉溺于低质量信息海洋中，或乐而不知，或无力改变。

数字时代是新闻传播大繁荣的时代，也是新闻传播大混乱的时代。在这样一个"极好"传播与"极坏"传播并存的时代里，新闻伦理成为保障新闻责任的核心要求，而高质量新闻则成为保障新闻伦理的核心要求。

第三节　社交媒体的批判分析

1923年，美国作家李普曼在纽约写就了《幻影公众》（*The Phantom Public*）一书，作为之前出版的饱受好评的《舆论》（*Public Opinion*）一书的续篇。在这本书中他放弃了一些模棱两可的说法，对社会舆论进行了严厉的批判性分析，"力图阐明，假如舆论本身在知识和精神质量方面没有任何改进，舆论会起什么作用，怎样做才能更为行之有效"。在他看来，"如果想当然地认为选民们甚至'生来就胜任'管理公共事务，这是'虚假的理想'"。[1]

李普曼的这本书由于其对传统民主观点的悲观态度，没有得到如同《舆论》一书的热切反响，但至今再读其书，深觉其对人类舆论现象的描绘之生动、批判之深刻。书中描绘了信息过多的人类世界："今天已经够糟糕的了，被头天晚上印刷的晨报、早上印刷的晚报、九月份编辑出版的十月刊杂志，以及电影、广播等来自四面八方的媒体信息轮番轰炸，人们的脑袋被迫盛放各种演讲、辩论和不相干的事情。所有信息对于公众的接受度而言，实在是太多了。生命太过短暂，无法追求无所不知，要想数清楚所有树上的所有叶子，那是不可能的。"[2] 一百年前的"李普曼之叹"，感叹信息太多太杂了，不知如果在一百年后的社交媒体时代，面对信息轰炸与信息垃圾充斥的当代社会，面对人们不仅想"数清楚所有树上的叶子"，还想"给所有树上的叶子涂抹上自己的颜色"，李普曼将作何反应，估计只能是"李普曼之默"了，沉默无语，独处一隅。

在人类历史上，信息媒介是维系社会的重要载体之一，也是驱动变革的关键力量之一，国家治理、经济运行、文化发展等都要以媒介形态为重要基础。在数千年的历史长河中，从莎草纸到互联网，信息媒介的进步带来信息、知识等的广泛传播，推动宗教改革、科技进步、工业革命，总的来看，信息媒介的进步与社会的进步是同步的，但当人类社会进入21世纪，制造出了社交媒体，至今不到20年时间，这一同步关系被打破了。换言之，作为一种最新鲜且最普及的信息媒介形态，社交媒体对人类社会到底在发挥什么样的作用，被打上了一个大大的问号。

---

[1] 罗纳德·斯蒂尔：《李普曼传》，于滨、陈小平、谈锋译，新华出版社，1982，第328-329页。

[2] 沃尔特·李普曼：《幻影公众》，林牧茵译，北京联合出版公司，2020，第26页。

社交媒体与以往媒介形式相比,最大不同在于其强个体性与高依赖性。在报刊、图书、广播、电视乃至互联网中都曾展现出的机构力量、专业力量、精英力量在社交媒体的冲击下却逐渐弱化,公众在社交媒体中的使用行为更加按照个体愿望来进行,而且从过去的单向接收信息完全变为双向收发信息,每个社交媒体用户既是接收者又是传播者。更重要的是,随着移动终端的大范围普及,手机逐渐成为"人体器官",社交媒体成为当代大众须臾不可离开的"空气"。在疫情之中,移动终端与社交媒体更是全面向幼龄化和老龄化扩展。

强大的社交媒体凸显了个人的力量,依靠社交媒体治国、发动社会成为越来越多的政治人物使用的手段。最具典型的是,特朗普在任美国总统期间,依靠强大的社交媒体粉丝量与主流媒体抗衡,可见其影响力巨大。

特朗普与美国主流媒体推特账号粉丝数比较

人物/组织	推特账号	粉丝数量/人（截至2019年8月10日）	粉丝数量/人（截至2020年9月19日）
特朗普 Donald J.Trump	@realDonaldTrump	62,889,462	86,089,145
《华盛顿邮报》 The Washington Post	@washingtonpost	13,989,760	16,319,349
《纽约时报》 The New York Times	@nytimes	43,865,679	47,301,274
美国有线电视新闻网 CNN	@CNN	42,490,332	49,813,583
美联社 The Associated Press	@AP	13,448,593	14,419,685

（数据来源：笔者统计）

信息媒介进步的内在驱动是技术,社交媒体进步的内在驱动更是技术。当算法技术、智能技术、感应技术等新技术愈来愈先进,社交媒体也就成为愈来愈聪明的机器,2020年,《炒作机器》(The Hype Machine)一书出版,[1]该书作者将社交媒体命名为"炒作机器"。"在这台机器上,每天都会发生数以万亿计

---

[1] Sinan Aral, *The Hype Machine: How Social Media Disrupts Our Elections, Our Economy, and Our Health-and How We Must Adapt*, Harper Collins, 2020. 本书中译本2022年由中信出版社出版,笔者撰写了中译本推荐序。

的信息交流。在算法的引领下,这台机器当初被设计出来的目的就是传递信息,潜移默化地影响每一个人的观点,成为我们日常娱乐的工具,以及对我们所有人进行操控。"[1] 本书作为2020年《连线》杂志评选的关于人工智能的最佳图书,深入分析了社交网络、大数据与人类认知、社会行为之间相爱相杀的复杂关系,对于社交网络时代的人类社会发展有着较为深刻的洞悉力。

当社交媒体刚刚出现的时候,不论是其创始人还是大众,都对社交媒体有着美好的愿景,那就是把世界连接在一起,让每个人都能够自由地、最大限度地获取信息、知识和资源,让人们体验思想上的更多自由,获得社会和经济上的更多机会,享受工作上的更多流动性,建立有意义的社会联系乃至可以拥有更好的健康状态,等等,由此,可以让人们与孤独、贫穷、疾病、压迫等进行有效斗争。但时至今日,极其反讽的是,似乎正是社交媒体加剧了这些原本人们想要减轻的社会病态。

当代的社交媒体高度发达,在线社交网络(如脸书)、微博网站(如推特)、即时通信软件(如 WhatsApp),以及知识的协作生产和新闻的聚合技术(如维基百科和 Reddit)等新媒介形态,已经从根本上改变了信息的生产、分享、消费、使用和定价的方式,其突出特点正是技术驱动的个体化传播,要提前于新闻机构、专业机构发声,体现互联网草根的声音。从知识生产方式到信息消费模式,从政治竞选到社会运动再到商业运行,社交媒体在当代社会各个领域产生的改变深刻而普遍。

社交媒体的特点有三。一是控制力强。"这台机器的目标实际上是人类的灵魂。它被设计出来,就是为了刺激我们的神经脉冲,吸引我们,并借此说服我们,改变我们购物、投票以及进行锻炼的方式,甚至可能改变我们爱的对象。它会在一旁默默地对我们进行分析,然后对我们该阅读什么、购买什么以及相信什么给出一大堆不同的选项,随后它又会从我们的选择中学习到新的东西,并不断地迭代和优化它给出的选项。随着这台机器不断运行,它会产生大量的数据尾气,而这些数据尾气可以被用来追踪我们每一个人的偏好、欲望、兴趣,以及全球各地的那些带有时间印记并且与地理定位有关的信息。最后,它还会以自己的数据尾气为食,精简自己的流程,完善自己的分析,并提升自己的说

---

[1] 锡南·阿拉尔:《炒作机器:社交时代的群体盲区》,周海云译,中信出版社,2022,第1—2页。

服力。"[1] 社交媒体之所以有如此大的控制力，根本的是基于盈利的目的，换言之，是资本驱动的技术创新带来社交媒体技术的不断改进，精益求精，财源滚滚。"它的动机是获得金钱，通过与我们互动，它可以使到手的金钱数额最大化。它向我们提供的选项越是精确，它与我们的互动就会越多，这样它的说服力就会变得更加强大。它的说服力越强，它所获得的金钱也就会越多，因此它的规模也就会随之变得更加庞大。"[2]

二是虚假信息多。研究发现，"在所有类别的信息中，虚假新闻始终要比真实新闻传播得更远、更快、更深入，而且其覆盖面也更加广泛。在某些案例中，这两者之间甚至有好几个数量级的差异"。社交媒体平台已经成为一台"可以扭曲现实的机器"，"通过这台机器，谎言像闪电一样传播，真相却像是在缓慢滴落的糖浆"。[3] 虚假新闻的传播及其与政治的紧密关联在2012年和2016年美国总统大选期间得到了充分体现。事实上，在当代新闻传播实践与研究中，最大的挑战是具有真实性的高质量新闻的缺失。与一百年前的"李普曼之叹"时信息过多不同，那是至少还有专业新闻机构在生产信息，现在则是数十亿的个体在生产新闻，凸显个体性，不求专业性，凸显自由感，不求责任感。在社交媒体舆论场中，满眼都是耸人听闻的虚假新闻"闪电"，信息很多，真相很少。

三是社交过度。当各种海量信息通过类似脸书、推特、Snapchat、Instagram、YouTube、微博、微信等平台被传送到公众"永不关机"的移动设备上时，公众就被淹没在社交信息的海洋中。公众的信息使用与媒介技术的改进形成了"良好的互动"，使用越多，对媒介技术的训练与提升越有效，媒介技术越有效，产生的信息就越有吸引力，公众就越离不开社交媒体。于是，海量信息在算法技术等的驱动下，在公众的社交媒体过度使用中，产生了强大的变革性力量。社会因过度炒作而变得过度社交化，因过度社交化产生了基于个体性的群体说服力。

社交媒体的影响力源于数字社交网络、机器智能以及智能手机这三者的共同作用，数字社交网络构建起社会信息网络，通过好友推荐以及算法引导网络

---

[1] 锡南·阿拉尔：《炒作机器：社交时代的群体盲区》，周海云译，中信出版社，2022，第2页。

[2] 锡南·阿拉尔：《炒作机器：社交时代的群体盲区》，周海云译，中信出版社，2022，第2页。

[3] 锡南·阿拉尔：《炒作机器：社交时代的群体盲区》，周海云译，中信出版社，2022，第5页。

信息流动，智能手机则创造了一个"永远在线"的环境。

实现"群众智慧"和"集体智能"有三个支柱，即群体中每个个体的独立性、多样性和平等性。但作为"炒作机器"的社交媒体显然已经侵蚀了三个支柱，把智慧转变成了疯狂。其内在的机理值得深入研究。

对虚假信息传播规律的研究表明，虽然真实信息很少会迅速扩散到1000人以上，但前1%的虚假新闻转发链可以很轻松地扩散到多达10万人。真实信息想要传播给1500人所需要的时间大约是虚假信息传播给同样数量的人群所需时间的6倍，然而前者从原始的推文传播到10个转发人所需的时间又是后者传播到同样数量转发人所需时间的20倍。虚假信息传播的范围明显比真实信息更广，而且虚假信息会被更多的独立用户所转发。

在智能技术的推动下，社交机器人成为制造虚假新闻的重要推手。这些机器人会不断地关注一些有影响力的人，给这些人推送虚假新闻，让有影响力的人类来转发这些虚假新闻，这使得虚假新闻的作用就会被放大而且还会变得更加真实。吊诡的是，有影响力的人类和有算法的社交机器人在虚假新闻传播过程中共同扮演了某种共生的角色：通过诱导人类，社交机器人实现了虚假新闻的分享，而人类又通过"炒作机器"把虚假新闻更大范围地传播开来。在一定意义上说，社交媒体成为带动社会舆论的重要力量，社交媒体机器人成为带动社交媒体舆论的重要力量。

社交媒体是专为人类的大脑设计的，它会与人类大脑中控制归属感和社会认同的部分相互作用，会奖励多巴胺系统，鼓励人们通过相互之间的在线联系、参与和分享来获得更多这种形式的奖励。当人们在网上打分的时候，从众本能会很自然地与对于正面社会影响的敏感性结合在一起，并且对这一切还会有更高的评价。实验已经表明，人们往往会在文化选择上表现出从众的行为。

显然，社交媒体技术越来越聪明地洞察了人性，利用人们的信任，收集并开发海量的私人数据，基于这些数据改进技术，再使用技术来攻击人类心理上的薄弱环节，引导人类的意识与行为，但却不会保护用户免受伤害。作为这个社会的一分子，需要理性地看待社交媒体的发达，看待媒介技术带来的两面性影响。推动社交媒体有序发展，要利用好四根杠杆来治理，即用来管理社交平台的代码、由社交网络的商业模式所创造的激励机制、在使用这些系统的时候建立起来的规范以及为了监管市场失灵而制定的法律。

在社交媒体时代，社会治理面临全新的挑战，更需要洞察舆论的形成规律，引导舆论的价值导向而不是被舆论的喧嚣所牵引。明白网络舆情不能与社会民意画等号，尤其是警惕"炒作机器"变成"攻击武器"。在数字世界中，要加强"传播理性"教育。只有保持公众舆论的理性,才能保持社会治理的有序。否则,宇宙会更虚拟,心灵会更浮躁,世界也会更分化。

从现代信息技术发展的历程来看,新技术、新应用在诞生之初都始于为人类开拓新天地的良好愿望,在起初这些技术都被视为可以解决社会矛盾的良药,但在其发展过程中,特别是到其成为人类的依赖对象后,都无可避免地会带来新的社会问题。如何实现"起于创新,止于至善",成为科技时代的最大难题。

第四节　数字时代的"新新闻伦理"

以社交媒体、网络传播为标志的新媒体的繁荣带来新闻传播活动的大发展,不论是职业记者还是"公民记者",不论是职业新闻传播还是非职业新闻传播,活跃度都大幅度提升。从工具理性的角度看,这种活跃度体现了技术进步的作用,从价值理性的角度看,这种活跃度存在行为失范的隐忧。这种媒体大变革的趋势与转型期中国的多元价值观叠加,将传统媒体及其奉行的新闻伦理逼上了"绝路"。

媒体格局的深刻变革呼唤着一种全新的新闻伦理出现。如何把握新形势下新闻伦理的内涵,推动新闻伦理水平全方位提升,已成为当代新闻界必须面对的紧迫的历史任务。

什么是传统新闻伦理?它在时下的新媒体传播环境中面临着怎样的挑战?对此,可以从新闻行业、新闻媒体和新闻工作者三个角度进行研究分析。

从新闻行业角度分析,传统媒体的新闻生产方式是传统新闻伦理赖以生存的根基,其主要流程是专业记者通过采访和核实后进行报道,但这种生产方式正在新媒体普及的冲击下岌岌可危。公民记者的出现和新媒体的同步传播,使得传统新闻生产方式的时效性、专业性受到颠覆性冲击。在一些重大突发事件中,前往现场的记者越来越少——"埋头手机做新闻"已经越来越成为一种常态。有新闻媒体干脆直接采用其他网络平台上用户发布的信息,将其作为信息源,产生的报道也很难有真实性和客观性可言。尤其是微信、微博等自媒体出现之后,新闻的生产与发布趋于扁平化和碎片化,导致新闻报道的真实性、客观性、全面性等行业伦理受到了挑战。

从新闻媒体角度分析,新闻伦理更多地体现在对新闻价值的判断和报道立场的选择中。新闻职业价值、新闻自身价值、新闻商业价值和新闻社会价值，都会与新闻伦理存在冲突，进而引发新闻伦理失范。[1] 然而在新媒体传播环境中，这种多元价值体系的缠斗呈现出一种全新的态势，传统媒体与新媒体之间的职业观、价值观和方法论上的矛盾愈发凸显。更加突出的问题是，新媒介技术平台的发展令传统新闻伦理无所适用。这些平台机构自称"只是科技公司"，拒绝对传播的内容进行负责。这些平台的崛起，伴随着它们在舆论场话语权中越来越大的权重，也会对新闻伦理产生威胁。这已经不再是新闻伦理遭到漠视或者不被执行那么简单了，而是根本找不到新闻伦理的执行主体——真正传播新闻的主体早就披上了市场和技术的外衣，"有权而无责"。

从新闻工作者角度分析，记者的行为规范是新闻伦理的具体表现，在国内，新闻伦理的主要践行者是媒体的从业人员，也就是我们常说的"新闻从业者"。因为他们拥有编制，或受所在媒体管辖，一旦发生伦理失范，例如失实报道，媒体或政府马上可以追究相关媒体从业者的责任。但对于"公民记者"或自媒体来说，却没有一套行之有效的方法可以规范或约束。新闻伦理或许被视为区分记者和非记者的边界标记，但这个边界正在随着互联网的普及而变得越来越模糊。当"公民记者"或自媒体所具有的朴素伦理标准进入新闻生产与传播流程时，传统的新闻伦理观念面临解体的窘境。

从全球范围看，2016年是新媒体力量彰显、新闻传播格局与舆论生态发生重大变革的一年。牛津词典把"后真相"（post-truth）作为2016年的年度词汇提出，其内涵是诉诸情感与信念的信息正在超越事实影响公众认知。在新媒体传播的环境中，传统新闻伦理岌岌可危，其不仅仅关乎新闻行为失范与否，更源于伦理建构根基动摇与否。讨论传统新闻伦理将被解构、下一步如何重建的问题日益突出。

在传统媒体建构的新闻伦理即将"过时"的时候，适应新媒体传播环境的"新新闻伦理"在新闻传播实践中逐步显现。这种"新新闻伦理"并不是另起炉灶，而是对传统新闻伦理的批判性继承；不仅对新闻从业者形成约束，更适用于所有公民记者。

"新新闻伦理"更像是一种基于高级媒介素养所形成的"共识"或"常识"，呼唤一种新闻传播活动所"应然"的理想状态。由于"公民记者"是一个模糊的群体，很难进行具体的规制和要求，故而"新新闻伦理"将不再告诉他们"该

---

[1] 马艺、张培：《多重价值的融合与冲突——新闻伦理道德失范原因的深层阐释》，《新闻与传播研究》2009年第2期。

怎么做",而更多的是通过"确定下限"来告诉他们"不该做什么"。

基于上述考虑,"新新闻伦理"从个人、社会和国家三个层面构建"六个尊重"的基本要求:

一是尊重客观事实。"新新闻伦理"要求在新媒体传播中"不传谣"。新媒体中的新闻传播追求"无事不变、无报不快",一个新闻事件出来,往往是以最快速度报道、转发、传播,而且越是反常的内容传播得越快,成为一种"病毒式传播",甚至加上情绪化的评论,带来新媒体中的谣言满天飞。这种"快传播"行为忽视了最根本的"事实第一性、新闻第二性"的新闻本源理念,忽视了任何新闻传播都需要建构在事实的基础上,也忽视了真正的新闻传播影响力是源于真实性。在新媒体中传播新闻,每个网民都是"总编辑"和"把关人",每一次新闻传播行为,不论是首发还是转发,都是对传播者自我信誉的展示,要对新闻源和事实进行判断。在基于理性判断的前提下进行传播,才能真正让自己成为有公信力的"新媒体人"。

二是尊重知识产权。"新新闻伦理"要求在新媒体传播中"不抹名"。新媒体中的新闻传播大多内容非原创,或来自于传统媒体记者采写,或来自于UGC,这种现象缘于新闻采写专业性和信息源有限性的门槛,也缘于许多个人或机构传播者都热衷于做平台。当前新媒体新闻传播的一个突出现象是渠道过剩,内容不足。新闻内容作为新媒体传播中的核心资源,凝结了原创者的劳动在其中,是应该予以充分尊重的。这种尊重体现在新闻作品的署名权上,即凡转发新闻内容一定要注明作者及其代表机构名称;也体现在新闻作品的收益权上,即如果点击率带来传播平台的收益,应该与内容提供者进行分享。

三是尊重个人隐私。"新新闻伦理"要求在新媒体传播中"不传私"。在传统媒体新闻报道中,涉及不愿透露本人身份的新闻当事人,会一律进行掩饰处理;而在新媒体的新闻传播中,由于传播者获取视频信息更加便捷,传播后的追惩性不强,随手拍的内容发出来往往涉嫌侵犯个人隐私。要维护良好的新媒体新闻传播秩序,对个人隐私的尊重应该成为道德底线和行为共识,"己所不欲,勿施于人",这是尊重他人,也是保护自己,更是为了构建良好的新媒体新闻传播秩序。在进行新闻生产与传播的过程中,要处理好公民隐私权和知情权的关系,将个人隐私放在优先位置,不可为一时轰动而损害他人的合法权利。

四是尊重社会公益。"新新闻伦理"要求在新媒体传播中"不害群"。新闻既是公共品,也是商品。前者体现在新闻的社会服务功能上,后者体现在新闻的市场信息价值上。在传统媒体中,新闻的公共品属性很强,新闻媒体的商业价值是通过媒体影响力来体现的。而在新媒体的新闻传播中,新闻的商品属性被放大，一旦忽视了新闻的公共品属性，只强调经济效益，就会出现低俗新闻和"有偿新闻""有偿不闻"，导致新闻传播的社会效益受损。从新闻传播的社会职能上看，新媒体一样要坚守社会效益优先的原则，将经济效益与社会效益有机结合在一起。这既是新闻业的基本原则，也是建设更具公信力新媒体的要求。

五是尊重司法独立。"新新闻伦理"要求在新媒体传播中"不越位"。新媒体中的新闻传播彰显了个体的声音，形成扁平化的传播体系，这种声音和传播体系在对许多涉及司法的社会事件进行评述时，会形成强大的舆论力量，造成"未审先判""舆论审判"。在司法机关尚未给当事人确定相关事实和量刑时，新媒体中的新闻讨论已经给予定性和定案，这会给整个社会的司法公正带来负面影响。新媒体中的新闻传播者在涉及司法内容时，可以充分关注，但要避免成为道德法官，应坚持"讲事实、慎定论"的原则，这是对司法体系的尊重和维护，也是理性传播与成熟传播的重要标志。

六是尊重国家利益。"新新闻伦理"要求在新媒体传播中做到"不害国"。当今世界的新媒体舞台上，支持一个国家的正面声音在传播，诋毁一个国家的负面声音也不时出现。这种负面声音中，不乏恶意的丑化一个国家形象的谣言。对此类声音，新媒体中的传播者要有清醒的辨别力和牢固的思想定力，坚决不传播损害本国利益的内容。国家利益不是抽象的，在新媒体的新闻传播中，具体表现在鲜明的国家立场上，表现在自觉维护国家尊严的行动上。

"六个尊重"继承了传统媒体时代新闻伦理的核心价值，同时结合了新媒体时代"全民新闻"的特点，成为数字时代中国特色新闻学的重要内容。在全民新闻时代，行业硬性约束发挥的作用有限，更有效的是基于道德自觉的"软性约束"，要让"新新闻伦理"的核心内涵内化为一种价值观，渗透到所有"公民记者"的行为中去。

诚然，要形成这种"新新闻伦理"需要依靠长期的媒介素养训练和社会环境熏陶。从伦理文化、伦理约束、伦理能力上入手，对"新新闻伦理"的构建全面加强。

其一，加强新闻伦理理论研究，形成伦理文化。要形成新媒体传播环境中的"新新闻伦理"，首要的任务是从理论上予以清晰阐释。当前对新媒体的研究，更重视从技术、产业的视角入手，以阐释其传播规律与重大影响为重点，让社会适应新媒体时代的变化进行自我调整，但对新媒体的社会与文化视角、新媒体传播行为的规范、新媒体传播效果的评价还关注不够。

加强新闻伦理研究。高校以及各类研究机构深入研究新媒体新闻传播规律，提出完整、系统的伦理理论体系。基于传统媒体新闻传播的新闻伦理已经遇到了严峻挑战，主流的媒体形态日渐衰落，个性化的社交信息流在茁壮成长，对于这种新的传播格局及其影响，政府要密切关注，设置相关课题，引导相关研究。

酝酿伦理文化。"新新闻伦理"主体不仅是新闻从业者，更是数量急剧膨胀的"公民记者"。以网络空间社区为依托，以新媒体传播行为为对象，以"公民记者"为主体，形成明确的伦理主体和伦理意识。"公民记者"是传统新闻伦理的"掘墓人"，他们的出现一方面加剧了传统新闻伦理的解体，另一方面也将促使"新新闻伦理"的产生。网络空间的意见领袖的建设尤为重要。意见领袖凭借其专业知识、思想高度和跨越群体的优势，对追随者产生显著的影响。以意见领袖为先行者，驱动"新新闻伦理"文化逐渐形成，不断影响处于这种文化内部和边缘的行为，形成良性循环，"新新闻伦理"就得以普及开来。

其二，加强新闻伦理组织建设，形成伦理约束。"新新闻伦理"的核心不再是自上而下的规制，而是由下而上的自律，这就需要相应的行业共同体组织建设和行为共识建设来保证这一自我约束的实现。

建立行业共同体组织。这类社会组织需要综合考虑当下的媒介格局，延展其覆盖的群体范围，同时使其具备代表性和影响力。目前的新闻伦理组织面对的主要是职业新闻人群体，还需要对非职业新闻人群体建立相应的组织，形成基于网络空间的行为共同体。这类组织的覆盖面要大，真正覆盖到新媒体的各个群体，也要在新媒体业内真正有代表性、广泛性和影响力，能够调动政界、学界、业界与社会公众共同参与的积极性。

建立舆论约束体系。一个完整的新闻伦理体系的建构，离不开一个良好的约束体系。政府要鼓励和引导学界、业界、社会公众等各类多元化社会主体，对新闻传播进行积极的、主动的舆论评议，营造一个良好的舆论氛围，进而对网络空间信息的发布者和传播者形成软性的社会监督和责任管理。这虽然无法做到对个体的硬性责任追究，但可以营造出一个良好的具有道德约束力的舆论场域，很大程度上可以抑制伦理失范。

其三，加强新闻伦理素养培养，形成伦理能力。网络空间的伦理行为引导，不仅需要外部引导与约束，更需要能力建设，让更多的网络传播者明白行为边界，提升"新新闻伦理"能力。

加强新闻伦理教育。从中小学到高校，形成完整的媒介教育链条。儿童和青少年是接受新技术影响最深刻的人群，处于最容易接受新闻伦理观的年龄阶段。在中小学义务教育阶段，建立媒介教育的相应课程理论体系十分重要。在高校的新闻人才培养中，要重视新闻伦理课程的设置，注重新闻人才伦理能力的培养。值得关注的是，在新媒体环境中，新闻伦理水平往往与现实世界中的学历水平、知识水准、社会地位等没有很强的正相关性，因此，在全媒体时代，加强新新闻伦理教育必须是全民性的。

建设新媒体中的新闻伦理讨论平台。充分发挥新媒体的传播效力，发动各方面网络意见领袖和学界、业界代表人物共同发声讨论网络空间的新闻伦理问题，积极建设微博、微信与客户端中的新闻伦理传播平台，培养浓厚的"网络空间行为共同体"意识，就会在新媒体中形成强大而持续的自我引导力量，提升网络空间公民记者的伦理能力。

第五节　网络空间新生态

进入网络时代，生态的内涵不断拓展。除了基于自然界的自然生态、基于现实社会的社会生态以及基于政治活动的政治生态，现在又有了基于网络空间的网络生态。在健康网络生态系统中，所有参与者共同建设、共同享有，形成唇齿相依的命运共同体。网络空间命运共同体这一重要理念的提出，强调网络空间天朗气清、生态良好符合人民利益。应准确把握网络空间命运共同体建设的着眼点与着力点，推动形成风清气正的网络空间新生态。

一、网络空间的存在实质

网民覆盖的高普及率、网民数量的高增长率以及网民对网络的高依赖度，展现了一幅网络空间的"三高"鲜活图景。手机几乎成为人体的"新器官"，无线网几乎成为社会的"新空气"。马克思在19世纪中叶曾把报纸比作"社会舆论的纸币"，进入21世纪，网络则成为"社会舆论的信用卡"。这一新空间的形成体现了人类社会性存在的本质特征，也体现了资本在推动技术变革与应用中的强大力量。

作为信息平台的网络空间。互联网的兴起源于异地信息传输、海量信息传输，从军事领域到学术领域到商业领域再到全社会，其信息平台功能日趋扩大与稳定，成为当代公众获取新闻和各类信息的主渠道。从信息平台的存在实质分析网络空间的影响力，任何传统新闻媒体不进入网络空间，就无法获得大的传播力，而更具颠覆性的是任何搜索类、聚合类、社交类网络公司都具有媒体属性，尽管多数网络公司宣称自己只是科技公司；任何网络用户都具有记者属性，尽管公众认为自己的信息传播只是个人行为。从根本上看，由于互联网的出现，集中式的信息传播行为已让位于分散式的信息传播行为。

作为社交平台的网络空间。英国学者汤姆·斯丹迪奇在《从莎草纸到互联网——社交媒体2000年》一书中，回顾了人类历史上出现的手写媒体、印刷媒体、电子媒体等各种媒体，认为这些媒体都具有社交属性，互联网的出现只是让媒体的社交功能进一步凸显。书中提到："流行几世纪之久，基于分享、抄送和个人推荐的社交形式的媒体如今借互联网的东风强势回归。"[1] 从网络用户在微博、微信中的活跃程度看，特别是从大众对微信朋友圈的依赖程度看，网络空间的社交平台属性非常清晰，其社交黏性也是强大的。

作为商业平台的网络空间。互联网的商业应用是网络空间能够持续发展的关键原因。从网络购物、网上外卖到网络理财、网上支付，中国的大型互联网公司发展迅猛，逐渐成长为具有全球影响力的公司。网上外卖用户规模、购买互联网理财产品的网民规模数以亿计，且保持了高速增长。网络空间的盈利性促使大量资本进入这一领域，商业力量无疑成为建设网络空间的主力军。

作为娱乐平台的网络空间。网络信息呈现的多媒体形态、网络使用的个性化和交互性传播，使得网络空间成为良好的娱乐载体。从网络音乐、网络文学、网络游戏到网络直播、网络短视频，网络空间的各种娱乐应用层出不穷，而且会迅速成为"爆款"并产生大规模用户群体。网络视频用户、网络音乐用户、网络游戏用户、网络文学用户规模巨大，电视综艺节目、电视剧等逐步被网络综艺、网剧等替代。而短视频内容也向个性化、优质化内容发展，其线下的带动力、转化力日趋显现。

认清网络空间的存在实质，对网络传播行为的引导与约束就有了基本依据，既不能盲目作为，也不能无所作为。事实上，作为虚拟世界的网络传播有其特殊性，在网络空间的舆论治理中，关键是树立有针对性的、适应网络传播规律的新观念。

二、推动形成多样化的网络空间生态

生物多样性是自然生态良好的一个基本特征。在一个良好的自然生态系统中，不能只有一棵大树，而要有一片森林，还要有花草与动物。同样，在健康

---

[1] 汤姆·斯丹迪奇：《从莎草纸到互联网——社交媒体2000年》，林华译，中信出版社，2015，第349页。

的网络空间生态中,也不能只有少数参与者存在或主导,而要实现多主体参与、平等参与、自律参与。

多主体参与意味着网络空间是包容性空间。任何国家、企业、组织、个人,不论其物质条件、社会身份如何,都有使用互联网的权利。这就要求我们在建设互联网的过程中考虑多数人的网络权利,创造条件让更多的人接入互联网,防止现实社会的财富差异带来网络空间的"数字鸿沟"。在互联网普及进程中,发达国家有责任帮助落后国家,富裕群体有责任帮助贫困群体。只有当更多的人群参与到网络空间中来,不断提升网络空间参与的多样性,才能形成良好的网络空间新生态。

平等参与是网络空间运行规律的体现。以虚拟身份进行的互联网交往,平等性是突出特征。尽管在现实社会每个参与主体的社会属性差异很大,但在网络空间,大家以一个 ID 或昵称来交往,希望的是平等交流。在这一空间,有差等的交流会遭到网民抑制。良好的网络空间新生态,需要的是平等坦诚的交流,在这个基础上凝聚共识。

自律参与是网络空间健康发展的基本要求。如同现实社会的参与者都有道德规范一样,虚拟的网络空间也有自己的伦理规范,特别是对于网络新闻传播要有明确的"新新闻伦理"。网络空间的参与者要多样化,但每个参与主体也要明确自身的行为边界。这是网络空间的行为伦理,也是网民群体自我约束的规范和标准。有了这种伦理规范,网络空间才能有序发展。因此,我们不但要从推动产业发展出发建设各种新媒体联盟,而且要从网络伦理建设出发成立相应的组织。这类组织的覆盖面要大,真正覆盖网络传播中的各个群体;要在业内有代表性、广泛性和影响力,能够调动业界、学界与公众参与的积极性。

三、推动形成共享的网络空间生态

共同受益也是自然生态良好的一种基本体现。在一个良好的自然生态系统中,不能只有少数动物或植物受益,而是要普遍受惠。同样,在良好的网络空间生态中,也不能只是少数国家、少数企业、少数人受益,而是要实现普遍受益、共同受益。"普惠"的共享生态不能依靠少数人、少数国家自发形成,而需要通过全球共同治理才能建立。为此,中国提出国际社会应在相互尊重、相互信任的基础上加强对话合作,推动互联网全球治理体系变革。

加强治理是网络空间发展到现阶段的突出需求。近些年来,网络空间的安全问题、侵犯他人利益问题日益凸显。不进行有效治理,就无法保障网络空间的参与者普遍受益。黑客攻击导致网络瘫痪、个人隐私在网络上大肆传播等问题愈演愈烈，已经让许多网络空间参与者成为受害者。

推动形成共享的网络空间生态，要加强系统治理、依法治理、全球治理。从20世纪90年代初美国提出"信息高速公路"计划、中国接入互联网开始，全球范围的互联网规模化应用已经有数十年的历程，这为网络空间的有效治理奠定了坚实基础。当前需要从整体上把握网络空间发展问题，从战略架构、规则制定、前瞻防范等方面入手，进行系统治理。中国提出的构建网络空间命运共同体设想及主张，从网络基础设施建设、网上文化交流、网络经济创新发展、网络安全保障、网络空间治理等方面提出了系统解决方案，为全球网络治理提供了中国智慧。

网络空间不同于现实社会，有其特殊发展规律。比如，网络具有去中心化、去中介化的交流与运行特征，因此网络空间治理不能照搬现实社会中的规则和手段，而要遵循网络空间自身发展的基本规律，形成新的治理体系。从网络舆论的引导来看，不能用简单的压服和灌输，而要在对话与事实的基础上把握时、度、效。当前，一些主流媒体在传统媒体与新媒体融合上投入很大气力，将传统媒体公信力与网络空间的表达方式、传播规律结合起来，影响力与日俱增。这种运行方式对于网络空间去除虚假新闻、形成共享生态很有价值。

互联网的发展是全球性发展，让世界变成了地球村，让互联网的问题成为全球性问题。今天的网络空间几乎覆盖全球所有国家和人口，更重要的是网络空间无清晰国界，网络信息传递是超国界的。网络空间存在的恐怖主义、极端主义等成为全球共同面对的问题，必须共同处理。因此，对网络空间进行治理，必须在全球范围协同推进。

四、推动形成持续发展的网络空间生态

持续发展是自然生态得以有效维系的基本要求。一个良好的自然生态系统不是固化的，而是不断发展变化的。同样，良好的网络空间生态也要通过技术创新与商业应用、社会应用紧密结合的融合创新，推动自身持续发展。

网络空间发展的关键驱动力是技术创新、技术突破。但要看到，比这种驱动力更重要的是其前端需要。比如，最早的互联网就源于美国国防系统研究者把课题组的电脑联系起来进行交流的需要。现在，社交媒体的迅猛发展也源于人们开展自由、便捷的社交活动的需要。因此，推动形成持续发展的网络空间新生态，不能搞唯技术论，而要坚持融合创新的原则，即基于经济发展、社会进步的需要进行技术创新，推动网络空间发展。

互联网是以人为中心的技术，从人信互联到人人互联再到人物互联，整个世界日益紧密地联系在一起。物联网能把一切物质都连接在一起。更重要的是，今后的信息接收终端将不仅包括电脑、手机，而且包括墙面、镜面、桌面等日常生活中的平面乃至曲面。那时的产业升级、经济结构调整都将离不开互联网，这也正是"互联网+"在我国乃至全球兴盛的重要原因。可以预见，经济发展对互联网的需求会越来越普遍、强烈，由此带来网络空间的发展速度也会越来越快。

与经济需求相比，社会需求后来居上，对网络空间持续发展的作用越来越大。现在，社会运行越来越复杂，如何保证公共安全、防控社会风险就成为突出问题。在这方面，互联网无疑可以发挥不可替代的重大作用。事实上，互联网已经成为社会治理的有效工具。在社区运行、养老服务、公共教育、文化交流等方面，人们对互联网的依赖会越来越大。

推动形成持续发展的网络空间生态，要求网络空间保持开放性，与经济社会发展紧密互动，对各种经济社会需求实时响应，力争使网络生态与自然生态、社会生态形成"三位一体"的良好格局，形成健康、积极的发展机制，让网络空间成为人类发展进步的新平台、新载体。

五、网络空间治理的新观念

应对网络时代的新挑战，应从规律层面把握网络空间的存在实质，从观念层面探索网络空间舆论治理的崭新思路，推动互联网成为中国进步发展的最大增量。

一是网络舆论治理的真实观。判断网络空间的舆论质量，首要标准是信息的真实性。在网络空间特别是社交媒体成为传播新闻的主要渠道后，最突出的问题是信息越来越多，真相越来越难以获得。

在新闻理论与实践中，真实是新闻的生命，对于网络舆论治理，这一原则依然是核心规律。没有真实性的网络空间，虚假信息泛滥，误导公众认识与行为，一方面会对现实社会造成危害，让社会心理变得焦虑与浮躁；另一方面也会对网络空间造成危害，让网络信息的吸引力、公信力越来越弱，使得网络空间无法承载信息平台的功能。

确保在网络空间中传播真实信息，要处理好两对关系：一是观点与事实的关系，前者是主观的认识、情绪，后者是客观的存在，在传播中要将两者进行区分，特别是不能将想象作为事实来传播，避免网络空间中出现"情绪比真相跑得更快"的问题；二是局部真实与整体真实的关系，前者是微观真实、现象真实，后者是整体真实、本质真实，在传播中既不能以偏概全、以点带面，也不能以本质真实的名义进行"客里空"式的报道。

进入全媒体时代，中央新闻媒体等传统党媒、主流媒体积极推动媒体融合发展，坚持移动优先策略，发展各种聚合式、互动式、体验式新闻信息服务，如《人民日报》上线的"人民号"平台已吸引大量党政机关、高校、优质自媒体入驻，极大提升了网络舆论真实性水平，也引领了网络舆论真实观的形成。

二是网络舆论治理的责任观。网络空间的结构是扁平化的，网络传播的主体是全民性的。这些特点决定了网络舆论治理要坚持"我为人人、人人为我"的原则，培养网络使用行为中的责任意识。在网络传播中，匿名不应成为滥用自由的保护，有序则应成为自我约束的共识。事实上，自由而负责的网络传播行为，符合所有网络空间参与者的切身利益。

近代中国新闻业兴起以来，新闻界就将自己视作推动社会进步的重要力量，要求获得最大限度的自由表达权，但这种自由表达权的滥用，又使得社会不得不对新闻界的行为进行约束。这种约束既包括以法律形式体现的制约，又包括新闻界自身进行反思而提出的行业自律或新闻伦理要求。事实上，即便在西方资本主义社会，新闻界的专业性也不是以无条件、无边界的自由言论作为依托。20世纪40年代美国新闻自由委员会所做的《一个自由而负责的新闻界》报告中，明确提出了"表达自由作为精神权利不是无条件的"的论断，建立"可问责的新闻界与负责任的共同体"的目标。[1] 值得注意的是，在当代西方网络舆论中，传播虚假与仇恨的信息已经让社会发展付出了巨大成本，引起了学界、业界的反思。

在网络空间中培养责任意识体现在三个方面：一是基于事实进行传播，对于未经核实的信息不进行传播；二是基于伦理进行传播，对于违背社会公德、侵犯个人隐私等的信息不进行传播；三是基于法治进行传播，对于违反宪法和各项法律的信息不进行传播。需要说明的是，对于作为商业平台的网络空间来说，要求网络传播行为体现社会责任，也是保障网络商业行为规范健康的坚实支撑。

三是网络舆论治理的生态观。网络传播中的海量参与主体使得网络空间的舆论呈现天然的多样性，构成了不同于传统媒体舆论生态的网络舆论生态。建设好这一特殊舆论生态，需要遵循舆论形成发展的基本规律。

在网络空间中建设良好的舆论生态，要把握好三个原则：一是多样性原则，坚持正确方向的同时，允许在网络空间中存在多种声音，具有"无害的多样性"

---

[1] 胡钰：《新闻理论经典著作选读》，清华大学出版社，2016，第231-243页。

的生态是充满生机的；二是平等性原则，对于网络空间中出现的不同声音乃至错误意见，以平等的姿态进行交流沟通，以实名身份进行认真对话，切忌生硬地"打板子""抓辫子"；三是积极性原则，坚持以积极的姿态参与网络舆论生态建设，避免在网络空间"不屑说""不会说"的问题，避免在纷繁舆论中的"不作为""乱作为"。

建设好网络空间的舆论生态，就会逐渐形成自我净化、发展机制，理性、积极的声音就会成为主导力量。事实上，从作为社交平台的网络空间看，这种自我净化、发展机制已经表现得越来越普遍，在朋友圈中传播消极、虚假信息的人逐渐会被大家屏蔽，这种状态是网络舆论治理的良性状态。

四是网络舆论治理的青年观。青年人对互联网有着天然的接近性，自称为网络空间的"原住民"，把其他中老年人称为网络空间的"移民"，尽管有夸大成分，但在一定程度上反映了网络空间的青年属性。这从作为娱乐平台的网络空间看更加突出，不论是各种直播平台还是短视频平台，之所以能够流行，都是以青年人的使用、推崇为主要动力。

网络空间的活跃主体是青年人，网络舆论的建设主体也理应是青年人。网络语言、网络传播习惯不是由外而内、由上而下形成的，而是网络用户自发地、自下而上地形成的，要掌握这些语言与习惯，需要长时间亲近网络、使用网络，培养母语般的网络意识与行为。

在网络舆论治理中发挥青年的作用，具体表现在：一方面，培养青年意识，在网络空间建设中主动与青年人沟通，掌握青年人的习性与需求，特别是掌握以轻松心态、娱乐姿态进行真诚沟通交流的能力；另一方面，信任青年的力量，充分发挥青年人在网络舆论治理中的生力军作用，放手让青年人负责，创造条件和提供资源帮助青年人实现自己的网络蓝图。时下许多新闻类微信公号，既具有正确的导向，又具有强大的传播力，经常获得10万+的点击量，而这些公号的负责人基本都是"90后"乃至"95后"，撰写文章的也同样是青年人。对于网络舆论治理来说，既要在具体网络舆论内容上着力，更要在培养、使用能够治理网络舆论的青年人上用力，后者会产生更具基础性、持续性的作用。

作为全新的舆论场，网络空间的舆论治理是一个崭新的挑战，需要不断创新观念。这些新观念是基于网络空间的存在实质和网络传播的基本规律提出的，对于网络舆论治理来说，也是带有根本性的观念变革。从实践中看，技术应用与法治思维在网络舆论治理中的运用都取决于观念变革。新观念带来新行为，新行为带来新力量。如此，网络空间会越来越清朗，互联网也会越来越成为中国事业发展的最大增量。

第六节 人工智能新闻业

进入人工智能时代，电脑可否基本实现人脑的功能？人工智能可否完全超越人类智能？机器人可否全面胜任人类的工作岗位？这些问题始终在科技领域、社会领域存在两种声音。对于新闻业来说，当越来越多的机器人记者写作新闻稿件时，当越来越多的机器人编辑推送新闻链接时，一个受到关注的趋势是：随着技术进步，未来人工智能新闻业可否取代人类新闻业？或者更准确地说，在多大程度上可以取代人类新闻业？

一、人工智能新闻业的发展

新闻活动是人类收集信息、加工信息、发布信息以监测环境、塑造环境的专门行为，人工智能新闻业的出现得益于深度学习、神经网络、算法开发、自动化技术等的发展，新技术特别是数据技术介入新闻活动的比重越来越大。对新闻业来说，数据技术的发展与应用突出体现在三个方面：一是数据采集技术。在数字化和网络化条件下，通过大规模分布的传感器，人类的数字痕迹普遍存在并可方便获得，成为新闻内容的重要来源。二是数据挖掘技术。面对海量数据、音视频数据、复杂数据，通过开发各种算法，自动标记媒体内容，使对数据的快速分析和深度分析成为可能，成为新闻事实的形成工具。三是数据呈现技术。通过可视化呈现技术、写作算法技术以及基于虚拟现实、增强现实的沉浸体验技术，人工智能可以自动将数据转换为可读性、可视性的新闻叙事，成为新闻报道的生产方式。

知识、数据、算法与算力共同成为人工智能发展的基础要素，推动人类社会迅速进入人工智能时代，对包括新闻活动在内的人类活动产生的影响越来越大。进入人工智能时代，从新闻传播行为看，传播主体从专业化到大众化再到机器化，传播动机从事实呈现到社交体现再到价值实现。

从计算机辅助新闻到数字新闻再到机器人新闻，新技术在新闻业中的驱动性越来越强。自20世纪50年代起，随着计算机技术的发展，新闻业中开始使用计算机来获取和分析报道背景。随着数据挖掘技术的进步，记者从大量数据中挖掘隐藏的报道线索，进行趋势分析。有记者分析了《纽约时报》150年内的报道和相关数据，发现在贫困地区如果某年气候干旱而次年洪水泛滥，该地区就有较高概率暴发瘟疫，其写成的文章具有相当的预测性。

"机器人新闻"（robot journalism）则是更加自动化的新闻活动，在没有人类记者参与的条件下自动进行信息检索、分析并生成新闻报道。机器人新闻起初从新闻聚合类平台依托算法的新闻编辑活动兴起，2002年谷歌公司为其产品"谷歌新闻服务"（Google News Service）开发了机器人编辑器，这种算法可在数千个新闻网站上获取数据并进行分析，自动筛选出网站的头条新闻和主页上显示的相关新闻链接。之后，2010年有美国研究团队开始尝试机器新闻写作的商业化项目，通过数据分析和故事转换，可以把输入的体育赛事统计数据自动转化为可读性的新闻故事。随着研究的深入，研究者逐步致力于创建更深入、更细致的分析工具，采用更具表现力、更细腻的修辞乃至隐喻等手法来提高报道质量。

更有趣的是，2007年东京大学的研究团队创造了3D机器人记者，它能够像人类记者一样在人群中活动，其算法可以实现自主探索、记录新闻、生成文章的功能。该机器人可以在现实世界中获取信息，将信息传给"新闻分类器"，根据信息的稀缺性和相关性来计算"新闻分值"，如果分值足够高，就会由"文章生成器"自动生成报道。这种远程呈现机器人的出现让机器人新闻活动更加生动，更加具有取代人类新闻活动的能力。

机器人新闻活动早期应用在体育新闻领域，后进入金融新闻领域，并且迅速在各个领域的新闻报道中得到应用。美联社每个季度都会发布上千篇由机器人撰写的新闻稿件，《纽约时报》面对新闻业转型的态度明确而简单："雇佣更多的工程师。"机器人记者的出现为特殊领域的新闻报道提供了极大的支撑，最突出的报道类型就是战争新闻报道、恐怖事件新闻报道、极端环境新闻报道等。这种远程呈现机器人可以通过笔记本电脑或手机进行操作，采用四轮驱动，配置太阳能和GPS导航，也可以进行现场采访。与此同时，无人机新闻也逐渐登上舞台，无人机记者专业协会（Professional Society of Drone Journalists）也在2011年成立。

与人类记者编辑相比，人工智能新闻技术的自动化、高效率、数据处理水平、长时间工作能力与工作条件无限制等特点，使其具有无可比拟的优势。事实上，机器人代理、机器人编辑、机器人文章合成器等正在逐渐取代传统人类记者编辑的角色。由此看来，无怪乎当下的新闻机构越来越多地招聘数据工程师、新媒体运营者，无怪乎传统的文科主导型新闻教育培养的人才显得单薄而缺乏竞争力，无怪乎悲观主义者认为传统新闻人会被机器新闻人取代。

二、人工智能新闻业的不足

在大规模使用人工智能新闻技术的同时，机器人新闻活动的问题性、局限性逐渐显露，使得其无法满足人类对新闻活动的完整需求。特别是算法的偏见与不透明、社交机器人干扰政治议题影响决策与选举等现象，愈发受到诟病。人们愈发意识到，必须由专业新闻人担任监护人才能让机器人新闻活动更好地发挥作用。

机器人新闻活动的不足集中体现在四个方面。一是共情力不足。有感染力的新闻作品要能够反映人类的生动情感，而机器人显然缺乏体验复杂人类情感的能力。二是调查力不足。好的深度报道、调查性报道需要报道者深入复杂的社会现实，揭示、复原其背后的故事，而机器人显然缺乏自主融入社会与不同对象沟通挖掘信息的能力。三是创造力不足。人工智能在处理有序复杂问题上的理性能力超群，但在处理直觉、联想等非理性问题上的能力有限，后者是决定创造力的主要因素。换言之，机器人智商甚高，但无法超出设计者规定的阈值，因而无法期待机器人记者会写出从未见过的创意报道。四是思想力不足。新闻活动不仅是对社会现实的记录，还要承担对社会舆论的引导和社会现实的建构，后者主要通过报道角度选择、新闻评论等思想性内容来体现，但是机器人显然无法实现这种由价值观与知识、经验紧密互动来驱动的新闻写作。

机器人新闻活动的不足正是未来人类新闻活动的机遇与方向。面对人工智能新闻业的崛起，与之展开合作而不是竞争，才是人类新闻业的正确选择。事实上，密切把握人工智能新闻技术的进展，最大限度地使用机器人记者编辑完成重复性、机械性、危险性及各种可能的前期工作，可以最大限度地解放人类记者编辑，推动人类新闻业在新技术条件下获得前所未有的赋能与发展。

三、人类新闻活动的优势

为了与机器人记者竞争，人类记者必须学会"与众不同地思考与表达"。这个"众"，既包括人类同行，也包括机器人同行。这个"与众不同"，既是一种倒逼，也是一种赋能。

要写出更具思想性的新闻报道来引领发展。高明的机器人可以重复高级的棋法，但无法理解高级的哲学。这是由人工智能算法对人类自然语言理解能力的限制和人类现实生活的多变性、情感性而非机械性决定的。在对复杂问题非线性发展的把握与人类发展突发性挑战的预测上，人工智能无法与人类智能相比。人类记者的优势在于锤炼自己的思考，针对现实的对象与问题，写出具有引领力量的报道。

要写出更具人情味的新闻报道来温暖社会。人工智能研究者认为，尽可能用机器人取代人类进行决策的好处在于，算法可以避免"噪声"，可以高度理性，可以非常精确，但这恰恰忽视了人性的独特所在。事实上，有了"噪声"才会有惊喜幽默，有了感性才会有感同身受。更好地顺应人性、展现人性、共鸣人性，正是人类记者超越机器人记者的不二法门。

要写出更具创意性的新闻报道来吸引大众。在信息过载的当代社会，公众，特别是"Z世代"出生的公众，对新闻报道形式的要求越来越高，要求更少的文本、更多的视觉、更强的趣味性、更好的互动。针对这些新需求，人类记者可以集成包括虚拟现实、增强现实在内的新沉浸式技术，建设新互动平台，创造出狭义的人工智能无法创造出的新型新闻叙事，实现新技术与新应用的紧密融合。

以色列学者诺姆·拉塔尔认为："新闻是艺术和科学的结合。新闻工作的艺术性表现在发现创作新思路，寻找报道新视角，探索问题新方案，开辟娱乐新途径。新闻工作的科学性体现在使用分析工具，对基于记录和储存人类活动的数据所形成的信息和观点进行支持和验证。"[1] 事实上，在新闻工作中，科学性的工作可以由机器人新闻活动完成，而艺术性的工作就必须依靠人类新闻活动。

在这个科技驱动发展的时代，人类要明确科技应用的边界与规则。技术的先进性越强，人类对技术的依赖性就会越强。但是，缺乏人文精神，只问"有无科学依据"，不问"有无人文关怀"，人在科技的创造中就会被异化、边缘化、原子化。没有人文感的人工智能只是机器智能不是人类智能，甚至只能降低人类整体的智能水平。无论何时，不论对新闻业，还是对所有行业，人文管方向，科技管方法，都是必需的。

---

[1] 诺姆·莱梅尔史萃克·拉塔尔：《人工智能时代，新闻人会被取代吗？》，胡钰、王一帆译，清华大学出版社，2020，第11页。

第六章　中国特色新闻学教育

回望中国共产党的历史，马克思主义教育始终是党建的重中之重，也是党的力量之源。长征结束后，在面临国民党军队对陕北围剿的严峻形势下，处在刚刚经过"西安事变"的复杂局面中，1937年1月13日，中共中央进驻延安，21日即举行了中国人民抗日军事政治大学（抗大）的开学典礼，毛泽东出席并讲话，他说："抗大像一块磨刀石，把那些小资产阶级意识——感情冲动、粗暴浮躁、没有耐心等磨个精光，把自己变成一把雪亮的利刃，去打倒日本，去创造新社会。"[1]

如果说抗大是"磨刀石"，那么，马克思主义就是构成这块"磨刀石"的最坚硬的基础。事实上，为了打造这块"磨刀石"，毛泽东在1937年4月到8月亲自在抗大讲授马克思主义哲学，每星期二、四上午讲授，每次讲4个小时，下午参加学员讨论，共授课110多个小时，历时三个多月，并且撰写了《辩证法唯物论（讲授提纲）》，分三章十六节，共6万多字。后来发表的《实践论》和《矛盾论》就是这份讲稿的主要部分。想想这是在炮火纷飞的战争年代的马克思主义教育活动，想想这是中国共产党最高领导人亲自讲授马克思主义哲学，就能认识到马克思主义对于中国共产党的关键性意义，认识到马克思主义在中国革命、建设、改革中所发挥的指导性作用，认识到"中国共产党为什么能，中国特色社会主义为什么好，从根本上说，是因为马克思主义行"的深刻内涵。直至今日，面临新的时代挑战，马克思主义的世界观和方法论依然是中国共产党和中国人民认识世界、改造世界的强大思想武器。

在中国特色新闻学教育中，最基础、最关键的是如何开展马克思主义新闻观教育。2004年，中宣部、教育部要求新闻院校要让马克思主义新闻观进课堂。2005年秋季学期，清华大学新闻与传播学院在全国高校率先开设"马克思主义

---

[1] 中共中央文献研究室：《毛泽东年谱（1893-1949）》（上卷），中央文献出版社，2013，第644页。

新闻观""马克思主义新闻观研究"两门课程,作为本科生和研究生的必修课程。2007年1月,清华大学马克思主义新闻学与新闻教育改革研究中心成立,同年6月,教育部高教司专门撰写了《清华大学新闻与传播学院马克思主义新闻观教育经验报告》。笔者在清华大学长期开设面向本科生的"马克思主义新闻观"课程,在教学中也有了许多体会,深感必须把马克思主义新闻观的教育与中国新闻实践、全球传播格局联系在一起,以更开阔的视野和更务实的态度,有针对性地开展教育,才能取得实效。

第一节 学习马克思主义新闻观

马克思主义新闻观是马克思主义对新闻活动的总体认识。在当代中国高校开设马克思主义新闻观课程,是为了使学生们掌握更宏观的思想理论和科学的思维方法,以便更深刻地观察日益复杂的人类新闻现象,成为新闻实践的积极参与者与有效引领者,更好地理解中国特色新闻学的建设。

一、对马克思主义新闻观学习的总体把握

这门课不能作为单纯的政治课,而要作为理论课、方法课。换言之,不需要做表态型的学习,更不需要简单的支持或反对,这种二分法不适合马克思主义新闻观的学习,也是不符合马克思主义的。

作为理论课的马克思主义新闻观,更重视的是从马克思主义的立场、观点、基本原理出发,来分析各种新闻现象,形成对新闻活动的整体性、规律性与学理性认知。作为方法课的马克思主义新闻观,更重视的是辩证唯物主义与历史唯物主义的方法在新闻实践中的运用,重视新闻生产、传播与社会效果的质量及其提升,特别是重视形成新闻与社会的良好的有机的关系。

因此,对马克思主义新闻观的学习,要坚持理论感、历史感与问题感的研究型学习,具体来说,要阅读马克思主义经典作家的著作,分析资本主义与社会主义发展历程,梳理中国共产党新闻工作历史,观察当代新闻实践中的突出问题。

对马克思主义新闻观的学习,可从三个维度来把握:一是如何认识马克思,二是如何认识马克思主义,三是如何认识马克思主义新闻观。

二、对马克思的人的还原

对马克思,要进行人的还原。对中国学生来说,尽管马克思的名字极其熟悉,但也因此容易符号化、概念化甚至政治化。在这门课的学习中,还是要对马克思这个人的形象进行具体化的还原。

1883年3月17日,恩格斯在伦敦海格特公墓安葬马克思时有一个讲话,开篇第一段是这样的:

3月14日下午两点三刻,当代最伟大的思想家停止思想了。让他一个人留在房里还不到两分钟,当我们进去的时候,便发现他在安乐椅上安静地睡着了——但已经永远地睡着了。[1]

这段话很有场景感,百余年后读来,依然可以还原当时的场景。其中,恩格斯用了"最伟大的思想家"来指代马克思,这是极其贴切的评价。马克思的伟大,不仅在于他发现了唯物史观与剩余价值,更在于他以自己的理论改变了世界的面貌。恩格斯评价马克思既是科学家,又是革命家。

他毕生的真正使命,就是以这种或那种方式参加推翻资本主义社会及其所建立的国家设施的事业,参加现代无产阶级的解放事业,正是他第一次使现代无产阶级意识到自身的地位和需要,意识到自身解放的条件。斗争是他的生命要素。很少有人像他那样满腔热情、坚韧不拔和卓有成效地进行斗争。最早的《莱茵报》(1842年),巴黎的《前进报》(1844年),《德意志-布鲁塞尔报》(1847年),《新莱茵报》(1848—1849年),《纽约每日论坛报》(1852—1861年),以及许多富有战斗性的小册子。[2]

我一直认为,马克思是既有血性又有理性的人物,斗争是马克思的生命要素,研究是马克思的生命内容。对马克思主义新闻观这门课的学习来说,还有启发性的是,马克思的许多战斗正是通过新闻媒体进行的。

马克思的伟大之处,或许在他27岁写就的《关于费尔巴哈的提纲》的第十一条中就已经喻示:

哲学家们只是用不同的方式解释世界,问题在于改变世界。[3]

而马克思的伟大之处,或许在他17岁中学毕业时写就的《青年在选择职业时的考虑》的毕业论文中就已经展现:

---

[1]《马克思恩格斯选集》(第3卷),人民出版社,2012,第1002页。
[2]《马克思恩格斯选集》(第3卷),人民出版社,2012,第1003页。
[3]《马克思恩格斯选集》(第1卷),人民出版社,2012,第136页。

在选择职业时，我们应该遵循的主要指针是人类的幸福和我们自身的完美。不应认为，这两种利益会彼此敌对、互相冲突，一种利益必定消灭另一种利益；相反，人的本性是这样的：人只有为同时代人的完美、为他们的幸福而工作，自己才能达到完美。如果一个人只为自己劳动，他也许能够成为著名的学者、伟大的哲人、卓越的诗人，然而他永远不能成为完美的、真正伟大的人物。

…………

如果我们选择了最能为人类而工作的职业，那么，重担就不能把我们压倒，因为这是为大家作出的牺牲；那时我们所享受的就不是可怜的、有限的、自私的乐趣，我们的幸福将属于千百万人，我们的事业将悄然无声地存在下去，但是它会永远发挥作用，而面对我们的骨灰，高尚的人们将洒下热泪。[1]

值得一提的是，马克思一生收获了人类史上最伟大的友谊，与恩格斯在一起并肩战斗四十年。在马克思过世三个月后，《共产党宣言》（后面简称《宣言》）1883年德文版出版，恩格斯在序言中简要概述了《宣言》的基本思想，之后说："这个基本思想完全是属于马克思一个人的。"[2] 在1888年英文版的序言中，恩格斯再次表明："虽然《宣言》是我们两人共同的作品，但我认为自己有责任指出，构成《宣言》核心的基本思想是属于马克思的。"[3] 在1890年德文版序言中，恩格斯欣喜地讲述了无产者联合起来的力量，确立了八小时工作制，文章最后一句是："如果马克思今天还能同我站在一起亲眼看见这种情景，那该多好呵！"[4]

在研究马克思时，有三本传记值得阅读。1919年，德文版《马克思传》出版，作者梅林是德国社会民主党理论家、历史学家，与马克思次女劳拉有交往。梅林对这位伟大人物既有赞美也有批评，优点和缺点共同构成了真实形象，而在真实形象之上，才有了伟大形象。作为与马克思同时代的人，梅林对马克思的评价避免了后世的许多外界因素，对其人生的经历有着细腻记述，对其人生的伟大有着发自内心的肯定。

1939年，刚刚30岁的英国政治思想史学者以赛亚·柏林出版了《卡尔·马克思》。这是一本学术传记，对马克思的生平和思想进行了阐述。1940年的评论认为，"这本书最伟大的特点就在于它没有先入为主，并且采用的是完全客

---

[1]《马克思恩格斯全集》（第1卷），人民出版社，1995，第459-460页。
[2]《马克思恩格斯选集》（第1卷），人民出版社，2012，第380页。
[3]《马克思恩格斯选集》（第1卷），人民出版社，2012，第385页。
[4]《马克思恩格斯选集》（第1卷），人民出版社，2012，第393页。

观、毫无偏见的研究方法。总之，它使得马克思作为一个人和一个思想家，都变得明白易懂；而且不带有任何不适当的个人崇拜"。在全书最后，作者认为，马克思的理论"在至今仍在永久改变人们思考与行为方式的学术力量中，它依然是最强大的"。这本书直到1995年还出版了第5个修订版本。

1972年，英国政治学者戴维·麦克莱伦出版了《马克思传》，在第一版序言中，作者明确表达了写作的目的，"避免陷入要么偶像化、要么玷污的两个极端"。在作者看来，"不仅仅是在马克思主义国家，马克思的思想产生了影响。在世界其他地方，他已经改变了人们的思维方式。不论我们是否赞同马克思，他都已经塑造了我们对于社会的观念"。马克思的理论"已经成为20世纪以及未来精神框架的一部分"。这本书做了马克思年表和马克思家谱，非常实用，到2005年出版了第4版。

对马克思的评价，"伟大思想家"是当之无愧的，事实上，后世研究者们，无论赞成或反对，是无法绕开马克思的。

三、马克思的理论贡献及对其的认识误区

恩格斯认为，马克思最大的两个理论贡献是唯物史观与剩余价值理论。

正像达尔文发现有机界的发展规律一样，马克思发现了人类历史的发展规律，即历来为繁芜丛杂的意识形态所掩盖着的一个简单事实：人们首先必须吃、喝、住、穿，然后才能从事政治、科学、艺术、宗教等等；所以，直接的物质的生活资料的生产，从而一个民族或一个时代的一定的经济发展阶段，便构成基础，人们的国家设施、法的观点、艺术以至宗教观念，就是从这个基础上发展起来的，因而，也必须由这个基础来解释，而不是像过去那样做得相反。

不仅如此。马克思还发现了现代资本主义生产方式和它所产生的资产阶级社会的特殊的运动规律。由于剩余价值的发现，这里就豁然开朗了，而先前无论资产阶级经济学家或者社会主义批评家所做的一切研究都只是在黑暗中摸索。

一生中能有这样两个发现，该是很够了。即使只能作出一个这样的发现，也已经是幸福的了。但是马克思在他所研究的每一个领域，甚至在数学领域，都有独到的发现，这样的领域是很多的，而且其中任何一个领域他都不是浅尝辄止。[1]

我以为，还可以加上第三个重要的理论贡献——人的发展。马克思对人的

---

[1]《马克思恩格斯选集》（第3卷），人民出版社，2012，第1002-1003页。

解放与自由高度关注，从年轻时就对各种奴役现象充满愤怒，并通过自己的研究从哲学、经济、社会等角度揭示其症结。

马克思的哲学是批判性、实践性与人文性的，是理性尺度与价值尺度的统一。在他1845年写的《德意志意识形态》中，有一段很形象的文字，描述了理想的共产主义社会场景。

任何人都没有特殊的活动范围，而是都可以在任何部门内发展，社会调节着整个生产，因而使我有可能随自己的兴趣今天干这事，明天干那事，上午打猎，下午捕鱼，傍晚从事畜牧，晚饭后从事批判，这样就不会使我老是一个猎人、渔夫、牧人或批判者。[1]

当然最著名的是，在《共产党宣言》中，马克思恩格斯在谈到未来的共产主义社会时写道：

代替那存在着阶级和阶级对立的资产阶级旧社会的，将是这样一个联合体，在那里，每个人的自由发展是一切人的自由发展的条件。[2]

马克思的思想是博大的，因而也是容易造成误解的，不论是对其理论的简单化处理还是政治化执行，都会带来对其思想的扭曲，对马克思主义真理性的扭曲。事实上，这一百多年来，对马克思的思想的认识误区主要体现如下。

误区之一：历史发展的经济决定论。

这种观点认为马克思主义提出经济基础决定上层建筑与历史发展，并把这种决定关系简化为线性的、单向的、自发的。这种认识极大地扭曲了唯物史观，舍弃了辩证法。马克思、恩格斯到了晚年，对于这种观点和现象都非常警觉，也给予了明确的批驳。

1894年1月25日，恩格斯在给德国大学生博尔吉乌斯的信中，对此问题进行了清晰阐述：

我们把经济条件看做归根到底制约着历史发展的东西。而种族本身就是一种经济因素。不过这里有两点不应当忽视：

（a）政治、法、哲学、宗教、文学、艺术等等的发展是以经济发展为基础的。但是，它们又都互相作用并对经济基础发生作用。这并不是说，只有经济状况才是原因，才是积极的，其余一切都不过是消极的结果，而是说，这是在归根到底不断为自己开辟道路的经济必然性的基础上的相互作用。……并不像人们有时不加思考地想象的那样是经济状况自动发生作用，而是人们自己

---

[1]《马克思恩格斯选集》（第1卷），人民出版社，2012，第165页。
[2]《马克思恩格斯选集》（第1卷），人民出版社，2012，第422页。

创造自己的历史,但他们是在既定的、制约着他们的环境中,是在现有的现实关系的基础上进行创造的,在这些现实关系中,经济关系不管受到其他关系——政治的和意识形态的——多大影响,归根到底还是具有决定意义的,它构成一条贯穿始终的、唯一有助于理解的红线。

(b)人们自己创造自己的历史,但是到现在为止,他们并不是按照共同的意志,根据一个共同的计划,甚至不是在一个有明确界限的既定社会内来创造自己的历史。他们的意向是相互交错的,正因为如此,在所有这样的社会里,都是那种以偶然性为其补充和表现形式的必然性占统治地位。在这里通过各种偶然性来为自己开辟道路的必然性,归根到底仍然是经济的必然性。……如果说马克思发现了唯物史观,那么梯叶里、米涅、基佐以及1850年以前英国所有的历史编纂学家则表明,人们已经在这方面作过努力,而摩尔根对于同一观点的发现表明,发现这一观点的时机已经成熟了,这一观点必定被发现。

历史上所有其他的偶然现象和表面的偶然现象都是如此。我们所研究的领域越是远离经济,越是接近于纯粹抽象的意识形态,我们就越是发现它在自己的发展中表现为偶然现象,它的曲线就越是曲折。如果您画出曲线的中轴线,您就会发现,所考察的时期越长,所考察的范围越广,这个轴线就越是接近经济发展的轴线,就越是同后者平行而进。[1]

理解经济基础对历史发展的决定性,应该理解为归根到底的必然性。事实上,经济关系是理解历史发展的红线。人们基于自己的意志创造历史,但要基于现实条件来创造,而在现实条件中,经济条件是有决定意义的,这就体现了主动性和规定性的统一。意识形态发展具有偶然性、独立性,但在大时间尺度上,接近或平行于经济发展的曲线。

误区之二:共产主义消灭私有财产。

这种观点认为消灭私有制就是要消灭私有财产,不论在社会主义初期还是在当代思潮中,都有这种模糊认识。事实上,在《共产党宣言》中,对此问题有着清晰的表述:

共产主义的特征并不是要废除一般的所有制,而是要废除资产阶级的所有制。

但是,现代的资产阶级私有制是建立在阶级对立上面、建立在一些人对另一些人的剥削上面的产品生产和占有的最后而又最完备的表现。

从这个意义上说,共产党人可以把自己的理论概括为一句话:消灭私有

---

[1]《马克思恩格斯选集》(第4卷),人民出版社,2012,第649-650页。

制。[1]

共产主义并不剥夺任何人占有社会产品的权力，它只剥夺利用这种占有去奴役他人劳动的权力。

换言之，共产主义并不限制私有财产，而是限制因为拥有私有财产而去奴役他人。在资本主义社会里，劳动为了资本增值；在共产主义社会里，劳动为了人民生活。在资本主义社会里，资本有独立性和自由；在共产主义社会里，个人有独立性和自由。

误区之三：抽象人性论。

这种观点提出无差别的、抽象的人性作为人的本质，提出抽象的人道主义作为政治口号，以此反对唯物史观，反对阶级斗争。对此，马克思在他的《关于费尔巴哈的提纲》的第六到第八条中，已经表明了与费尔巴哈人本主义的决裂，批判了抽象人性论，突出了社会关系的现实性是理解人的本质的核心。

六

费尔巴哈把宗教的本质归结于人的本质。但是，人的本质不是单个人所固有的抽象物，在其现实性上，它是一切社会关系的总和。

七

因此，费尔巴哈没有看到，"宗教感情"本身是社会的产物，而他所分析的抽象的个人，实际上是属于一定的社会形式的。

八

社会生活在本质上是实践的。凡是把理论诱入神秘主义的神秘东西，都能在人的实践中以及对这种实践的理解中得到合理的解决。[2]

在研究中，只要具体就会深入；在理论中，只要全面就会深刻。马克思主义理论的一个突出特点就是其现实性，马克思关注人，关注人的解放，但对于人不是当作抽象的、无差别的概念来看待。事实上，在社会中，不存在抽象的人，只有现实的人。抽象的人只是概念的、孤立的、类的，而现实的人是关系的、社会的、实践的。思维的此岸是现实，思维的彼岸是宗教。从宗教来看，世俗世界的矛盾性越大，宗教世界的崇高性越强。因此，离开实践讨论人的解放和思维的真理性，都是经院哲学。

---

[1] 《马克思恩格斯选集》（第1卷），人民出版社，2012，第414页。

[2] 《马克思恩格斯选集》（第1卷），人民出版社，2012，第139-140页。

四、马克思主义新闻观中的焦点问题

在马克思主义新闻观学习中,有许多现实问题困扰着学习者,其中最突出的有以下一些问题。

问题之一:新闻的立场与客观性。

新闻体现了人类认识外部世界的活动,其实质是一种对象性的活动,体现了主体对客体的把握。唯心主义是从主体出发,主观的想象论;旧唯物主义是从客体出发,直观的反映论。科学的认识论是主体基于客体的事实选择与呈现,真实是生命,价值是灵魂。新闻的客观性是主体选择与客体事实的统一。

1857年3月,马克思在第二次鸦片战争爆发后不久,写了一篇评论《英人在华的残暴行动》,其中谈道:

英国报纸对于旅居中国的外国人在英国庇护下每天所干的破坏条约的可恶行为真是讳莫如深!非法的鸦片贸易年年靠摧残人命和败坏道德来填满英国国库的事情,我们一点也听不到。外国人经常贿赂下级官吏而使中国政府失去在商品进出口方面的合法收入的事情,我们一点也听不到。对那些被卖到秘鲁沿岸去当不如牛马的奴隶、被卖到古巴去当契约奴隶的受骗契约华工横施暴行"以至杀害"的情形,我们一点也听不到。外国人常常欺凌性情柔弱的中国人的情形以及这些外国人带到各通商口岸去的伤风败俗的弊病,我们一点也听不到。[1]

这四个"我们一点也听不到"就是英国报纸的立场与主体选择。

1857年5月,恩格斯在另一篇评论中说:

我们不要像道貌岸然的英国报刊那样从道德方面指责中国人的可怕暴行,最好承认这是"保卫社稷和家园"的战争,这是一场维护中华民族生存的人民战争。[2]

问题之二:新闻的自由与边界。

新闻报道的立场决定了新闻自由的内在边界,新闻报道的环境决定了新闻自由的外在边界。在1858年9月的一篇文章《鸦片贸易史》中,马克思说:

英国政府公开宣传毒品的自由贸易,暗中却保持自己对毒品生产的垄断。任何时候只要我们仔细地研究一下英国的自由贸易的性质,我们大都会发现:

---

[1]《马克思恩格斯选集》(第 1 卷),人民出版社,2012,第 793 页。
[2]《马克思恩格斯选集》(第 1 卷),人民出版社,2012,第 798 页。

它的"自由"说到底就是垄断。[1]

其实,讨论自由问题必须是具体的而不能是抽象的,换言之,每当讨论自由问题,必须要问两个问题:谁的自由?为谁自由?对于新闻自由问题的讨论尤其应当如此,必须要问两个问题:谁的新闻自由?为谁的新闻自由?

问题之三:新闻的党性与人民性。

无产阶级政党是代表了多数劳动人民的利益的政党,因而,中国共产党新闻事业的党性和人民性是统一的,不是分离的,更不是对立的。

中国共产党百年新闻工作的最基本经验就是准确认识并坚持实践"党性和人民性相统一"的原则。1922年9月13日,中共中央机关报《向导》创办,发刊词开篇就提出"现在最大多数中国人民所要的是什么"的问题。文章最后一句话:"本报同人依据以上全国真正的民意及政治经济的事实所要求,谨以统一、和平、自由、独立四个标语呼号于国民之前!"[2]

1944年2月16日,延安《解放日报》在创刊1000期的社论中鲜明地指出:"我们的报纸是中国共产党的党报,是人民大众的报纸,这是我们这个报纸的第一个特点。"[3]

从革命时期到建设时期再到改革开放时期,中国共产党新闻工作对党性和人民性的统一关系的认识是一以贯之的,坚持党性也就是坚持人民性。正如习近平指出的:"党性寓于人民性之中,没有脱离人民性的党性,也没有脱离党性的人民性。"[4]

马克思主义新闻观是我国高校新闻传播专业普遍开设的专业基础课,是中国特色新闻学教育的核心内容,在高校新闻人才培养中发挥着重要作用。为了更有效地开展马克思主义新闻观学习,就要在正确认识马克思、认识马克思主义,进而正确认识马克思主义新闻观的要点上下功夫。在课程学习中,将历史知识、思想方法、现实问题紧密结合在一起,立足中国土,回到马克思,认识到新闻实践中,真实是生命,价值是灵魂。

---

[1]《马克思恩格斯选集》(第1卷),人民出版社,2012,第808页。

[2] 中国社会科学院新闻研究所:《中国共产党新闻工作文件汇编》,新华出版社,1980,第3-5页。

[3] 中国社会科学院新闻研究所:《中国共产党新闻工作文件汇编》,新华出版社,1980,第66页。

[4] 习近平:《论党的新闻宣传工作》,中央文献出版社,2020,第182页。

第二节　讲好马克思主义新闻观

马克思主义新闻观是社会主义新闻舆论工作的灵魂。建设马克思主义新闻观，开展马克思主义新闻观教育，是建设社会主义意识形态话语体系的重要组成部分。在纷繁的社会思潮激荡中，在全新的媒体格局和舆论生态下，如何让马克思主义新闻观教育切实产生效果，形成共识，指导中国新闻学发展和新闻舆论工作实践，成为一项紧迫的课题。从教学实践看，马克思主义新闻观教育要坚持"返本开新"的原则，抓住基本，直面问题，选好着力点，讲清楚新闻舆论工作中的难点、焦点问题，让学习者切实增强新闻理论与实践中的思想定力，就能获得较好的教育效果。

在清华大学新闻与传播学院建院之初，作为院长的范敬宜提出"面向主流，培养高手"的理念，强调开展马克思主义新闻观教育，无疑为清华大学新闻教育竖起了旗帜，具有重要的战略意义与方向感，成为清华大学新闻与传播学院办学的灵魂。

然而这一理念一经推出，就遭受到了一定的议论和质疑。这些议论和质疑也让范敬宜意识到，社会上仍然存在不少对党领导下的新闻媒体的误解，这种误解一方面是来自各种复杂社会思潮的影响，另一方面是学生们对主流媒体缺乏感性的了解。要解决这种误解，不能靠生硬的说教，而要紧紧依靠马克思主义理论与实践的结合，一方面让学生们走向田野、走近国情，另一方面让他们走进主流媒体、走向新闻报道的一线。要讲好马克思主义新闻观，就要保持问题感与现实感。

一、讲清楚马克思的形象和马克思主义的立场、观点、方法

马克思的形象是马克思主义新闻观教育的认识起点，马克思主义的立场、观点、方法是马克思主义新闻观教育的核心要求。在社会上和高校中，许多人对马克思和马克思主义还停留在政治化、概念化、符号化的认识上，认为陈旧了、过时了，因此，对马克思主义新闻观教育，不以为然者有之，被动应对者常见。事实上，能否讲好马克思主义新闻观，首先取决于对待马克思主义的基本态度。承认不承认马克思主义是科学，是能否以马克思主义指导新闻学发展和新闻舆论工作实践的前提。

如何让大家对马克思和马克思主义有一种亲近感和尊敬感呢？首要的是不能以陈旧过时的内容来推介，拿生硬僵化的理念来灌输。从教学效果上看，关键的一点，要让马克思走出"石膏像"，成为一个鲜活的人的形象；要让马克思走出"哈哈镜"，成为一个具有使命感与创造力的伟大思想家的形象。

讲马克思的形象，讲他年轻时的人生选择是最有说服力也最能激发青年学生共鸣的。马克思在17岁中学毕业时表达了自己的人生志向——人类的幸福和我们自身的完美。马克思是这么说的，也是这么做的。原本马克思的父亲给他设计的人生道路是成为一名优秀的律师或法官，过上殷优的中产阶级生活。但马克思深感人类社会的问题之重要并选择从哲学入手开始研究社会问题，终身投身于无产阶级的革命事业。

马克思的成就不是一时的，而是永恒的；不是一地的，而是全球的。在1999年英国BBC组织的千年思想家评选中，马克思高居榜首；美国《新闻周刊》赞扬马克思是"一座在雾霭中俯瞰一切的巨塔"[1]；2008年全球金融危机爆发后，许多西方媒体发出了"马克思，回归""马克思，重生"的呼声[2]。法国哲学家德里达认为："无论他们愿不愿意，知不知道，这世界上的所有人在某种程度上都是马克思的继承者。"[3]

讲清楚了马克思的形象，再讲马克思主义的立场、观点、方法，就是水到渠成的事情。马克思立志要为人类福利而献身，因此，马克思主义的立场就是人民的立场，就是为了多数人的立场。马克思去世140年来之所以得到全球思想界的高度关注，就是因为马克思主义深刻揭示了人类历史进程的基本规律，是分析各种社会矛盾的科学方法，马克思主义的观点、方法的核心就是历史唯物主义和辩证唯物主义。

马克思主义新闻观是马克思主义在新闻实践中的体现。立场问题在马克思主义新闻观中极其重要，新闻工作者要明确"为了谁"的问题。马克思本人从年轻时期在《莱茵报》工作开始，就强调"人民报刊"的思想，认为"民众的承认是报刊赖以生存的条件，没有这种条件，报刊就会无可挽救地陷入绝境"[4]。作为以马克思主义为指导的中国共产党，始终将"人民报刊"的思想作

---

[1] 丹尼尔·本赛德：《马克思主义使用说明书》，李纬文译，红旗出版社，2013，第2页。
[2] 丹尼尔·本赛德：《马克思主义使用说明书》，李纬文译，红旗出版社，2013，第51页。
[3] 丹尼尔·本赛德：《马克思主义使用说明书》，李纬文译，红旗出版社，2013，第2页。
[4] 《马克思恩格斯全集》（第1卷），人民出版社，1995，第381页。

为自己的指导原则，强调新闻工作的人民性。1950年，新中国刚刚成立之际，《人民日报》即发表社论，指出："人民报纸与资产阶级报纸的根本区别，在于：它应该是与人民群众有着广泛的亲密的联系；它应该时时刻刻地关心群众的利益，深切地懂得群众的要求，生动地具体地反映人民群众生活中各方面的模范的榜样，实事求是地指出工作中的缺点与错误和严正地揭发各种犯罪行为。"社论还批评了当时一些报纸不关注对人民群众的报道，"有的报纸竟至仅仅以百分之一至百分之十的篇幅，刊载当地群众的生活"。[1] 在新闻工作实践中，"为了多数人"和"为了自己""为了少数人"的新闻选择是不一样的，坚持前者才能树立正确的人民意识，体现马克思主义新闻观的指导。

马克思主义新闻观不但指出了新闻舆论工作的立场，更提供了观察事物的科学方法。甘惜分认为："真正的马克思主义者观察问题常常比别人高明，比别人深刻，能抓住本质，这就是由于他们掌握了科学的世界观和方法论。"[2] 同时，当前的媒体格局下，传播速度更快，表达手段更炫，公民记者更多，新闻报道中最缺的正是思想性、深刻性、全面性。而这样的报道首先来自于科学的思想方法。这种思想方法就是毛泽东1937年提出的"研究问题，忌带主观性、片面性和表面性"[3]，也是习近平2016年提出的"要根据事实来描述事实，既准确报道个别事实，又从宏观上把握和反映事件或事物的全貌"[4]。

二、讲清楚新闻与政治的关系

新闻与政治的关系是马克思主义新闻观的焦点问题。按照西方的新闻自由理论，新闻独立于政治，是"第四权力"。按照马克思主义新闻观，新闻工作要坚持党性原则，与政治的关系非常紧密。因此，西方新闻理论经常以此来批评马克思主义新闻观。

回应这种责难并不难。在《共产党宣言》中，马克思和恩格斯就指出："所有这些对共产主义的物质产品的占有方式和生产方式的责备，也被扩展到精神产品的占有和生产方面。""但是，你们既然用你们资产阶级关于自由、教

---

[1] 中国社会科学院新闻研究所编《中国共产党新闻工作文件汇编（下卷）》，新华出版社，1980，第103-104页。

[2] 甘惜分：《甘惜分文集（第一卷）》，人民日报出版社，2012，第408页。

[3] 中央文献研究室、新华通讯社：《毛泽东新闻工作文选》，新华出版社，2014，第42页。

[4] 杜尚泽、鞠鹏、李涛、马占成：《坚持正确方向创新方法手段 提高新闻舆论传播力引导力》，《人民日报》2016年2月20日，第1版。

育、法等等的观念来衡量废除资产阶级所有制的主张,那就请你们不要同我们争论了。你们的观念本身是资产阶级的生产关系和资产阶级的所有制关系的产物,正像你们的法不过是被奉为法律的你们这个阶级的意志一样,而这种意志的内容是由你们这个阶级的物质生活条件来决定的。你们的利己观念使你们把自己的生产关系和所有制关系从历史的、在生产过程中是暂时的关系变成永恒的自然规律和理性规律,这种利己观念是你们和一切灭亡了的统治阶级所共有的。"[1]

西方主流学术界常把自己的理论作为普遍真理提出,并以此作为衡量其他理论体系的标尺。对此,美国文化批评家爱德华·萨义德认为,"在西方主宰一切中以歪曲和工具主义的观察基础上,把帝国主义的猜测描述成普遍的真理是一个谎言"[2]。他还说:"在主流文化中,尤其是在阶段性的文化中,现在是轮不到我来发声的。人们不看我的文章,人们不看乔姆斯基的文章。虽然乔姆斯基在《纽约书评》的成立之初是骨干分子,但他现在不为《纽约书评》写文章了。"[3]而乔姆斯基在西方学术界的确是少数派,不为主流媒体所喜欢。1988年,他曾出版《制造同意》一书认为,反对共产主义已经成为西方国家控制大众媒体的一个机制。由于共产主义威胁到了资产阶级的阶级地位,对西方精英来说,共产党国家的持续冲突和对其公开辱骂有助于将反共塑造成为西方意识形态和政治的第一原则。[4]

西方新闻自由的虚伪性体现在其对新闻与政治关系的否定,体现在其实践与理论的不一致。在西方社会,新闻媒体对政府的批评是有限的,可以触及个别政客,但不会触及根本的政体,也不会、不能触及大资本家的利益。那种新闻自由本质是不能违背老板意愿、不能触犯大资本家利益的自由,而且这种限制还被掩盖起来。

党性原则是马克思主义新闻观最根本的一条原则。列宁在1905年的文章《党的组织和党的出版物》中就明确指出了新闻工作的党性原则:不是"与无产阶级总的事业无关的个人事业",而是"整个无产阶级事业的一部分",是党

---

[1]《马克思恩格斯选集》(第1卷),人民出版社,2012,第417页。

[2] 塔里克·阿里:《与爱德华·萨义德谈话录》,舒云亮译,作家出版社,2015,第9页。

[3] 塔里克·阿里:《与爱德华·萨义德谈话录》,舒云亮译,作家出版社,2015,第123页。

[4] Edward Herman,Noam Chomsky,*Manufacturing Consent*: *The Political Economy of the Mass Media*,New York:Pantheon Books,1988. p.29.

的伟大事业中的"齿轮和螺丝钉"。[1]

抓住这个内核来理解新闻的党性原则，分三个层次：第一，党的新闻工作应该服从党的大局需要，不能随心所欲地报道；第二，党的新闻自由是非无政府主义、非个人主义、非名位主义、非功利主义的有责任的自由；第三，党的新闻工作是为最广大人民服务，而不是为少数"上等人"。这也是对当前新闻传播行为过度商业化、过度娱乐化、过度碎片化以及公民记者大量出现带来的过度个性化、非客观化的矫正与规约。

理解新闻与政治的紧密关系，核心原因在于两者都关乎意识形态。新闻代表舆论、引导舆论、制造舆论，是重要的意识形态工具。新闻与政治的紧密程度在当代社会信息化和民主化进程中，愈发强化，已经成为政治活动中的核心内容之一。在西方，政治人物的重要工作就是应对新闻媒体，通过新闻媒体进行社会沟通和形象塑造；在中国，新闻舆论工作是党的一项极端重要的工作，领导干部要解决好"本领恐慌"问题，真正成为运用现代传媒新手段新方法的行家里手，通过新闻舆论推动现代社会治理，推动国家治理能力提升。

正是由于新闻与政治的这种紧密关系，新闻传播专业与其他人文社科专业有着不同的特点，用范敬宜的话说，"具有特别鲜明的意识形态特点，也就是说具有很强的政治性"[2]。为此，范敬宜在担任清华大学新闻传播学院首任院长时，从2005年起，顶住压力，亲力亲为，引领全国高校之先，在清华大学开设马克思主义新闻观的课程，邀请了业内、学界许多大家来学校讲授，这门课也一直坚持至今，且覆盖本科生、研究生、博士生。

三、讲清楚中国共产党新闻思想

中国共产党的新闻思想是马克思主义新闻观教育的主体内容。中国共产党的新闻实践非常丰富，在夺取革命胜利进程中，新闻宣传发挥了重要的、不可替代的思想武装、政治动员作用。作为党的主要缔造者，毛泽东从年轻时代开始即在《湘江评论》等刊物上撰写文章，仅1919－1921年间主编或参与编辑的报刊就有八种[3]，纵观其一生，表现出对新闻宣传工作的极端重视，提出了许多重要新闻思想，而他本人更是给《人民日报》、新华社等亲自撰写了大量评论文章。他强调政治家办报，要通过新闻工作使群众认识自己的利益，并且团

---

[1] 《列宁全集》（第12卷），人民出版社，2017，第93页。
[2] 范敬宜、李彬编《马克思主义新闻观十五讲》，清华大学出版社，2007，第2页。
[3] 陈力丹：《马克思主义新闻观教程》，中国人民大学出版社，2015，第94页。

结起来，为自己的利益而奋斗。

中国共产党对于新闻学、新闻工作有自己的思想与认识，一言以蔽之，"老老实实为人民"。陆定一在1943年的《我们对于新闻学的基本观点》一文开篇即清楚地阐明："辩证唯物主义，主张依照事物的本来面目去解释它，而不作任何曲解或增减。通俗一点说：辩证唯物主义就是老老实实主义，这就是实事求是的主义，就是科学的主义。除了无产阶级以外，别的阶级，因为他们自己的狭隘利益，对于事物的理解是不能够彻底老老实实的，或者是干脆不老实的。只有无产阶级，由于它是最进步的生产者的阶级，能够老老实实地理解事物，按其本来面目而不加以任何曲解、任何加添或减损，不但这样，而且它能够反对一切不老实，反对一切曲解。在新闻事业方面，我们的观点也是老老实实的观点。这种观点，在我们党开始从事自己的新闻事业时，就有了的。"[1]

改革开放以来，党的历任主要领导人都对新闻宣传工作给予了高度关注，亲自参加全国宣传工作会议并讲话，多次视察新闻媒体，既一以贯之地强调新闻工作的使命、职责，又根据时代变化提出许多新的新闻工作指导思想。十八大以来，对于新闻舆论工作的重视程度愈发高，创新意识愈发强烈。

2019年1月，中共中央政治局就全媒体时代和媒体融合发展举行第十二次集体学习，习近平指出，全媒体不断发展，出现了全程媒体、全息媒体、全员媒体、全效媒体，信息无处不在、无所不及、无人不用，导致舆论生态、媒体格局、传播方式发生深刻变化，新闻舆论工作面临新的挑战。我们要因势而谋、应势而动、顺势而为，加快推动媒体融合发展，使主流媒体具有强大传播力、引导力、影响力、公信力，形成网上网下同心圆，使全体人民在理想信念、价值理念、道德观念上紧紧团结在一起，让正能量更强劲、主旋律更高昂。

习近平指出，推动媒体融合发展，要坚持一体化发展方向，通过流程优化、平台再造，实现各种媒介资源、生产要素的有效整合，实现信息内容、技术应用、平台终端、管理手段的共融互通，催化融合质变，放大一体效能，打造一批具有强大影响力、竞争力的新型主流媒体。要坚持移动优先策略，让主流媒体借助移动传播，牢牢占据舆论引导、思想引领、文化传承、服务人民的传播制高点。要探索将人工智能运用在新闻采集、生产、分发、接收、反馈中，全面提高舆论引导能力。要统筹处理好传统媒体和新兴媒体、中央媒体和地方媒体、主流媒体和商业平台、大众化媒体和专业性媒体的关系，形成资源集约、

---

[1] 中国社会科学院新闻研究所编《中国共产党新闻工作文件汇编（下）》，新华出版社，1980，第187页。

结构合理、差异发展、协同高效的全媒体传播体系。要依法加强新兴媒体管理，使我们的网络空间更加清朗。[1]

关于全媒体时代的系统论述，特别是关于"四全媒体"的深刻论断，体现了新时代中国共产党新闻思想的新发展，是认识当代马克思主义新闻观的鲜活内容和现实依据。

四、讲清楚中国国情与问题意识

中国国情是马克思主义新闻观的现实土壤。开展马克思主义新闻观教育，仅仅讲理论、讲历史远不够，还要引入最新鲜的时代变化，讲清楚国情，培养问题意识，才能让学习者更好地理解。

《中共中央关于党的百年奋斗重大成就和历史经验的决议》指出："今天，我们比历史上任何时期都更接近、更有信心和能力实现中华民族伟大复兴的目标。同时，全党必须清醒认识到，中华民族伟大复兴绝不是轻轻松松、敲锣打鼓就能实现的，前进道路上仍然存在可以预料和难以预料的各种风险挑战；必须清醒认识到，我国仍处于并将长期处于社会主义初级阶段，我国仍然是世界最大的发展中国家，社会主要矛盾是人民日益增长的美好生活需要和不平衡不充分的发展之间的矛盾。全党要牢记中国共产党是什么、要干什么这个根本问题，把握历史发展大势，坚定理想信念，牢记初心使命，始终谦虚谨慎、不骄不躁、艰苦奋斗，从伟大胜利中激发奋进力量，从弯路挫折中吸取历史教训，不为任何风险所惧，不为任何干扰所惑，决不在根本性问题上出现颠覆性错误，以咬定青山不放松的执着奋力实现既定目标，以行百里者半九十的清醒不懈推进中华民族伟大复兴。"

"全党必须铭记生于忧患、死于安乐，常怀远虑、居安思危，继续推进新时代党的建设新的伟大工程，坚持全面从严治党，坚定不移推进党风廉政建设和反腐败斗争，勇敢面对党面临的长期执政考验、改革开放考验、市场经济考验、外部环境考验，坚决战胜精神懈怠的危险、能力不足的危险、脱离群众的危险、消极腐败的危险。必须保持越是艰险越向前的英雄气概，敢于斗争、善于斗争，逢山开道、遇水架桥，做到难不住、压不垮，推动中国特色社会主义

---

[1] 谢环驰：《推动媒体融合向纵深发展 巩固全党全国人民共同思想基础》，《人民日报》2019年1月26日，第1版。

事业航船劈波斩浪、一往无前。"[1]

2022年1月，在省部级主要领导干部学习贯彻党的十九届六中全会精神专题研讨班上，习近平指出，面对快速变化的世界和中国，如果墨守成规、思想僵化，没有理论创新的勇气，不能科学回答中国之问、世界之问、人民之问、时代之问，不仅党和国家事业无法继续前进，马克思主义也会失去生命力、说服力。当代中国正在经历人类历史上最为宏大而独特的实践创新，改革发展稳定任务之重、矛盾风险挑战之多、治国理政考验之大都前所未有，世界百年未有之大变局深刻变化前所未有，提出了大量亟待回答的理论和实践课题。[2]

面对快速变化的世界和中国，面对大量亟待回答的理论和实践课题，就要求新闻舆论工作时时刻刻把握导向，明确责任。这种舆论导向是为了在全社会形成关于中国发展前景的积极预期，为了形成推动中国实现新奋斗目标的积极合力，为了推动中国持续发展中各种问题的积极解决。在当今的全媒体传播条件下，全面的导向意识和创新意识对新形势下新闻舆论工作提出了更高要求，也对坚持和发展马克思主义新闻观提出了更高要求。

五、讲清楚全球传播与文化自信

全球传播是马克思主义新闻观的时代背景。开展马克思主义新闻观教育，仅仅关注中国的事情，局限在本国内进行新闻传播，已经不能适应当前国内国际传播界限模糊化的趋势，尤其是在社交媒体高度发达的条件下，无远弗届、全球范围内的信息传播已经成为普遍行为。

2021年5月，中共中央政治局就加强我国国际传播能力建设进行第三十次集体学习，习近平在主持学习时指出，我们党历来高度重视对外传播工作。党的十八大以来，我们大力推动国际传播守正创新，理顺内宣外宣体制，打造具有国际影响力的媒体集群，积极推动中华文化走出去，有效开展国际舆论引导和舆论斗争，初步构建起多主体、立体式的大外宣格局，我国国际话语权和影响力显著提升，同时也面临着新的形势和任务。必须加强顶层设计和研究布局，构建具有鲜明中国特色的战略传播体系，着力提高国际传播影响力、中华文化

---

[1]《中共中央关于党的百年奋斗重大成就和历史经验的决议》，《人民日报》2021年11月17日，第1版。

[2] 李学仁：《继续把党史总结学习教育宣传引向深入 更好把握和运用党的百年奋斗历史经验》，《人民日报》2022年1月12日，第1版。

感召力、中国形象亲和力、中国话语说服力、国际舆论引导力。[1]

当前，国际传播秩序不平衡与中国国家形象不佳的问题依然突出。分析中国当前的国际传播与国家形象问题，有两个重要维度：传播能力的维度与文化建设的维度。当前的国际传播格局中，"西强我弱"的局面依然很突出，中国的国际传播能力依然落后。这种传播能力上的差距使得国际舆论场的建构者主要是西方媒体。而由于意识形态的差异、新闻价值观的差异，在西方媒体主导的舆论场中，要形成全面、客观、正面的中国国家形象是有困难的。事实上，在西方媒体的眼中，中国总是一个异类的"他者"形象。

以美国之音新闻广播为例，这一最凸显美国对外传播战略的新闻机构，"通过数量的不均衡分配和主题的高度选择性，共同塑造出了一个多侧面、人性化、有人情味同时又拥有强大的军事和科学力量、不可战胜的美国形象。通过与'他者'国家的对比，美国之音塑造了一个为世界带来自由、和平、民主等普世价值的美国国家形象"。与此同时，"美国之音对中国的关注主要是政治的负面形象，中国的经济成就被人为地掩盖。而美国之音对日本的经济情况报道较多，并且都是正面形象"[2]。

另一个更重要的问题在于，当前中国社会的文化自信还有待不断提高。在现代化的进程中，西方文化成为新兴的、强大的、自觉的，"现代化"被等同于"西方化"。这种文化不自信与文化主体意识不强，就会出现历史虚无主义，出现道路不自信、理论不自信、制度不自信、历史不自信，表现在国际传播中，作为传播主体的中国传播者不能理直气壮，自觉不自觉地拿西方的标准来实现"国际接轨"，自然也就拿不出有说服力、感染力的传播内容。

从全球范围内存在的发展问题看，南北问题，主要是物质文明不平衡；东西问题，主要是精神文明不平衡。人类的现代化应是物质丰富与精神丰富并重的过程，前者体现在物质财富增长上，不但总量要多，而且分配要公；后者体现在精神财富增长上，不但种类要多，而且选择自由。在全球化条件下成长起来的新一代中国青年人，已经愈发可以平视世界，有着天然的文化自信，这对于认识马克思主义新闻观提供了良好的基础。

21世纪的国家竞争愈发体现在意识形态之争、价值观之争、文化之争。对

---

[1]《加强和改进国际传播工作 展示真实立体全面的中国》，《人民日报》2021年6月2日，第1版。

[2] 宋颖：《美国国际形象建构：美国之音新闻报道》，世界知识出版社，2012，第152-153页。

中国来说，正在探索一条人类没有走过的全新的道路，按照马克思主义创始人给出的未来社会的总体特征：物质财富极大丰富，精神境界极大提高，每个人自由而全面发展。[1]这条道路在中国的成功实践得益于马克思主义的指导、中国传统文化的滋润、西方现代文明的交汇，这条道路是中国人民选择的、中国历史选择的。在这条道路上，正在形成崭新的、具有全球影响力和历史影响力的当代中国文化。

第三节　中国特色新闻学教育与当代新闻观念形塑

新闻教育对新闻工作者的新闻观念建构具有深远影响。随着全球化进程的深刻调整与媒体格局的重大变化，中国新闻教育界开始反思如何建构适合当代中国新闻业发展的学科体系，如何培养适合当代中国发展的新闻人才。在这种背景下，开展中国特色新闻学教育成为一种积极探索，为形塑中国新闻界当代新闻观念提供了重要的理论依据和价值引导。

一、中国特色新闻学教育的出现

新的时代呼唤新的新闻学。2016年以来，中国特色新闻学的概念愈发引人瞩目，中国特色新闻学的学科建设要求愈发紧迫。2016年5月，习近平在哲学社会科学工作座谈会上的讲话中指出，新闻学是"对哲学社会科学具有支撑作用的学科"之一，要"打造具有中国特色和普遍意义的学科体系"。在这一讲话背景下，建设中国特色新闻学科的目标提升至国家层面，现有新闻学科的薄弱点和未来发展的着眼点也都清晰显现。

2016年5月，清华大学新闻与传播学院和复旦大学新闻学院共建了"中国特色社会主义新闻学教学研究基地"。在成立仪式上，柳斌杰强调，要加快构建中国特色社会主义新闻学的教育体系、教学体系和教材体系，以鲜明的特色引领中国新闻学教育的改革方向。[2]

2017年5月，清华大学新闻与传播学院、复旦大学新闻学院、中国人民大

---

[1] 中共中央宣传部理论局编《马克思主义哲学十讲》，党建读物出版社、学习出版社，2013，第163页。

[2] 新华网：《清华复旦共建中国特色社会主义新闻学教学研究基地》，https://www.tsjc.tsinghua.edu.cn/info/1019/2356.htm，2016年5月31日。

学新闻学院等联合发起成立"中国新闻史学会中国特色新闻学研究委员会"，并举行挂牌仪式。值得关注的一个细节是，在中国新闻史学会常务理事会40余名成员对是否同意成立这一新的二级分会进行无记名表决时，结果是全票通过，表明了高度认同。同年7月，中国新闻史学会中国特色新闻学研究委员会与中信改革发展研究基金会联合举办了"首届中国特色新闻学高级研讨班"，研讨班为期一周，主要面向全国高校师资，也向新闻业界少量开放。研讨班第一讲由柳斌杰主讲，其讲话稿整理后以《中国特色新闻学的学术追求》为题刊发。整个研讨班的内容是基于对当前中国和西方新闻传播理论与实践的反思，讨论加强中国新闻学主体性与中国特色新闻学教育。这个研讨班一年举办一次，坚持至今，培养了一大批开展中国特色新闻学教育的中青年师资。

2017年8月，中国新闻史学会2017年学术年会在郑州召开，其间专门设立了"中国特色新闻学理论与话语"专题论坛。复旦大学教授童兵作了题为"迎接新闻学科研究的春天"的主题发言，其中提到的建议包括组建新闻学学科体系及学术话语体系调整建构小组，凸显中国特色社会主义的主题与核心，重新调整中国特色社会主义新闻学学科体系、学术体系、话语体系和教材体系等。来自中国社科院、人民日报社、中国人民大学等单位的专家进行了关于中国特色新闻学的发言，题目包括：新闻学科如何支撑未来——2017年高校新闻学科建设调研纵览、论中国特色新闻学的继承和创新、问题意识知识逻辑和当前新闻教育转型、传统文化与构建中国特色新闻学理论，等等。

此外，引人瞩目的是，清华大学新闻与传播学院2018年博士生招生目录中增加了"中国特色新闻学"的研究方向。

以上表明，中国特色新闻学的研究与教育正在兴起，成为当代中国新闻学研究的突出标志。树立马克思主义新闻观，发展马克思主义新闻学和中国特色社会主义新闻学，已经成为中国新闻传播学界一项重要的时代使命。[1]在中国特色新闻学科建设进程中，加强对马克思主义新闻观的时代化和中国化研究，加强对新闻观或新闻观念的研究显得格外重要。

新闻教育关乎新闻舆论工作人才队伍建设，是中国特色新闻学发挥影响力的直接途径，对当代新闻工作者的新闻观念形成起着至关重要的作用。中共中央印发的《关于加强和改进新形势下高校思想政治工作的意见》中强调，要发挥哲学社会科学育人功能，重点提出要加快完善具有中国特色和国际视野的哲

---

[1] 柳斌杰：《中国特色社会主义新闻学的五块基石——在马克思主义新闻观与中国媒介社会研讨会上的主题演讲》，《全球传媒学刊》2016年第4期。

学社会学科,其中就包括新闻学[1],足见建设好中国特色新闻学科,加强中国特色新闻学教育的意义之重大。

二、新闻教育塑造新闻观念的方式

在我国,对新闻工作者进行新闻教育的主体主要是高等学校和媒体,前者重在对新闻观念进行"元塑造",因为青年学生在进入高校之前往往没有成熟的新闻观念,后者会对新闻观念进行"再塑造"。此外,个体在新闻实践中的自我教育也是不容忽视的环节,是新闻观念的"内塑造"。

一是高等学校的专业教育。高等学校,尤其是高等学校中的新闻学院,是推进和发展新闻教育最主要的主体。新闻的专业教育和大众传播教育最早发轫于美国,20世纪以来涌现出了诸如普利策(Joseph Pulitzer)的"职业化"教育思想、布莱耶(Willard G. Bleyer)的"进步主义"教育思想等,对我国的新闻教育产生了较大的影响。[2] 有学者将美国新闻与大众传播教育分为了四个模式,分别为:以进入宽广传媒工作领域为课程取向,窄化和明确化的专业方向,在传播学研究的框架内镶嵌新闻教育,将新闻学置于人文教育思路中的"新专业主义"模式。[3] 这四种模式在国内的众多新闻学院中都可以找到映射,不同方向的专业新闻传播教育对从业者建构何种新闻专业理念起着重要的作用[4]。高校采用何种教学模式,沿袭何种教育理念,对塑造学生的新闻观念,深化其对新闻传播的认识,有着直接而深刻的影响。

二是新闻媒体的职业教育。新闻媒体是新闻工作者展示与提升新闻专业技能的主要平台,职场给予的"再教育"是培养和塑造成熟的专业新闻人的必由之路。职场中的"再教育"有两种方式:一种是培训式再教育,或者由用人单位组织岗位培训,或者是个人自发地参与职业培训;另一种是工作中再教育,即新闻工作者在媒体中按照所在机构的新闻理念、新闻生产流程来进行新闻实践,日积月累形成一套新闻观念。从实践看,后一种基于岗位的实践教育对新闻观念的形成带来的影响更加深刻。重视新闻媒体对新闻工作者进行职业"再

---

[1]《中共中央国务院印发〈关于加强和改进新形势下高校思想政治工作的意见〉》,《人民日报》2017年2月28日,第1版。

[2] 单波:《论二十世纪中国新闻业和新闻观念的发展》,《现代传播》2001年第4期。

[3] 陈昌凤:《中美新闻教育传承与流变》,中国广播电视出版社,2006,第36页。

[4] 吴飞、丁志远:《新闻教育与新闻专业主义理念的建构》,《浙江大学学报(人文社会科学版)》2007年第6期。

教育"的功能，充分发挥职业教育职能，引导新闻工作者树立和坚定正确的行业价值观，在新闻实践中形成清晰、稳定的新闻观念，成为当下新闻实践教育的重要内容。

三是个体的自我教育。除了外界给予的教育，相关个体本身也可以对自己开展自我教育。自我教育将新闻实践中所获得的体悟和感触逐渐内化为自己的认知，进而对新闻观念产生深刻影响。基于移动互联网的社交媒体带来全新的媒介环境，使得个体正在经历着越来越复杂的自我教育过程。多样化社会思潮产生多样化新闻观念，作为新闻工作者，个体会出现新闻职业身份与社会个体身份的模糊、重合，会出现对不同身份的新闻观念的认识的摇摆。因此，重视和发挥自我教育的作用，时刻关注其发展动态，加以引导和帮助，是新闻观念培养的必然要求。

高校新闻教育对新闻专业学生的培养是塑造学生新闻观念的基础性步骤，对学生日后走上新闻工作岗位，成为新闻工作者之后的工作理念和原则产生持续影响。高校的新闻教育要能够管用，需要大量结合当代新闻实践，与新闻媒体紧密结合，提高学生的社会化程度，减小"象牙塔中的新闻理想"与"新闻实践的现实"之间的距离，这有利于在现实感很强的环境中全方位、扎实地塑造学生的新闻观念，引导其对新闻和社会形成正确的价值判断。

在高校毕业生走上工作岗位、成为新闻工作者之后，随着新闻实践的不断丰富，面对的社会思潮越来越多元，其自我教育会不断强化，会对原有的在高校中形成的新闻观念产生一定程度的冲击，有时甚至可能出现颠覆性影响。此时，新闻媒体等能够对新闻工作者进行"再教育"的组织的影响就至关重要。新闻媒体或许无法彻底地改变一个人的新闻观念，但却可以形成一种导向性氛围，对身处其中的个体的"具体观点"进行引导，继而潜移默化地影响深层次的核心观念。值得重视的是，目前新闻媒体的"再教育"功能还没有受到足够的重视，人们仅仅将媒体作为职业场所，尚未视其为教育场所。

从时间上来看，青年新闻工作者的新闻观形成可以分为三个阶段，分别为塑造基础新闻观念的"教育塑造阶段"，新闻观念在新闻实践中不断调整的"实践调整阶段"，以及新闻观念趋于稳定后不断强化，并最终形成成熟的新闻观的"自我定型阶段"。

在进入高校新闻专业之前，个体就会对新闻以及新闻业产生一些懵懂的想法和观点。在进入高校接受系统的新闻教育之后，个体会形成一套初具雏形但未加整合的新闻观念，可称之为"初级新闻观念"，包含对新闻的看法、对新闻行业的认知和对新闻职业的理解等。

在入行早期，青年新闻工作者的"初级新闻观念"很容易在新闻实践过程中受到影响，经历二次塑造或多次塑造，形成新的、相对动态的新闻观念。在这个"实践调整阶段"中，新闻工作者主要通过参与新闻实践和积累行业观察，不断重塑和调整着自己的新闻认知。

当个体的实践经验积累到一定程度，新的新闻实践经验已经无法对新闻工作者的新闻观念产生新的改变时，可以说该个体的新闻观念已经到达一种相对稳定或者饱和的状态。此时，一个典型的特征是，个体愿意对外输出自己的新闻观念，可以凭此新闻观念去影响他人和指导实践，同时自己的新闻观念逐渐固化。

当个体的新闻观念已经自成体系，甚至可以演化为自己的潜意识，任何外来的事物和观点都已经无法对其产生颠覆性的影响，那么可以说，这些新闻观念的集合已经成为稳定的新闻观。这种稳定的新闻观是系统化和内在化的，可以强有力地指导新闻实践，且往往很难被推翻。

从新闻观念的培养来看，如何将新闻媒体"再塑造"与高等学校新闻教育"元塑造"更加紧密地结合在一起，进而推进相关个体自我的持续的"内塑造"，愈发成为当代新闻教育的重要着力点。当然，目前开展的部校共建、新闻媒体与高校共建新闻学院的举措是带有探索性的尝试，是有效的，但还存在合作融合度不够、覆盖面不够的问题。在深层意义上看，探究高校和新闻媒体的新闻教育如何通过紧密互动塑造新闻观念是有时代意义和理论价值的。在自媒体、社交媒体高度发达的媒介化环境中，新闻行为的约束要靠外部的法规，更要靠内在的伦理，而后者就来自共同的观念。

第四节　中国特色新闻学教育的创新思路

对中国特色新闻学教育来说，马克思主义新闻观教育是中国新闻人才培养中的核心内容，根本目标是培养新闻舆论工作者以马克思主义立场观点方法为指导来从事新闻工作。在马克思主义新闻观教育中，高校居于基础性和关键性的环节。2018年9月，教育部、中共中央宣传部联合下发《关于提高高校新闻传播人才培养能力实施卓越新闻传播人才教育培养计划2.0的意见》的文件，文件中"改革任务与重点举措"的第一条就是"开创马克思主义新闻观教育新局面"。然而，目前我国高校的马克思主义新闻观教育普遍还存在不少问题。这些问题包括教育者本身对马克思主义新闻观的疑问，如马克思主义新闻观如何继续指导新媒体的新闻舆论工作，如何推进新闻教育改革等，也包括马克思主义新闻观教学上的问题，如对学生新闻观形成的规律缺乏认识，授课方式较为单一，知识体系陈旧，教师无法很好回应理论难题等。[1] 这些存在的问题都会导致马克思主义新闻观教育的效果受到影响。在教学实践中，理论的缺乏使得马克思主义新闻观教学的水平很大程度上取决于授课教师的个人经验与技巧，稳定性的教学效果很难得到保障。

中国的新闻教育借鉴过美国模式和苏联模式，而今到了创新和创造属于自己的新闻教育模式的时候。[2] 提出新时代下中国特色新闻学教育的创新思路，办好马克思主义新闻观教育，对我国未来的新闻教育、掌握意识形态领导权有着重大的意义。

教育创新要从教育规律着手。遵循当代青年新闻观形成的基本规律，是新闻院校开展中国特色新闻学教育的基本要求。高校新闻教育作为新闻观产生的第一个阶段，发挥着重要的启蒙作用，对个体产生深入而持久的影响。这种影响不仅体现在价值塑造上，也体现在理论建构和情感培养上。随着个体参与新闻实践的不断深入，高校新闻教育塑造的新闻观念会发生变化，或被打破，或被保留，最终会演化为更加成熟、稳定、系统的新闻观。

教育的目标、内容、手段和评价是进行教育创新的四个重要的维度，从目标创新、内容创新、方式创新和评价创新四个部分进行讨论，结合青年新闻观形成的基本规律，可以推进中国特色新闻学教育思路的全面创新。

一、目标创新：价值塑造、理论建构、情感培养

中国特色新闻学教育的目标在于"育人"，在于塑造个体的价值观。简单告诉学生什么是马克思主义新闻观远远不够，关键是让学生能够真正理解和接受，做到"入脑""入心"，从而发自内心地去认可和贯彻。根据当代青年新闻观形成的基本规律，从笔者的马克思主义新闻观教学实践中看，当下马克思主义新闻观教育应该超越简单的知识传授，而要从价值塑造、理论建构和情感培养三方面目标入手，引导当代青年接近并接受马克思主义新闻观。

价值塑造是马克思主义新闻观教育的根本性问题。马克思主义以人的解放

---

[1] 杨晶：《关于当前高校马克思主义新闻观教育若干问题的思考》，《广西社会科学》2016年第7期。

[2] 骆正林：《我国新闻学教育模式的历史选择与当代创新》，《现代传播》2017年第8期。

为最高目标，以人是人的最高本质为理论立足点。与西方新闻实践与理论中的资本中心主义、媒介中心主义和"去政治化"的专业主义等不同的是，马克思主义新闻观强调的是以人民为中心的工作导向，突出新闻舆论工作鲜明的政治属性，并将之作为治国理政、定国安邦的大事。在中国特色新闻学教育中，应将新闻的政治性和专业性紧密结合起来，不可偏废任一方面。从人类近代新闻业诞生之初，新闻就与政治有着密不可分的关系。美国新闻行业建立之初，便是以宣传性质的政党报刊为主，直至19世纪末20世纪初，美国新闻行业的观念和实践（ideals and practices）才从政党报刊转向自由主义的商业报刊。[1] 即便是进入商业报刊时代，各个媒体依然有着自己鲜明的保守主义、激进主义等政治立场。因此，中国特色新闻学教育要引导受教育者辩证地看待西方的新闻专业主义，既要认识到新闻专业技能的重要性，又要对新闻专业主义"去政治化的政治"的内涵有更加准确的认知。中国特色新闻学教育的价值塑造，核心目标是培养学生认识到，新闻舆论工作的力量来自于"党性与人民性相统一"。[2] 在社会价值观念日趋多样、社交媒体传播日趋活跃的新闻生态中，价值塑造成为培养新时代新闻工作者的根本性要求，也是中国特色新闻学教育的首要任务。

　　理论建构是马克思主义新闻观教育的关键性问题。马克思主义的强大生命力来自于理论的真理性和解释力，唯物史观和剩余价值学说成为分析社会问题的批判的武器。如马克思在《〈黑格尔法哲学批判〉导言》中所言："理论只要说服人，就能掌握群众；而理论只要彻底，就能说服人。"[3]《马克思传》作者戴维·麦克莱伦认为："由于我们关于历史和社会的很多观点是和马克思的幽灵进行对话的结果，这些理论已经成为20世纪以及未来精神框架的一部分。"[4] 同样，马克思主义新闻观要说服人，就要有"彻底的理论"，引导受教育者树立科学的理论思维，形成分析当代新闻舆论工作的系统的观点、方法、理论。值得重视的是，中国共产党的新闻舆论实践是开展马克思主义新闻观教育、建构中国特色新闻理论的主要来源，其丰富的思想与理论内蕴需要不断挖掘、提炼。在新时代，以习近平关于新闻舆论工作的一系列重要论述为标志的新时代

---

[1] Kaplan, R., "The News About New Institutionalism: Journalism's Ethic of Objectivity and Its Political Origins," *Political Communication*, 2006（2），pp.173-185.

[2] 胡钰：《新闻舆论工作的力量来自于"党性与人民性相统一"》，https://www.tsjc.tsinghua.edu.cn/info/1107/1514.htm，2016年5月23日。

[3]《马克思恩格斯选集》（第1卷），人民出版社，2012，第865页。

[4] 戴维·麦克莱伦：《马克思传》，王珍译，中国人民大学出版社，2016，第462页。

中国特色社会主义新闻舆论思想已经形成,成为当代马克思主义新闻观理论建构的思想指引。

情感培养是马克思主义新闻观教育的基础性问题。马克思、恩格斯不仅是抽象理论和政治话语的创造者,也是充满人格魅力和个性特征的伟大人物。如习近平所指出的:"马克思是顶天立地的伟人,也是有血有肉的常人。他热爱生活,真诚朴实,重情重义。"[1] 培养对马克思主义创始人的情感认同,进而培养对马克思主义的情感认同,是开展马克思主义新闻观教育的有效起点。笔者在清华大学本科生"马克思主义新闻观"课程的第一节课中,总会谈到马克思17岁时的高中毕业作文《青年在选择职业时的考虑》和青年时期马克思学习、办报、写稿的许多故事,帮助青年学生找到同龄人的共鸣感与亲近感,效果很好。情感认同虽不能替代价值认同,但却能够让后者的实现更加自然、高效、稳固。事实上,对马克思主义的情感认同已经成为对马克思主义新闻观的价值认同的坚实基础。

以上三方面的目标共同构成了马克思主义新闻观教育目标体系。这三个目标是一个整体,彼此间有着紧密联系。从情感培养到价值塑造是一个由感性到理性的理解过程,从理论建构到价值塑造是一个由理论到现实的理解过程,而情感认同与理论认同共同构成支撑马克思主义新闻观的价值观认同的感性支柱与理性支柱。

二、内容创新:宏大理论、现实问题、批判方法

在中国特色新闻学教育内容上,既要讲马克思主义新闻思想,也要以跨学科的视野讲述马克思主义的历史理论、政治理论、社会理论、文化理论;既要讲理论性的认识,也要回答现实中青年学生普遍关心的热点问题;与此同时,要培养青年学生学会使用马克思主义的批判的思维方法,防止主观性、片面性和表面性的思维错误。

重视宏大理论的学习。中国特色新闻学的理论教育,不仅要讲狭义的马克思主义新闻理论,更要进行广义的马克思主义历史和理论教育,后者可以给学生以更宏大的视角来认识马克思主义新闻观。这种宏大理论学习主要包括:资本主义与社会主义发展的历史、马克思主义基本原理、传播政治经济学、马克思主义文化理论,等等。在这些宏大理论的学习中,要注意重点讲述新闻实践

---

[1] 习近平:《在纪念马克思诞辰200周年大会上的讲话》,《人民日报》2018年5月5日,第2版。

在其间的发展与影响，这不仅能扩展课程的基础认知，让学生产生知识学习的动力，也能以"润物细无声"的方式引导学生从心底认同马克思主义新闻观的基本判断。从马克思主义认识论来看，新闻活动是主观对客观的认识活动，这种认识关系是能动的辩证关系，不是机械的反映关系。由此，在新闻报道中，既要追求真实是新闻的生命，又要承认价值是新闻的灵魂。这种基于宏大理论学习得出的马克思主义新闻观认识，即便在日后的新闻实践中会受到冲击，但由于其历史基础的稳定与核心理论的彻底，往往可以有效抵御外界的冲击，在经过"否定之否定"的过程后沉淀下来，形成稳定的新闻观。要让中国特色新闻学教育的理论成效更具彻底性，可以从以下五个着力点出发：讲清楚马克思的形象和马克思主义的立场、观点、方法；讲清楚新闻与政治的关系；讲清楚中国共产党的新闻思想；讲清楚中国国情；讲清楚全球传播与文化自信。教育者抓好这五个着力点，让理论"触地"，让学生受到启发，对理论形成思考，深层次认同马克思主义新闻观。

关注现实问题的争论。马克思主义新闻观是马克思主义视角下新闻活动的总体认识。这种认识源于马克思主义的立场、观点、方法，但并没有具体的结论。为此，讲授马克思主义新闻观，既要讲述理论，更要讲述理论的现实应用。据一项研究表明，超过75%的大学生学习马克思主义理论是出于课程安排需要，排斥与现实严重脱节的教学内容，迫切地希望马克思主义理论教育能结合时事政治。[1]这种青年学生的学习需求既反映了马克思主义理论传播的规律，也是马克思主义理论发展的要求。"马克思本人不是先知，对马克思主义社会的应然状态也提到得很少。马克思自己对未来共产主义社会特征的所有阐述都是极为粗略的。他说得更多的是资本主义，而不是共产主义。"[2]在讲述马克思主义新闻观时，一方面，要对资本主义的新闻活动进行分析，特别是对当下的文化帝国主义、信息资本主义进行分析；另一方面，要对中国共产党新闻实践中对马克思主义新闻观中国化的探索进行分析，以历史的视野去看待现实的问题，对革命、建设、改革等不同阶段的新闻舆论现象进行分析。实践表明，在马克思主义新闻观的教学中，需要紧贴现实，提升"时代感"和"时效性"。

学会批判方法的使用。哈贝马斯在《理论与旨趣》中强调，批判理性相对于科学主义和历史诠释学而言，是最高的人类经验，是人的彻底解放，是人的

---

[1] 严建雯、汪莹：《大学生心理特征视阈下高校马克思主义理论学习的实证研究》，《思想教育研究》2012年第11期。

[2] 戴维·麦克莱伦：《马克思传》，王珍译，中国人民大学出版社，2016，第461页。

彻底的自主性。[1]事实上，批判性是贯穿马克思主义理论体系最为核心的一个理论传统，其突出体现是对传统哲学、经济学、空想社会主义的批判，以及对资本主义的批判。在马克思主义新闻观的教育内容中，特别要重视对当代资本主义的批判性分析。这种批判是基于辩证唯物主义与历史唯物主义的方法，基于政治经济学、历史学、社会学等的跨学科基础，基于对国际形势和现实问题的把握。例如在谈到新闻自由之类的问题时，就可以比较中西方新闻工作逻辑，看看西方的主流新闻从业者是否真的如他们所说，实践着"华丽的新闻自由"。从当代西方新闻实践看，只要垄断资产阶级和商业利益仍主宰着新闻资源，新闻自由、新闻民主就不能真正实现。用比较的视野去分析和解决问题，往往能让受教育者有更直观生动的体验和更深的理解。美国批判学者赫伯特·席勒的第一本书《大众传播与美利坚帝国》曾经找了25家出版社，但没有一家愿意出版。在丹·席勒看来，当代的数字化时代不过是让资本主义的矛盾完成了现代化而已。如果继续沿着目前的方向走，那么不论对于全球的自然环境和政治而言都是一个灾难。"人们总是倾向于相信互联网是种好的、慈善的力量。如果你去讲述事情背后所藏匿的巨大陷阱，人家可能一脸茫然。"[2]

重视宏大理论，可以扩展中国特色新闻学教育的知识点；关注现实问题，可以增强中国特色新闻学教育的吸引度；使用批判方法，可以提升中国特色新闻学教育的解释力。这些新内容的引入，将会使中国特色新闻学教育充满生命力与感染力。

三、方式创新：思维训练、专业实践、全球比较

教学方式的创新当以思辨性和实践性为首推。坚持思想引领并不意味着放弃讨论，相反，中国特色新闻学教育需要积极开展理论教学创新，鼓励思辨，采用启发式、讨论式、辩论式的方式，让受教育者将理论问题"吃透"；同时也应当坚持学以致用，鼓励受教育者积极参加专业实践，在行业内部将理论"用透"。因此，中国特色新闻学教育方式的创新可以考虑从以下几个方面入手。

转变教学理念，强化全方位、渗透式的思维训练。马克思主义新闻观作为一门思辨性较强，且有别于思想政治课的课程，不应当按照"老师发言，学生听讲"这类单一的课堂教学模式来开展，而应该充分调动受教育者的课堂参与

---

[1] 甘阳、邓正来、汪晖等：《现代中国思想的兴起（下）》，《开放时代》2006年第2期。
[2] 丹·席勒：《信息资本主义的兴起与扩张》，翟秀凤译，北京大学出版社，2018，第241-246页。

积极性，活用启发式、课堂讨论式、辩论式等多种教学手段，让思想充分地碰撞和交流，达到强化思辨性的教学目标。其次，转变现有的教学理念，真正做到将马克思主义新闻观融入所有专业课程中去，让马克思主义新闻观从"专设课程"的笼子里释放出来。笔者通过对资深新闻工作者的访谈发现，不少人认为不应该将马克思主义新闻观作为单独的一门课进行开设，而是应将马克思主义新闻观真正作为一种指导理念，融合进所有专业课程里，做到润物细无声。

在美国和日本的许多大学，类似的德育教育会渗透到各类课程的教学过程中去，通过"无意识"和"偶发式"的教育方式，让学生在不经意间接受思想教育。[1] 让观念的传授不再局限于专门的观念类课程，将是马克思主义新闻观教育创新迈出的重要一步。

重视专业实践，践行马克思主义新闻观。专业实践按组织群体的不同，可以大致分为学生自组织教育、新闻职业教育、社会教育等多种形式。专业实践对受教育者个体起着至关重要的再教育功能，也是在校大学生即将走上工作岗位之前的重要过渡阶段。当前中国新闻院校接受业界的反馈较少，教学活动与业界实践缺乏长线、紧密、有效的互动。这不仅体现在高校接受业界反馈的途径上，更体现在高校的培养理念和课程设置上。学界和业界无法很好地"打通"，高校新闻教育的实践性就有限。高校的学生如果希望参与新闻实践，多是通过自己申请新闻类媒体实习、参与学生媒体运营等，而高校对这类行为进行大规模有效引导不足，在实践环节的师资配备上也明显不足。马克思主义新闻观的教育不应当只是表现为课程内的知识学习，更应是观念在课堂外的实践中的运用。因此，马克思主义新闻观的教育过程要更加重视专业实践，在实践中将这种观念融入受教育者的思维中，成为其行动准则。近年来国内多个新闻院校广泛开展的"部校共建"，正是为高校的新闻学子提供宝贵的专业实践的土壤，这是有益的尝试，但这种结合后提供的实践教育机会的覆盖面还远远不够，而其马克思主义新闻观教育的效果还有待不断提高。

开展跨文化比较，形成全球视野。当代新闻传播已经进入了全球传播时代，国内传播与国际传播的边界日益模糊乃至消失。为了更好服务国家对外开放战略和"一带一路"建设，中国特色新闻学教育应当在教学过程中注重培养学生的跨文化思维，引导学生形成开放格局与全球视野，培养体现文化多样性的思辨方式。清华大学新闻与传播学院开设"全球胜任力海外实践课程"（Global Competence on Belt and Road），以"走出中国看中国"为主题，由学院教师带

---

[1] 叶婷、王超：《国外德育实践对我国思政实践教学模式的启示》，《求实》2010年第1期。

队,带领学生对"一带一路"沿线国家开展专题型、学术性、调研类的课程实践活动。参与的学生通过亲身调研、采访和体验,了解"一带一路"建设情况,对中国国家形象建设面临的挑战、国际舆论对"一带一路"倡议的传播、国际传播秩序失衡等问题有了更加直观与深入的认知,也更加坚定了对马克思主义新闻观基本原理的认同。实践表明,对当代青年学生来说,在开放的跨文化比较视野中,在国内外不同的新闻观与新闻实践的对比中,对中国特色新闻学的内涵、意义与发展会有更深刻的理解和认同,对投身中国特色新闻舆论工作的热情也会提高。近些年来,清华大学新闻与传播学院就为《人民日报》、新华社等主流党媒输送了上百名优秀青年人才,并且成为所在单位的骨干,收到广泛好评。

四、评价创新:学术体系、学生反馈、学院建设

改进中国特色新闻学教育需要有科学的评价机制作为依据,仅仅有动机导向的举措是不够的,还需要根据实际的效果进行调整。良好的学术体系建构、健全的学生反馈机制和积极的新闻学院建设,是评价中国特色新闻学教育效果的三个重要维度。

学术体系的完整性和科学性,既体现了中国特色新闻学教育的成果,也是这一教育扎实开展的基础。早在20世纪60年代,中国初建人文社科学术体系,正是抓准了教材建设、学术论著和理论队伍三个方面的工作。[1] 同样的,评价中国特色新闻学学术体系的建构,也可以从这三个方面入手。开展中国特色新闻学教育,要考量:有没有一批高水平、有质量的教材可用?有没有一批以马克思主义为指导,基于中国特色的基本学术著作问世?有没有一批理论功底扎实,富有理论创新意识和能力,同时跨越老中青,可以实现良好传承的理论学者队伍?在中国特色新闻学教育中突出学术建设,加强理论研究,以理论感较强的学术论著作为学科支撑,以富有理论创新意识和能力的理论队伍作为中坚,中国特色新闻学的教育才有可能日趋深入。

人才培养的成果是评价中国特色新闻学教育的直接衡量标准,也是这一教育有效改进的依据。中国特色新闻学教育的目标是培养掌握这一新闻观念的新闻人。高校的毕业生在走上工作岗位之后,其新闻观念是否符合新时代中国特色社会主义要求,是否具备马克思主义的批判思维能力,直接体现了高校中国

---

[1] 傅颐:《"大跃进"前后高等学校文科教材建设的历史回眸——兼论我国人文社会科学学术体系的初创》,《中共党史研究》2010年第8期。

特色新闻学教育的效果。然而，这些特征往往难以衡量。因此，建立一套完整、可持续的人才跟踪调查机制，对于评估人才培养成果有着重要的意义。开展毕业学生跟踪调查的目的，是通过对新闻职业队伍的观察，了解学生对中国特色新闻学教育的反馈，为持续改进提供依据。世界上比较成熟的毕业生跟踪调查，如意大利的 ISTAT 调查、法国的 CEREQ 调查、德国的毕业生跟踪调查研究网络 KOAB 等，[1] 包括国内各类高校开展的毕业生调查，都能为中国特色新闻学教育的效果评价提供借鉴。

高校新闻学院建设是开展中国特色新闻学教育的基本支撑，也是这一教育持续开展的具体载体。新闻学院能否坚持马克思主义新闻观的教育导向，根据这一导向确立学科方向、队伍结构、课程体系，是考察中国特色新闻学教育效果的显性窗口。办好马克思主义新闻观教育，在学院层面能做的工作其实有很多。[2] 清华大学新闻与传播学院在学院建设中，与人民日报社开展马克思主义新闻观课程共建，与复旦大学共建中国特色社会主义新闻学理论研究基地，联合十余所高校新闻院系成立了中国新闻史学会中国特色新闻学研究委员会，既为学院的马克思主义新闻观学术研究和教学工作提供了强有力的支持，又为学院教师和学生开展马克思主义新闻观研究和学习提供了重要的外部平台。

当前中国特色新闻学教育面临着理论研究落后于教学需要的突出矛盾。尽管无论是对于学界还是业界，马克思主义新闻观教育都是不可缺失的，这是塑造新闻教育者和新闻工作者价值观的重要一环，但是基于中国特色新闻舆论活动的系统性、学术性的话语体系、理论体系还不完备，还没有提炼出有学理性的新理论，概括出有规律性的新实践。这从根本上制约了中国特色新闻学的教育水平。

从推动中国特色新闻学教育的需求看，关键还是要打造具有中国特色和普遍意义的新闻学理论体系。这一理论体系的突出特点是主体性、原创性，根本依据是中国新闻实践。"如何构建中国特色新闻学，成为中国新闻理论工作者的重要使命。在新的时代条件下，要做好这一工作，就要做到理论与现实的高度统一，立足现实，直面问题，融汇中西，返本开新，以彻底的理论去观察新

---

[1] 包艳华、马永红、Georg Kruecken 等：《德国毕业生跟踪调查研究的理念和模式》，《中国高等教育》2017 年第 5 期。

[2] 柳斌杰：《办好中国特色的新闻传播学院》，《传媒》2017 年第 21 期。

闻传播实践并赢得国际话语权。"[1]

马克思主义新闻观是中国新闻舆论工作与中国特色新闻学教育坚持的独特观念，这一观念的学理支撑正是也只能是中国特色新闻学，是以对中国新闻实践的学理性研究提出的具有解释力与引领性的新闻理论。与西方新闻实践和理论中强调新闻游离于意识形态之外、新闻媒体独立于政府管理、新闻自由具有绝对地位不同，中国的新闻实践和理论强调新闻舆论工作是极端重要的意识形态工作，新闻媒体要围绕国家发展大局开展工作，新闻自由是有明确边界的。在中国特色新闻学研究中，要运用历史唯物主义和辩证唯物主义的方法，对于中国新闻实践中的这些特点，从历史的维度、政治的维度、文化的维度、全球的维度给出理论性的阐释，对西方新闻实践与理论中的资本中心主义、媒介中心主义、西方中心主义等现象给予针对性的批判。

马克思主义新闻观教育要立足在中国特色新闻学构建的基础上。在中国的新闻实践中，新闻价值的核心原则是积极性效果，而不是冲突性内容，新闻媒体要成为社会进步的参与者、推动者，而不是旁观者、批判者。中国特色新闻学教育的创新需要具备合目的性与合规律性的统一。在教育中，必须避免理论的苍白与"肌无力"，既要牢牢把握马克思主义的基本原理，也要紧紧抓住当代全球变化与中国发展的新情况、新问题，提出新思想、新理念、新话语。有效的模式是通过马克思主义新闻观教育来推动构建中国特色新闻学建设，通过建设中国特色新闻学来推动马克思主义新闻观教育。

第五节　当代中国新闻人才观

在日益复杂的国际政治环境、舆论环境中，中国的新闻舆论工作承担的任务越来越艰巨，面临的挑战也越来越突出。新闻舆论工作的核心支撑是高素质的新闻人才，而要培养高素质的新闻人才，首先是要树立符合国家需要和时代要求的新闻人才观。中国近现代新闻事业诞生一个多世纪以来，新闻人才观发生了多次转变，这些观念直接决定了不同时代新闻人才的培养与成长。

---

[1] 胡钰、虞鑫：《构建中国特色新闻学：何以可能与何以可为》，《国际新闻界》2016年第8期。

一、通才、史家、政治家与批评者：百年来中国的新闻人才观

新闻人才观，即何为新闻人才以及如何培养新闻人才的观念。徐新平曾经将中国新闻人才观的发展整理为三个阶段，分别为通才办报、史家办报和政治家办报。[1]

"通才办报"由"中国记者之父"王韬于1878年提出。在传统封建时代的人才观中，人才就是熟读儒学经典并能熟练掌握其中的理论原则和道德准则的人。人才的选拔者往往认为，通读"四书五经"的"通才"可以自然而然地应付从政生涯中的种种问题，并将这种"通才"视为一种典范。王韬对传统的人才观进行了批判和发展，强调了专才的重要性，并在此基础上提出了自己对于办报通才的理解：博采群言，兼收并蓄，同时开阔视野，既有传统文化的根基，又有学习西方先进知识的意识。[2] 可以说，王韬的"通才办报"理念是与近代中国新闻业诞生时期的人才储备情况和现实需求相符合的，且深刻地影响了中国新闻业的人才观。时至今日，中国新闻业界广泛认可的"记者是杂家"理念也与"通才办报"理念一脉相承。

"史家办报"由梁启超最初倡导，与"通才办报"一道，成为中国20世纪上半叶资产阶级报人对新闻人才的两大要求。[3] 在"史家办报"的新闻人才观看来，新闻人才应当承担起记录时代的重任，具备忠实记录时代的"史家"素质。这一点也影响到了章太炎、蔡元培、徐宝璜等人对新闻人才的观念，正如在1919年出版的中国最早的新闻学著作徐宝璜的《新闻学》中蔡元培作序所言"余惟新闻者，史之流裔耳。……虽谓新闻之内容，无异于史可也"[4]，即将新闻视作记录历史的一种载体，正所谓"今日的新闻即明日的历史"。因此，新闻记者要具备忠实、准确地记录时代的"史家素养"，成为中国新闻界对于新闻人才素质的一种共识。这一理念与新闻真实性的要求契合，也逐渐成为新闻人的自我要求。

在新中国成立之后，毛泽东在20世纪50年代末明确提出"政治家办报"的

---

[1] 徐新平：《通才·史家·政治家——中国新闻人才观的变迁》，《新闻大学》2003年第1期。

[2] 柯文：《在传统与现代性之间：王韬与晚清改革》，雷颐、罗检秋译，中信出版社，2016，第151页。

[3] 徐新平：《通才·史家·政治家——中国新闻人才观的变迁》，《新闻大学》2003年第1期。

[4] 徐宝璜：《新闻学》，中国人民大学出版社，1994，第1页。

要求，强调新闻工作者应当像政治家一样具备政治意识、政治素养和政治责任感，能在复杂的政治局势中，尤其是在大是大非的问题上把握准方向。1957年4月，毛泽东对《人民日报》这一时期的工作提出批评："最高国务会议和宣传工作会议，已经开过一个多月了，共产党的报纸没有声音……过去我说你们是书生办报，不是政治家办报。不对，应当说是死人办报。"[1] 同年6月，毛泽东提出"写文章尤其是社论，一定要从政治上总揽全局，紧密结合政治形势，这叫做政治家办报"。1959年6月，毛泽东再次明确提出，"搞新闻工作，要政治家办报"。[2] "政治上总揽全局，紧密结合政治形势"，构成了政治家办报理念的核心观点。

毛泽东一直将新闻媒介视作一种革命和斗争的武器，将新闻事业作为党的事业的重要一部分来对待。[3] 这一思想经过党的几代领导人的不断丰富和发展，已经成为一套成熟的新闻理论，为新中国培养新闻人才提供了重要的思想指引。这一思想也成为中国共产党党报理论中重要的组成部分，是党在新闻事业进入历史新阶段后所做出的重要论断，也是毛泽东对于马克思主义新闻观中国化做出的开创性贡献。[4]

"政治家办报"理念成为新中国成立以来中国新闻人才观的核心要求，在建设与改革时期成为新闻舆论工作的重要指导思想。进入新时代，新闻舆论工作成为"治国理政、定国安邦"的大事，对政治家办报的要求更加突出，其具体检验标尺就体现在是否坚持马克思主义指导和中国特色社会主义道路。是不是确立了马克思主义新闻观，是不是自觉在思想上、政治上、行动上与党中央保持高度一致，是不是忠实宣传党的理论和路线、方针、政策，是不是严格遵守党的政治纪律、宣传纪律和长期形成的规矩，是不是在大是大非面前具有政治定力，这些都是评判是否做到了政治家办报的重要依据。[5]

然而，不可否认的是，在20世纪80年代西方传播学进入中国新闻学界后，中国的新闻人才观一定程度上受到西方新自由主义思潮的影响。这种新闻人才

---

[1]《毛泽东年谱：1949—1976》（第3卷），中央文献出版社，2013，第131页。

[2] 朱清河、张荣华：《"政治家办报"的历史起点与逻辑归点》，《新闻与传播研究》2009年第4期。

[3] 程曼丽：《中国共产党新闻思想探析》，《新闻与传播研究》2001年第3期。

[4] 熊忠辉、李暄：《从新闻宣传到新闻舆论——中国共产党马克思主义新闻观发展的历史考察》，《南京政治学院学报》2016年第4期。

[5] 杨振武：《把握好政治家办报的时代要求——深入学习贯彻习近平在党的新闻舆论工作座谈会上的重要讲话精神》，《中国报业》2016年第6期。

观认为新闻人应当秉持客观主义、去政治化的报道立场，坚守新闻专业主义，在相当长时间里获得了相当大的影响力，至今依然不少拥趸。这种新闻人才观理论以"结构功能主义—行为主义"为主导范式，基于"政府—社会"的二元对立，突出新闻记者和新闻媒体的社会监督职能，同时也注重新闻媒体的商业利益实现，由此强调新闻人的"批评者"角色，突出新闻报道对象选择的冲突性与负面性。作为"批评者"，新闻人对社会总体上保持一种"旁观者"的姿态，对政府与各类公权力保持距离，新闻人自身以保持独立感为追求。

值得重视的是，在马克思主义新闻观的教育与研究中，对作为"批评者"的新闻人才观的批评也逐渐深入。这种新闻人才观引进于美国，服务于美国资产阶级统治阶层的利益，在国际传播中体现美国的霸权主义和冷战思维，在国内传播中忽视普通民众特别是少数族裔的声音，对弱小国家和弱势群体选择性失声，对社会主义制度抱有敌视，对美国对外战争中虚假信息予以传播与放大，都体现了这种人才观的鲜明政治立场。

2020年全球暴发新冠肺炎疫情以来，美国新闻界的种种实践表明，貌似去政治化的西方新闻理论及其人才观正在政治斗争面前显露出其维护美国国家利益的政治实质，专业主义人才观的缺陷愈发明显：彻底抛弃了新闻专业主义一贯鼓吹的客观、公正等传统，新闻机构以政治立场划限，在传承性上出现了明显断裂；孤立主义、保守主义以及极化思想的抬头使得专业主义新闻观不再具备全球范围内的普世意义。事实上，美国新闻媒体的立场分化与极化已经愈发难以将分裂的美国社会各阶层行之有效地团结在一起。2016年总统大选期间主流新闻媒体的集体预测失误、特朗普斥责主流媒体为虚假媒体等现象表明，美国新闻人和新闻媒体在国内遭受了前所未有的信任危机，而作为"批评者"的新闻人才观也日益在实践中暴露出其消极性的社会效果。

尽管西方新闻观念在实践中暴露出许多自我矛盾与明显缺陷，新自由主义、新闻专业主义等大量舶来的意识形态和理论观点依然或多或少地出现在中国的新闻教育中。缺少马克思主义新闻观的批判性分析，缺少中国本土理论和范式的支撑，使得培养出来的新闻人才缺乏中国特色的理论基础、现实经验和人文关怀，在面临重大的国际传播挑战和重大社会事件挑战时，中国新闻人才的战斗力和引导力面临着更大的考验。因此，突破"西方理论—中国经验"模式，将中国作为方法和视角，深耕本土的新闻理论，发掘本土的新闻经验，培养本土的新闻人才，已经成为建构中国特色新闻学和中国新闻人才观的愈发紧迫的历史使命。

二、新型有机知识分子：重新审视当代中国新闻人才观

新闻报刊的发展在东西方都经历了"观点纸"这一阶段，常被政治人物用来传播自己的思想和观点。然而，作为中国特色新闻学理论组成的政治家办报理论，始终保持着鲜明的意识形态和阶级属性，这与中国清末早期的"议政办报"和西方的"政客办报"有着本质的区别。葛兰西提出，无产阶级如果要动摇资产阶级在文化上的领导权，就应该要拥有宣传和维护自身利益的"有机知识分子"。属于无产阶级自己的"新型有机知识分子"有别于传统意义上资产阶级的知识分子和封建时代的儒家知识分子，是以宣传和维护无产阶级自身利益为目标的知识分子，积极投身到改造世界和服务人民群众的活动中来，以夺取和稳固无产阶级的文化领导权。

在葛兰西眼中，彼时意大利的新闻记者和哲学家、传教士一样，都属于代表精英阶层的传统知识分子，与人民"严重脱节"。[1] 如果要让新闻工作者成为"新型有机知识分子"，必然要使得他们掌握先进的生产方式和文化方向，摆脱资本逻辑的束缚，牢牢站在人民的一边。

曾担任《人民日报》总编辑和清华大学新闻与传播学院首任院长的范敬宜，作为一名出色的"政治家报人"，其生涯横跨了民国、抗战、新中国成立、"文化大革命"、改革开放等重要历史时期，既保留了中国传统文化的文人风骨，又葆有着共产党员的鲜明底色，用行动实践着如何像一名政治家一样去开展中国的新闻舆论工作，并让新闻舆论工作服务于党和国家的大局。范敬宜正是中国新闻界"新型有机知识分子"的杰出代表，他将党的新闻舆论工作与最广大人民群众相联系，积极投身新闻实践之中，用独立的思考和强烈的责任意识来把握大局，用最贴近人民群众的方式做新闻。这样的卓越新闻人才是稀缺的，未来的中国新闻界无疑需要这样的"新型有机知识分子"。

在2007年接受记者采访时，范敬宜谈到了自己开展马克思主义新闻观教育的认识：

我想，我们是马克思主义政党领导下的社会主义国家，自己是共产党员，马克思主义是我们立党立国的根本指导思想，为什么一提到马克思主义新闻观总是躲躲闪闪、含含糊糊而不理直气壮呢？……我今年76了，名利离我越来越淡远了。做这些，是责任感使然。至于非议、怀疑、揣测都很正常。关键我们

---

[1] 穆美琼：《葛兰西实践哲学中的有机知识分子思想及其时代意义》，《世界哲学》2020年第1期。

的努力有实效,学生能理解,在成长。[1]

在每学期"马克思主义新闻观"课程的第一讲中,范敬宜都会开篇明义地讲解"为什么要学习马克思主义新闻观",解决同学们对于这门课程最大的困惑。范敬宜认为,当代大学生学习马克思主义新闻观,是国家性质、时代发展和学院的教育方针三者共同决定的,其要点在于:一,实践第一,联系广大人民群众,走好群众路线;二,培养大局意识,审时度势,权衡利弊;三,与时俱进,锻炼对时局变化的感知能力。在讲述过程中,范敬宜习惯于将理论结合进自己所经历的故事中娓娓道来,强调在教学过程中"举实例、说实话、动真情",使得学生们倍感亲切,在听故事的过程中逐渐接受了马克思主义新闻观的相关理念。

2005年春,清华大学新闻与传播学院大二学生李强根据对老家山西省沁源县农村的社会调查写就的《乡村八记》获得了温家宝总理的肯定和赞扬。温总理给范敬宜回信谈新闻事业的责任心,谈培养学生对祖国和人民深切的了解和深深的热爱。时任中宣部部长和教育部部长都联系范敬宜,肯定了李强作为马克思主义新闻观融入新闻实践的典型性,强调了开展马克思主义新闻观教育与研究,引导学生正确地了解国情的必要性。在中央领导的密切关心下,范敬宜与学院的老师们于2007年1月成立了"清华大学马克思主义新闻学与新闻教育改革研究中心",范敬宜担任了第一任中心主任。教育部领导在中心成立仪式上评价道,清华率先在全国高校中开展马克思主义新闻观教学实践、学术研究和新闻教育改革,走在了全国高校的前列,高度肯定了范敬宜带领清华大学新闻与传播学院所做出的成绩。

虽然有了一个好的开端,范敬宜更是清楚地认识到了压力所在:"开展马克思主义理论研究的教学实践并不是开设一个课程就可以了,一是应当将马克思主义新闻观贯彻、融合到各个学科当中去;二是要巩固已有的成效;三是要和新闻实践结合起来;四是一定要依靠社会力量,走开放型的路子。"[2]

正是在对马克思主义新闻观教育教学前景的充分分析下,范敬宜积极调动政府、媒体、学界、社会等各方面资源,将学院的马克思主义新闻观教育教学与学术研究逐渐引入轨道,至今持续推进。

透过范敬宜的新闻实践、新闻教育与新闻思想,重新审视当代中国的新闻人才观,可以发现当代中国新闻人才的新特质。

---

[1] 董岩:《范敬宜:马克思主义新闻观不是一句空话》,《新闻与写作》2007年第3期。
[2] 范敬宜:《范敬宜文集:新闻教育文选》,清华大学出版社,2011,第216-217页。

首先，新闻人才要努力做"政治家"，但不能是纯粹的官员或行政干部，而是还具有文人气质、专业能力与平民情怀，能融入知识界、文化界与社会各界的"新型有机知识分子"。事实上，范敬宜在中央层面获得很高的评价，在新闻业界和新闻学界都获得很高的认可，在农民、普通人中也获得很高的尊敬，的确是非常难能可贵的，而以他的名字命名的"范敬宜新闻教育奖"也已经成为当代中国新闻教育界公认的具有权威度、共识度的行业奖项。

其次，新闻人才要努力成为"通才"，而不仅仅是掌握采写编评摄录播的专业"窄才"。范敬宜曾用形象的说法谈到如何理解新闻"通才"，"'通才'要有比较全面的营养，就好比一个人需要方方面面的滋养，不能只靠吃点维生素丸。吃维生素丸虽然能够维持生命，但不能长成健壮的人。要健壮成长，必须粗粮、杂粮、素食、肉食什么都吃，从中汲取各种营养"。他还特别谈道："现在许多高校培养的新闻工作者，营养过于单一，学到的知识往往只局限在新闻专业方面，很难做到'博古通今，学贯中西'。我们新闻史上的大家，梁启超、章太炎、王韬、瞿秋白、邹韬奋、乔冠华、邓拓、恽逸群，都是学识渊博、具有'通才'特点的人。"[1]这种批评和忧虑应该成为当代中国新闻人才教育中的重要反思点和改革着力点。事实上，范敬宜在新闻实践中所具备的高度的新闻敏感，正是来自于其宽厚的知识储备与文化底蕴。

再次，新闻人才要有深入实际的扎实作风，而不是满足于二手资料的"信息二传手"。范敬宜在新闻实践中经常下田间访农户，因此得到的信息是一手的、鲜活的，写出的报道也是独立的、独特的。而他在清华大学新闻与传播学院任教时，经常担心的就是现在的学生对国情、民情不了解。他之所以特别看重当年的本科生写的《乡村八记》并将其送给总理，正因为从这篇作品中看到了学生的扎实作风。在当代的新闻人才培养中，作风培养更是一个难点与重点。在信息海量与智能传播的时代里，由于媒介技术的发展与信息获取手段的便捷，如何坚守新闻采写中的扎实作风，以事实来报道事实，以责任来引导舆论，面临更大的挑战，因而也应是重新思考新闻人才观的重要视角。

最重要的是，新闻人才必须要发自内心认可、热爱与投入他所从事的新闻事业。2001年6月，范敬宜曾在清华大学第一届新闻专业本科生班"新闻9字班"的开班仪式上说："我离不开新闻，新闻是一种最具有魅力的职业。如果有人问我：做新闻工作最基本的政治素质是什么？我的回答是：就是对党的新闻事

---

[1] 申宏磊、雷向晴：《谈外宣人才的综合素质——访清华大学新闻与传播学院院长范敬宜》，《对外传播》2005年第5期。

业的深沉的热爱。"[1]

三、当代中国新闻舆论工作者的核心素质

在新的媒体格局和舆论生态下,广大新闻舆论工作者只有掌握更深的思想、更新的技术、更活的表达和更高的伦理,才能提高新闻舆论的传播力、引导力、影响力、公信力,更好地完成自己的职责和使命。

一是掌握马克思主义新闻观。新闻舆论工作面对的是纷繁复杂的社会现象,要能够通过现象看本质;面对的是多元的社会思潮,要能够保持思想定力。要做到这些,就需要新闻舆论工作者掌握思想利器,明确认识方向。

什么是思想利器?首要的就是认识事物的科学方法。人类认识史上存在着大量形而上学的认识方法,突出表现为机械的反映论和主观的唯心论,这些认识方法脱离了实践,背离了辩证法,因而带来主观性、片面性、表面性的思维问题。以这样的思想方法来观察世界、报道新闻,是无法实现前瞻性、坚定性的思想引领的。

马克思主义的认识论是科学的思想方法。毛泽东同志指出:"认识的真正任务在于经过感觉而到达于思维,到达于逐步了解客观事物的内部矛盾,了解它的规律性,了解这一过程和那一过程间的内部联系,即到达于论理的认识。……这种基于实践的由浅入深的辩证唯物论的关于认识发展过程的理论,在马克思主义以前,是没有一个人这样解决的。"[2]

马克思主义对新闻工作的指导集中体现为马克思主义新闻观,这是指导当代中国新闻舆论工作的灵魂。在新闻舆论工作中,需要培养一大批用理论武装头脑的新闻人才。这样的人才善于用马克思主义的立场、观点和方法来观察问题,判断是非,能够一针见血地点出现象背后的本质,及时、有力地引导社会舆论。

二是掌握基于新技术的新闻生产能力。当前,媒介技术发展迅猛,对新闻生产乃至社会运行产生了巨大影响。对新闻舆论工作者来说,要避免技术上的畏难情绪,以最大的热情拥抱新技术。既要学会用新的技术手段来生产新闻,带来新闻内容、新闻形态的新变化,又要推动新闻机构的流程再造,积极适应媒介融合的新趋势,更要从新闻生产观念上进行变革,实现新媒介条件下新闻生产的新突破。

---

[1] 范敬宜:《范敬宜文集:新闻教育文选》,清华大学出版社,2011,第117页。
[2] 《毛泽东选集(第一卷)》,人民出版社,1991,第286页。

无人机、传感器、虚拟现实等新技术正在逐步运用到新闻生产中，无人机新闻让新闻的场景感越来越突出，传感器新闻让新闻的数据化越来越突出，虚拟现实新闻让新闻的逼真性越来越突出。新闻生产源头的技术含量越来越高，对这些技术的熟练掌握已经成为新闻舆论工作者必备的能力。

与此同时，由于各个新闻媒体都已经拥有了多个新闻终端，新闻媒体内部的新闻生产流程及其组织架构都在进行重大调整，这就对新闻工作者的综合技能提出了更高的要求。从实践来看，新闻舆论工作越来越需要"新闻特种兵"，即能够熟练掌握文字、图像处理、新媒体产品制作等的全能型新闻人才。

三是掌握富有时代感的新闻表达。在新闻舆论工作中，思想通过表达进行传递，表达基于渠道进行传播。思想再深刻，渠道再丰富，如果没有贴近受众的鲜活表达方式，新闻传播依然是"传而不通"。

这种表达能力体现在传播态度上，就要求适应新媒体时代"传受平等"的特征，避免"教训口吻"，以真诚的姿态进行平等沟通。在基于社交媒体、聚合类媒体的新闻传播中，受众的自主性选择越来越突出，"板起面孔"的新闻很难进入受众视野。

这种表达能力体现在话语体系上，就要求多以讲故事的方式来讲道理，多以时尚感的话语来写新闻。从中外新闻名篇来看，好新闻往往都是好故事。这种讲故事的能力在新媒体时代更加凸显。写出有人情味的作品，让新闻故事抓住受众的眼球，并且用鲜活的语言把故事讲出来，已成为新闻舆论工作者的核心能力之一。

这种表达能力体现在表达手法上，除了基本的文字表达外，还要求学会数据化的内容挖掘，学会可视化的内容表达，以数据和"图说"的方式来传递新闻。

四是掌握数字时代的新闻伦理。新媒体特别是自媒体的快速发展，大大增强了个体的自我存在感，这种个性释放与个体声音传播从整体上推动了社会进步。但因其正在迅速发展变化中，不论个体与社会，对其问题与对策都缺乏充分的准备。这就对新闻舆论工作者的伦理素质提出了新要求。

在新媒体的新闻传播中，一些核心的新闻伦理理念应该明确树立并达成共识。这些理念包括：尊重客观事实，不能为了求快而放弃新闻真实性要求；尊重知识产权，不能使用他人的新闻作品而忽视凝结在其中的劳动；尊重个人隐私，不能搜集、扩散他人隐私；尊重司法独立，不能充当新媒体舆论场中的"道德法官"；尊重社会公益，不能把新媒体平台作为个人牟利的工具；尊重国家利益，不能在新媒体中传播否定国家历史、政治的新闻内容。

在新的时代，新闻舆论工作承担的使命、发挥的作用越来越大，对新闻的思想性、真实性、导向性要求也越来越高。对广大新闻舆论工作者来说，只有从思想、技术、表达、伦理四方面培养核心素质，才能真正成为党的政策主张的传播者、时代风云的记录者、社会进步的推动者、公平正义的守望者。

四、范敬宜新闻教育奖

为了纪念范敬宜在新闻教育中的贡献，继承范敬宜教育思想，由人民日报社、经济日报社、国家外文局、大众报业集团、辽宁日报传媒集团、海南日报报业集团和清华大学新闻与传播学院七家单位共同发起成立范敬宜新闻教育基金，从2013年开始首次评选范敬宜新闻教育奖，每年评选一次。该奖项分为新闻教育学子奖、良师奖和良友奖三个奖项，分别奖励具有新闻理想的品学兼优的新闻学子、新闻院校德艺双馨的教师和新闻机构热心新闻传播教育的业界人士。

从2013年首次评选以来，范敬宜新闻教育奖评选已经举办十届。我们始终坚持继承和发扬范敬宜新闻教育思想，以培养优秀新闻人才为宗旨，严格遵守基金理事会章程，秉承公平、公正的原则，推动范敬宜新闻教育奖成为当代中国新闻教育界公认的具有权威度、共识度的奖项。

范敬宜新闻教育奖具有很好的品牌度与美誉度。国内各新闻院校高度重视该奖项的评选工作，精心组织申报，不少单位都在内部进行了初评；对获得该奖项的学生不但会进行表彰，还会给以配套奖励。很多青年学子也把获得这一奖项视为自己的最大荣誉。他们精心准备申报材料，一份份厚厚的、翔实的申报材料令评审专家们都赞叹不已。

范敬宜新闻教育奖学子奖获得者具有突出的新闻理想与专业水平。从历届获评新闻学子奖的学生来看，他们不但品学兼优，而且注意多方面知识的积累和综合素质的培养。同学们的媒体实践也从传统媒体走向新媒体，从国内平台走向国际舞台。参与评奖的新闻作品，从单一的文字、视频扩展到各种融媒体平台。在2021年的参评作品中，就有不少数据新闻、融媒体新闻的优秀作品，体现了当代新闻学子紧跟时代步伐的探索和实践。

从2021年范敬宜新闻教育奖学子奖获得者的新闻作品来看，建党百年主题下的红色报道彰显，有的用两年多的时间，踏遍大半个中国，去收集历史上的红色家书；有的"抢救性"采访多位老红军，写成特稿；还有的用镜头讲述了一段红色传奇，展现出新闻学子的观察与思考。与此同时，国际新闻传播作品数量大幅增加，从国内平台走向国际舞台，有学子以实习记者或校园记者的身份，用双语报道脱贫攻坚工作，还有外国学生提交作品参与评选。

从对历届范敬宜新闻教育奖学子奖获得者的跟踪调查来看，已经走上工作岗位的获奖者中，绝大多数同学在主流媒体、中央政府机关、高等院校和研究单位以及大型企业（主要是国企）中工作，在《人民日报》工作的就有多位同学。在2020年的全国抗击新冠肺炎疫情表彰大会上，受到表彰的15名中央媒体新闻工作者中，就有2名是历届范敬宜新闻教育学子奖的获得者。

范敬宜新闻教育奖为中国新闻教育集聚了一批力量。优秀新闻人才的培养离不开优秀的教师，离不开新闻业界的支持。历年来评选出的学界良师，在新闻教育界具有很好的口碑，成为爱岗敬业、教书育人的标兵。评选出的业界良友，在不同的学校以不同的方式投入新闻教育，并不断创新开展新闻教育的方式。

第七章　中国特色新闻学与国际传播话语权

2021年底，巴基斯坦全球战略研究中心执行主任哈立德·阿克拉姆接受中国媒体采访时表示，美国所谓的"言论自由"只是一个错误的幌子，90%的媒体（社交、电子、印刷媒体等）实际上是为经济利益和党派政治服务的。媒体已经演变成一股具有巨大影响力的政治力量。哈立德表示，在选举活动中，一些社交媒体竟被用作窃取个人信息和数据的工具，通过人工智能衡量人们的意见，进而操纵他们的选择。在美国政治中，技术的滥用破坏了"人民统治"这一核心价值，所谓的美式民主过程完全支离破碎。[1]

虽然美国和西方的民主出现这样那样的问题，但基于其强大的资本和技术控制下的媒体，国际传播话语权依然被极少数西方媒体控制，这导致中国等发展中国家的声音无法有效传播开来，在国际舆论场中，如何实现真正自由、民主、平等、多样的信息流动成为新世纪的重要挑战。

第一节　国际传播中的软实力、巧实力与锐实力

1994年6月，美籍巴勒斯坦裔文化批评家爱德华·萨义德与同为巴勒斯坦裔的英籍作家塔里克·阿里进行了一系列谈话，他谈到了自己为什么写作《东方主义》与《文化与帝国主义》，因为以美国为代表的西方世界对阿拉伯世界和东方的曲解和失实是系统性的。

即便萨义德本人已经成为一位具有世界影响的学者，但是在美国国内，他依然是被边缘化的，《纽约书评》等主流媒体对他选择性地忽视。用他自己的话说，"我认为在主流文化中，尤其是在阶段性的文化中，现在是轮不到我来发声的。人们不看我的文章，人们不看乔姆斯基的文章。虽然乔姆斯基在《纽

---

[1] 张任重：《美国政治体制已出现结构性失灵》，《光明日报》2022年1月1日，第4版。

约书评》的成立之初是骨干分子，但他现在不为《纽约书评》写文章了。我们必须依靠的是其他报刊，左翼的报刊，小报刊，偶尔出现一下"[1]。"大学者"与"小报刊"形成了鲜明的对比，美国思想市场中的"看不见的手"的作用凸显出来。由此，萨义德意味深长地说："美国也许是世界上最后一个大国，肯定是最后的超级大国。"[2] 这种"超级权力"来自其军事、经济、科技等硬实力，更来自其思想、文化、意识形态等软实力，后者的霸权性、内隐性更强，要克服也更困难。

一、意识形态权力的内涵与"软实力"的提出

英国学者迈克尔·曼在研究人类社会权力史时提出，人类社会的权力资源是围绕着四种独特资源形成的，即意识形态的、经济的、军事的和政治的。这四种权力资源相互关联又具有相对独立性。"意识形态的权力来源于人类寻找生命终极意义的需要，来源于与他人分享规范与价值以及参与审美和仪式实践的需要。意识形态随我们所面临的问题的改变而发生改变，其运动的力量则来源于我们无力在我们的所知世界中达到确定性。"[3]

"二战"后，欧洲的权力退出了对世界的主宰，美国取代了西欧的位置，苏联崛起。"冷战"中，资本主义、社会主义两大基于意识形态的阵营形成，美国、苏联成为两个超级大国。在苏联解体后，"冷战"结束，美国成为全球唯一的超级大国。在迈克尔·曼看来，美帝国与跨国资本主义、民族－国家体系一起成为当今全球化的三大支柱。[4]

维系美国超级大国地位的意识形态权力的核心是新自由主义。在20世纪80年代，随着里根、撒切尔在美国、英国的执政，新自由主义进入了发展的黄金期，成为世界范围内很多后发国家的经济思想，也为美国等西方国家增添了更多的意识形态权力。

冷战结束后，美国人急需在没有致命对手的世界里重新寻找自己的定位。

---

[1] 塔里克·阿里：《与爱德华·萨义德谈话录》，舒云亮译，作家出版社，2015，第123页。

[2] 塔里克·阿里：《与爱德华·萨义德谈话录》，舒云亮译，作家出版社，2015，第117页。

[3] 迈克尔·曼：《社会权力的来源（第四卷上）》，郭忠华、徐法寅、蒋文芳译，上海世纪出版社 2015，第2页。

[4] 迈克尔·曼：《社会权力的来源（第四卷上）》，郭忠华、徐法寅、蒋文芳译，上海世纪出版社，2015，第30页。

当时的民调显示，几乎一半的美国人认为自己的国家在走下坡路。[1]作为战后的超级大国，应对国力衰落和国际力量的变化成为当务之急。在这种国际环境下，1990年，美国学者约瑟夫·奈提出了"软实力"（soft power）的概念。约瑟夫·奈认为，"同化权力（软实力）是一个国家造就一种情势、使其他国家仿效该国倾向并界定其利益的能力；这一权力往往来自文化和意识形态吸引力、国际机制的规范和制度等资源"[2]。

2006年，在《软实力再思考》一文中，约瑟夫·奈将"软实力"定义为"通过吸引而非强制或者利诱的方式改变他方行为来达到己方目标的能力"。文章中指出，一个国家的"软实力"有三大来源：文化（在该文化有吸引力的地方）、政治价值观（当政治价值观普适国内外）、外交政策（当它们被视为合法的并具有道德权威）。[3]"软实力"的概念表明，美国为了维护自己的超级大国地位、维系帝国主义，对意识形态权力高度重视。美国很看重让别国模仿自己设置的文化、价值观、意识形态，以此产生更强的诱惑力和吸引力。事实上，在全球流行的好莱坞的影视文化是被人们普遍意识到的软实力，而没有被意识到的还有美国快餐、汽车、电子产品广告等商业传播，美式生活方式、价值理念等通过一件件美式产品在全球传播开来。

二、"巧实力""锐实力"的内涵与提出

2004年，美国学者苏姗妮·诺瑟在《外交》杂志（Foreign Affairs）上发表了题为《巧实力》的文章，首次提出"巧实力"（smart power）的概念。作者认为"巧实力"意味着美国通过同盟、国际机制、谨慎外交和理念的力量赢得其他国家的支持来实现美国的利益。具体包括：稳定化的军队（能够随时被派遣至战场也能承担起战后重建的任务）、重建的同盟关系、改革联合国。[4]苏姗妮的观点是基于当时美国的外交政策所做出的批判。她认为罗斯福和杜鲁门所构建的旧的国际秩序很好地平衡了大国力量。但当世界的主要矛盾变为恐怖分子时，小布什抛弃了过去的秩序，采取军事单边主义政策，导致全世界兴起对美国自由民主的怀疑以及广泛的反美情绪。在这样的局势下，苏姗妮提出拓展自由国际主义思想，让军事力量和人道主义事业相辅相成，将贸易、外交、

---

[1] Nye, J. S.,"Soft Power," *Foreign Policy*，1990（80）.

[2] Nye, J. S.,"Soft Power," *Foreign Policy*，1990（80）.

[3] Nye, J. S.,"Think Again: Soft Power," *Foreign Policy*，2006（152）.

[4] Nossel, S.,"Smart Power," *Foreign Affairs*，2004（2）.

对外援助、美国价值观的传播与军事行动看得同等重要。

2006年，约瑟夫·奈在《软实力再思考》一文中也谈到了"巧实力"的概念。文中指出"单独依靠硬实力或软实力都是错误的，将它们有效结合起来可以称作'巧实力'"，并举例在冷战期间，西方国家既运用硬实力阻止苏联入侵，又运用"软实力"侵蚀铁幕背后的共产主义信仰的行为就是"巧实力"。[1]

"巧实力"成为美国外交战略始于2007年，美国前副国务卿阿米蒂奇和约瑟夫·奈发表了题为《巧实力战略》的研究报告，该报告是美国战略与国际研究中心（Center for Strategic & International Studies）的"巧实力"委员会（Commission on Smart Power）对于如何运用"巧实力"进行美国外交政策的转型的研究成果。报告中明确提出"巧实力"外交策略分为联盟、伙伴关系和国际机制，全球发展，公共外交，经济一体化，科技创新等五个方面。小布什卸任后，全球经济危机、阿富汗和伊拉克战争、巴以冲突、朝核和伊朗核问题等都成为美国单边主义的后遗症，奥巴马政府运用"巧实力"应对。时任国务卿希拉里在参议院外交委员会听证会的演讲中说："我们必须使用可任意支配的全方位的工具'巧实力'。在外交、经济、军事、政治、法律和文化方面，为每种情况选择正确的工具组合。有了'巧实力'，外交将成为对外政策的先锋。"[2]"巧实力"的针对性很强，被希拉里频繁用来提及对付中国的崛起。

2017年，美国国家民主基金会（The National Endowment for Democracy）发布了一份156页的报告，首次提出"锐实力"（sharp power）的概念。报告中，"锐实力"被定义为民主世界里威权政府通过媒体、文化、智库和学术界等渗入、渗透或穿透目标国家的政治信息环境以提升自身影响力的手段，其实施主体尤指中国和俄罗斯。[3] 报告围绕民主国家和所谓威权国家信息的不对称性、所谓威权国家（中国和俄罗斯）"锐实力"在中欧和拉丁美洲影响力的扩大、对弱势民主国家的特殊威胁三个方面进行论述。该报告认为，"锐实力"包括了中国孔子学院的扩张、俄罗斯的"今日俄罗斯"（RT）全球电视网络的操纵舆论等一系列行为。该报告还归纳了民主国家应对中国和俄罗斯"锐实力"的一系列关键步骤，如解决中俄信息不足的问题、重申支持民主价值观和理想、重新认识"软实力"等等。随后，英国《经济学人》杂志发出一篇名为《锐实

---

[1] Nye, J. S., "Think Again: Soft Power," *Foreign Policy*, 2006（152）.

[2] CBS/AP, Clinton: Use "Smart Power" in Diplomacy [N], January 13, 2009. https://www.cbsnews.com/news/clinton-use-smart-power-in-diplomacy/.

[3] Cardenal, J.P., Kucharczyk, J., Mesežnikov, G., et al., Sharp Power: Rising Authoritarian Influence. 2017. https://www.ned.org/sharp-power-rising-authoritarian-influenceforum-report/.

力：中国影响力的新形态》的封面文章。文章中用"修昔底德陷阱"来描述中国为了崛起寻求征服外国人的人心，称中国利用文化和价值观的诱导，来强化国家的实力。[1]

三、中国的话语创新与意识形态权力提升

中国在现代化的进程中，不但向西方学习科技、制度等内容，也向西方寻找理论与思想。"由于中国现代性的外源性和后发性（相比于西方现代性的内源性和先发性），以及中国现代社会科学的舶来性，导致在中国的语境中，社会科学知识与现代社会世界的反思性关系除了理论和现实这个维度之外，还增加了中国和西方的维度。"[2] 这种特殊的维度使得中国的话语体系建构和意识形态能力提升面临很大挑战。

"锐实力"一词从被提出就与冷战思维、意识形态密切联系，成为美国批判中国、俄罗斯的意识形态工具。在西方国家的话语体系中，中国的影响力提升多是源于"锐实力"。在中国日益崛起的进程中，许多中国学者、记者成为西方媒体报道中的"间谍"。从实质来看，"锐实力"是西方话语体系中为体现自身意识形态权力而创造出的针对所谓"威权国家"的"负面软实力"概念。这一概念的提出体现了很强的对立性、优越感以及西方中心主义。

从"软实力"到"巧实力"再到"锐实力"，美国的话语建构能力与意识形态权力意识不断得到展现。"巧实力"和"锐实力"是"软实力"的两次"复活"。"巧实力"是为了应对小布什单边军事政策的种种弊端，美国国内舆论呼唤"软实力"概念的回归和应用。而"锐实力"是由于中国、俄罗斯在国际舆论与文化交流领域的影响力提升，西方世界呼唤重新审视"软实力"的概念。这其中不仅蕴含着把"锐实力"作为"软实力"对立面的寓意，而且也蕴含着提醒西方世界不能忽视"软实力"，要进一步提升"软实力"来对抗中、俄的寓意。

"巧实力"和"锐实力"的提出使"软实力"这一概念所包含的目的性和指向性愈发明显。从历史背景来看，"软实力"的提出是针对冷战后德、日等国的挑战，"巧实力"的提出是指向恐怖主义的极端伊斯兰组织，而近期的"锐实力"则将矛头直截了当指向中、俄。"软实力"概念的西方化味道愈发凸显。

---

[1] The Economist, "Sharp Power," *The Economist*, 2017（22）.
[2] 陶东风：《语言的力量和语言的迷误——全球化时代重建社会科学知识的一点思考》，《马克思主义与现实》2007 年第 2 期。

从"软实力"提出之初,再到"巧实力"与"锐实力"的话语嬗变,这一概念谱系暗含着不对等的文化意识形态(存在"善恶之分""好坏之分")以及对抗性的本质(面对追赶者崛起的挑战进行意识形态斗争)。从美国自身的实践来看,维护美国利益和全球霸权地位成为其毫不掩饰的主要目的。正如约瑟夫·奈在2004年的著作中谈到的,"全球信息时代的这种政治游戏揭示,软实力的相对重要性将呈上升趋势","(美国)政府不但需要拥有美国之音、富布莱特基金等项目,更重要的是避免让政策带上傲慢的面具,而且要立足于为他人所仰慕的价值观"。[1]

多年来,中国学术界为了与世界接轨,不断采纳西方的话语体系。中国学术界从1993年开始引入"软实力"的概念[2]。2007年,十七大报告中正式使用了"软实力"的概念。自此,"软实力"成为中国学界和全社会广泛使用的概念。但是,就在中国大规模使用这一概念时,西方的话语创造者们却提出了质疑,认为中国提升的不是"软实力"而是"锐实力",不是基于吸引而是基于交易与胁迫。这种意识形态领域的霸权感也是毫不掩饰的。

仔细反思西方话语中"实力"的内涵就会发现,"实力"一词把国际社会当作一个弱肉强食的丛林,体现的是实用主义哲学下的丛林法则与利益优先原则。当前在西方不断出现的逆全球化趋势和贸易保护主义、政治右翼势力崛起正是这种价值观的体现,简言之,实力即正义。而中国的传统价值观自古以来就不是利益导向的,从来就有"义利之辨"的。作为发展中国家,中国始终将自己视为第三世界国家的一部分,希望通过平等合作实现共同发展。不容忽视的是,中国在崛起的进程中,既挑战了已有的国际利益格局,也挑战了已有的国际话语体系。

进入新的全球化阶段特别是后疫情时代,世界发生了重大变化。在此时间节点上,中国要认真反思如何提升自身的意识形态力量,保障自身的意识形态安全,不断推动话语创新和国际传播创新。不采用西方话语体系,不能与西方对话,但是仅仅采用西方话语,也不能与西方很好地对话,如同中国试图以"软实力"来增强自身影响力却不被西方认可。

话语体系的背后是社会历史文化与政治经济关系。从20世纪的国际经验来看,国际舆论场不会有大面积长时间的风平浪静,而中国要想提升国际传播中的话语权,必须加快理论创新、话语创新。在日益迈近世界舞台中央的进程

---

[1] 约瑟夫·奈:《软实力》,马娟娟译,中信出版社,2013,第42-43页。
[2] 王沪宁:《作为国家实力的文化:软权力》,《复旦学报(社会科学版)》1993年第3期。

中，中国迫切需要跳出西方各种话语体系陷阱，用自己的话语创新让其他发展中国家意识到中国是不同于旧的殖民主义和资本主义国家的。中国已经依靠自己的发展实绩讲述了中国版本的"大国崛起"的故事，还更要重视依靠自己的文化与理念在世界范围内传播"中国发展"的魅力。从"天下大同"的理念到"构建人类命运共同体"的愿景，从"和而不同"的理念到"共商共建共享"的合作原则，中国的话语创新有着无尽的资源和可能。

第二节　国际传播中的理论制高点与舆论制高点

2018年2月，第54届慕尼黑安全会议召开。该届会议的主题是"从边缘回来"，与前一年第53届会议的主题"后真相、后西方、后秩序"一样，都显示了西方社会面临着一系列政治、经济、社会困境带来的不安全感。在会议上，不少发言者将矛头指向中国，或是把中国当作"假想敌"，认为欧盟不团结就会继续被中国忽视和打败，或是质疑中国的价值观，认为自由世界正在受到修正主义的挑战，民主与强权的斗争再次启动。这种对中国发展的不信任与不认同是需要中国认真对待的，特别是对学术界、新闻界来说，尤其要引起重视。西方社会对中国的利益认同大于价值认同，源于西方固有的刻板印象，也源于中国在全球合作中没有占据国际传播的主动位置，很长时间里，没有将新闻舆论、社会沟通、文化交流作为与经贸合作同等重要的战略任务来对待。

一、"反问意识"与理论制高点

占据舆论制高点对展示良好的中国国家形象至关重要。对中国来说，仅仅声音大还不够，还需要占据理论制高点，后者更具有关键性意义。

在当下对外传播格局中，"话语体系"需要再定义。从语言、媒介、文明体系三个维度对话语体系进行重新界定，即从微观的翻译文本到中观的媒体报道再到宏观的中外社会权力关系与文化生活差异来阐释话语体系的内涵。

从语言视角来看，中国与西方国家拥有不同的语言，汉语与当前世界通用语言英语有较大差异。不同国家拥有不同的历史文化，孕育出不同的民族语言。以"party（政党）"一词为例，中西方具有不同的释义方式。在西方，政党一词，英语为"party"，其词根是拉丁文"pars"，意思是"一部分"，另外还有同伴、部分、集合、聚会等意思。从词源上分析，政党的原意是社会的一部分，而后逐渐转意为社会的政治组织，17至18世纪初，西方各国开始使用"政党"一词，指社会中一部分政治观点和利益相同的人所组成的政治集团。"政党"与"派别"的意思非常接近，可以相互混用。但是对于中国语境而言，"党"既可以代表少数人，也可以代表多数人，而中国共产党即代表最广大人民的根本利益，这与西方政党只代表一部分人具有本质差别。因此，中国共产党作为中国人民利益代表的整体性在西方话语体系下受到了诸多质疑与攻击，这不仅是源于主观立场的对立，也源于核心话语的内涵差异。

从媒介视角来看，当下世界信息传播秩序极不平等。多个国际新闻网站和社交媒体平台受到西方势力影响，超半数国际新闻来源为西方通讯社，很大程度上使得国际舆论被西方舆论"牵着鼻子走"。尤其是美英等西方国家的新闻机构习惯于在民主、人权、言论自由、环境保护、军事发展等方面发表有关中国的负面意见，构建了关于中国的国际报道框架。在信息传播全球化背景下，媒介力量分布不均匀，信息传播秩序不平等，呈现等级化传播。在全球舆论场中，中国媒介难以深度融入，发挥引导力量，使得中外话语体系融通更显困难。这种困境在2020年疫情期间的国际舆论斗争中体现得尤为突出，研究显示，无论中国的抗疫实情如何，西方舆论中对中国的评价特别是政治评价总是负面的。舆情与实情的差别在当代国际传播中愈发明显。

从文明体系视角来看，中外话语体系包括两对重要关系：一是中国与西方，二是中国与其他东方国家。这里的东西方并非冷战时期的意识形态划分，而是后冷战时期的文明区域划分。中国拥有以儒家文化为主的五千年中华文明，与印度文明、日本文明等东方文明不尽相同，与欧美的西方文明更是相去甚远。于是，对外传播不仅仅关乎国际政治视角下的国家间传播问题，还关乎世界文明体系视角下的文明间传播问题。文化迥异，共同意义空间狭窄，为对外传播造成了天然屏障。世界上存在中华文明、印度文明、伊斯兰文明、基督教文明、东正教文明、拉美文明与非洲文明等多种文明形态。不同的文明又各自拥有多个民族与民族国家，且分别处在不同的社会发展阶段。面对如此纷繁多样的世界民族文化和与之相伴的多元舆论环境，构建中国的国际话语体系，不可避免地面临文化差异与文化冲突，因而需要建构文明间沟通的桥梁，融通话语空间。

在由西方主导的现代化进程中，民主/专制成为坚固的价值观二分法，前者是好的，后者是坏的。更重要的是，把"民主"定义为单一的投票民主、美式民主，凸显了民主话语权上的"不民主"。事实上，从西方国家近些年的选举与政治走向来看，不论是政党政府的决策，还是民众的投票，右翼势力、保守主义的价值观日益抬头，对"无神论的共产党国家"的意识形态偏见日益强化。在许多西方国家,尽管不得不与中国开展经贸往来,但对中国的文化、价值观和政治制度还缺乏充分认同乃至基本了解。

自由、民主都是好的概念,是人类数千年来追求的共同目标,并不是西方社会的专利。而在现代资本主义社会里,自由、民主的程度取决于拥有资本的程度。恩格斯曾分析过,"在历史上的大多数国家中,公民的权利是按照财产状况分级规定的,这直接地宣告国家是有产阶级用来防御无产阶级的组织",而在现代的资产阶级民主共和国里,"财富是间接地但也是更可靠地运用它的权力的。……有产阶级是直接通过普选制来统治的"。[1]恩格斯还具体指出了美国存在的"直接收买官吏"的问题,从当代美国政治运行中存在大量政治献金、游说集团等问题来看,这一分析极其有洞察力。

民主是全人类的共同价值,不是少数国家的专利,更不是少数国家的武器。习近平指出,民主不是装饰品,不是用来做摆设的,而是要用来解决人民需要解决的问题的。一个国家民主不民主,关键在于是不是真正做到了人民当家作主,要看人民有没有投票权,更要看人民有没有广泛参与权;要看人民在选举过程中得到了什么口头许诺,更要看选举后这些承诺实现了多少;要看制度和法律规定了什么样的政治程序和政治规则,更要看这些制度和法律是不是真正得到了执行;要看权力运行规则和程序是否民主,更要看权力是否真正受到人民监督和制约。如果人民只有在投票时被唤醒、投票后就进入休眠期,只有竞选时聆听天花乱坠的口号、竞选后就毫无发言权,只有拉票时受宠、选举后就被冷落,这样的民主不是真正的民主。一个国家是不是民主,应该由这个国家的人民来评判,而不应该由外部少数人指手画脚来评判。国际社会哪个国家是不是民主的,应该由国际社会共同来评判,而不应该由自以为是的少数国家来评判。实现民主有多种方式,不可能千篇一律。用单一的标尺衡量世界丰富多彩的政治制度,用单调的眼光审视人类五彩缤纷的政治文明,本身就是不民主的。[2]

"自由"是另一个西方国家用以占据理论制高点的核心概念,但其将"自由"概念等同于无边界、无约束的个人自由,忽视他人权益,忽视社会公共利益,就会带来大量问题。在新冠肺炎疫情蔓延的情况下,不戴口罩是自由,不打疫苗是自由,都会带来大量问题。根据法国卫生部的统计,截至2022年1月

---

[1]《马克思恩格斯选集》(第4卷),人民出版社,2012,第189-190页。

[2] 徐隽、王晔:《坚持和完善人民代表大会制度 不断发展全过程人民民主》,《人民日报》2021年10月15日,第1版。

4日，有大约470万12岁以上的法国人仍然对接种疫苗坚决排斥。以至于总统马克龙在一次采访中痛心疾首地脱口而出："对这些人，我要给他们找麻烦！把他们烦到底！让他们去不了餐厅，进不了咖啡馆，去不了剧院，看不成电影！""我不能允许一部分人所选择的不打疫苗的自由，影响到其他人的自由！"[1]

事实上，"自由""民主"等概念是马克思主义、中国共产党诞生之日起就强调的核心理念和奋斗目标，不是少数西方国家的专利，更不能在当代国际传播中失去对这些核心理念的定义权和传播力。马克思主义自诞生之日起追求的就是全人类的自由，不是少数人、少数有钱人的自由。在《共产党宣言》中，明确指出了共产主义的奋斗目标："代替那存在着阶级和阶级对立的资产阶级旧社会的，将是这样一个联合体，在那里，每个人的自由发展是一切人的自由发展的条件。"[2] 社会主义中国是在马克思主义指导下建立起来的，自成立之日起追求的就是摒弃财产依赖和劳动异化的人人平等和人民当家做主的民主。中国的社会主义实践就是在实现每个中国人的共同富裕基础上的自由发展。

近代以来，由于中国在经济、军事上的落后，"追赶西方"成为一以贯之的主旋律。在追赶的过程中，许多国人对自己的道路不确定，对自己的文化价值观不自信，认为西方道路是人类进步的唯一模式。美国学者狄百瑞曾经尖锐地指出，"'进步'本身乃是一个西方的概念"，其中隐含着西方的进步性及优越性。在分析了19世纪中叶英国对中国的侵略和美国对日本的侵略后，他反问道："为什么西方没有能够符合东亚儒家的文明行为呢？为什么它不能打扫自己的后院并待在家中，——像中国、日本和朝鲜所做的那样，——以一种成熟的、负责任的方式来行事，而不是在世界上追逐使得别人不安宁呢？"[3]

今天的中国在发展中就需要这种"反问意识"。从"天下大同"到"人类命运共同体"，从"和而不同"到"共商共建共享"，中国的历史与现实始终推崇的理念，难道不应该是人类社会的共同理念吗？如果在国际交流与传播中，多些自觉反问意识下的对话，反问所谓国际社会共同的价值基础，会让西方社会更加严肃地思考中国道路。

---

[1] 何农：《自私不能假借"自由"的名义》，《光明日报》2022年1月12日，第12版。
[2] 《马克思恩格斯选集》（第1卷），人民出版社，2012，第422页。
[3] 狄百瑞：《东亚文明：五个阶段的对话》，何兆武、何冰译，江苏人民出版社，2012，第68页。

二、软实力与舆论制高点

当代社会发展的一个突出特征是传播驱动、形象驱动，换言之，对一个人、一个企业、一个政党、一个国家来说，能否具备强大的传播能力，建构良好的形象，成为发展的重要因素。国家传播水平已经成为国家发展水平的重要标志，其主要衡量尺度是通过国家战略传播体系形成对内有凝聚力、对外有吸引力的舆论生态。

笔者从2017年起在清华大学开设"全球胜任力海外实践课程"，带学生沿"一带一路"沿线国家进行走访，先后去了肯尼亚、埃塞俄比亚、伊朗、阿联酋、巴西、尼泊尔等国家，其中重要的调研题目是中国的国家形象、企业形象。结果是喜忧参半，一方面，中国企业为当地发展带来不可替代的重要贡献，获得好评；另一方面，由于许多企业不注意与当地民众、媒体进行交流沟通，引发许多猜疑乃至误解，由此也给中国的国家形象带来消极影响。与之形成鲜明对比的是，日本、韩国等国家的企业在当地进行大量的新闻传播、文化交流，其民族文化、国家价值观、企业形象都得到了良好的树立。即便是同一个修路的行为，他国企业由于在传播上下功夫，得到的认知度和认可度也高于在同一条路上施工的中国企业。

笔者在非洲调研时得知，中国的国家通讯社记者人数屈指可数，无法满足非洲50多个国家的采访任务，既不能第一时间在现场，也不能及时发出中国声音。与之形成鲜明对比的是，美国、英国等国家的记者人数远胜过中国记者人数，总是可以获得第一手的信息，成为传播非洲形象、向非洲传播的主力军。在中东地区也是如此。实践表明，任何舆论场不可能是真空，中国自己的声音不去填充，误解中国甚至歪曲中国的声音就会出现，以至于对中国的"新殖民主义"论调在非洲依然有一定市场。

当代传播与传统传播的差异是巨大的，从传播范围来看，是高度全球化的，信息流动是无国界的；从传播主体来看，是高度全民化的，由少数人、少数机构垄断传播活动的时代已经过去；更重要的是，从传播形态来看，是高度多样化的，不仅是依赖媒体传播，大量的文化传播、企业传播、人际传播等都构成国家传播的活跃内容。正如美国学者约瑟夫·奈所说："美国的大部分软实力是由好莱坞、哈佛大学、微软公司和迈克尔·乔丹等制造的。"[1] 这一生动的表述揭示了国家软实力形成的规律，也对占据舆论制高点具有启示意义。以上这

---

[1] 约瑟夫·奈：《软实力》，马娟娟译，中信出版社，2013，第23页。

些机构，包括企业、大学与体育明星等，尽管不是传统意义上的媒体机构，对外传播中的形态各异，但在其中都蕴含着共同的美国价值观与传播力。

发动文化界、教育界、企业界、体育界乃至全民的共同参与，以国家吸引力为着力点，对一个国家提升传播能力、占据舆论制高点越来越重要。在"一带一路"的建设中，中国需要更多的企业、大学、传媒以及个人开展对外传播，树立中国形象。

笔者对非洲媒体关于中国的报道研究表明，许多非洲媒体对中国的报道主要关注"在非洲的中国人"，对中国国内事务并不关注，中国通过国内事务自塑的国家"实体形象"在非洲媒体传播中是缺位的。许多非洲媒体对"在非洲的中国人"的报道框架主要是中资企业经贸合作框架，"在非洲的中资企业"成为建构中国在非洲国家形象的核心主体。简言之，许多非洲媒体呈现的是以在非洲华人和中资企业为主要元素的中国国家形象。

与欧美媒体相比，非洲媒体并不关心中国国内的新闻，在非洲，中资企业对中国国家形象的影响被放大，中国企业形象也就在一定程度上主导了在非洲的中国国家形象构建。

当代世界百年未有之大变局深刻变化，前所未有，对于中国来说，如何不仅有好的"做法"还有好的"说法"，如何不但"大而强"而且"大而美"，已经成为一个紧迫而重大的战略任务。在中国特色新闻学的构建中，要切实把握中国面临的新舆论环境，针对新的传播主体提出新的理论架构。

大变局下的中国舆论场形成有两个突出特点：一是国际舆论场和国内舆论场高度融合，任何可以搅动国内舆论场的国内事件也都可以迅速在国际舆论场引发反应，再进一步影响国内舆论场，同样，国际事件也可以成为国内舆论场的热点，国际国内舆论场的融合性与互动性愈发明显；二是政治性话题在中国舆论场话题中居于焦点位置，不论是国内地方政府的行为失当还是国际关系中的国家冲突，都会迅速引发舆论场热议，且舆论场中的立场性、情绪性愈发明显，立场划限往往重于真相探究，事实传播往往让位于情绪传播。由此可以看出，当代中国舆论场是全球舆论场的有机组成，国际政治传播对中国舆论场具有极强的影响力，因此，分析当代国际政治传播的新趋势，可以为认识中国舆论场的变化和治理提供有针对性的视角。

第三节　当代国际政治传播的特征

在全球化与全媒体时代，国际政治传播始终是全球传播的热点与焦点，随着媒介化政治、媒介化社会的出现，国际政治传播在国际政治中的作用日益凸显，成为国际政治行为中的主导性行为之一。换言之，原本是传播国际政治行为的国际政治传播，自身成为国际政治行为的重要组成。正是这种"传播行为的政治化"与"国际政治的传播化"，导致国际政治传播愈发背离传播的伦理性、专业性，成为一些国家特别是西方国家开展国际舆论战的工具。而社交媒体的个人化、平台化与去中心化、去管制化又加剧了这一工具的效应。总的来看，当代国际政治传播呈现以下几个突出新特征。

特征之一：反民主化格局更加明显。

这一特征具体表现为，国际舆论场上只允许存在一种主流声音，西方国家特别是美国利用自己掌握的媒体优势、平台优势，一家独大，不允许别人发言，连基本的发言权都完全剥夺，"禁言"成为当代国际传播中越来越普遍的现象，其理由仅仅因为立场对立。"同质化驱动下的政治传播"使得非西方国家在当代国际政治的冲突中，由于技术劣势、平台劣势、资本劣势等，处于被碾压的舆论劣势地位。在传统的西方新闻传播理论中，新闻自由、传播权利都是神圣不可侵犯的，但是在当代国际政治传播中，为了政治目的，基于政治立场，可以理直气壮地压制乃至禁止不同声音，起先是将对立国家传播主体标签化、污名化，之后是根据内容立场禁止部分内容传播，最终干脆基于身份禁止发声。值得重视的是，少数垄断性社交媒体平台在2016年美国大选后还宣称自己只是科技公司不是新闻媒体，不对舆论场出现的问题承担责任，而在近几年的国际政治事件中，这些社交媒体平台毫不掩饰地站到了舆论战的前台，成为所在国家实现政治利益的有力工具。少数强势国家政府与大资本联手控制国际政治传播平台，主导国际政治传播格局，以单一价值观及自身利益为出发点打压多样价值观和多样化声音，国际舆论场中的民主力量受到严重限制。

特征之二：武器化特征更加突出。

在当前国际政治领域舆论战的背景下，信息传播的目的不再是为了挖掘和追寻事实真相，而是为了在国际政治竞争、斗争中取得胜利，获得最大化的国家利益。这导致当前国际政治传播呈现出一种"胜负观驱动下的信息制造"的特征，是制造信息而不是发现信息，是制造"信息武器"来打击对手而不是平等对话。2022年3月，中国常驻联合国日内瓦办事处和瑞士其他国际组织代表团公使在联合国人权理事会第49届会议上，代表20余个观点相近的国家作共同发言，对一些国家编造并散布虚假信息、打着人权幌子对别国进行诬蔑抹黑的现象表示关注，呼吁各方共同反对和抵制虚假信息。共同发言表示，一些国家出于政治目的，编造并散布虚假信息，打着人权幌子对别国进行诬蔑抹黑，为干涉别国内政、实施单边强制措施、推动人权理事会设立国别机制制造借口。[1]值得重视的是，在当前的国际政治斗争中，形成了一种恶性的虚假信息散布流程，即个别官员爆料－新闻媒体炒作－社交媒体发酵－政府机构背书，更可怕的是，说谎并不可耻，只要谎言获得相信，成为舆论场的主导声音，就可以据此打击对手。当虚假信息成为普遍共识，就成为国际政治斗争的武器，成为国际政治决策的依据。

特征之三：技术化因素更加重要。

如今，传播已经不再是以往单纯依靠人为主体而开展的传播，社交机器人、算法技术等正在互联网世界中发挥愈发重要的作用，基于日益先进的情感特征、互动行为的社交机器人可以"以假乱真"地积极参与舆论场中的内容建构，基于特定算法的信息筛选形成一边倒的舆论倾向，"数字化驱动下的舆论制造"成为当代国际政治传播中的新趋势。有研究分析了2020年新冠肺炎疫情暴发后三个重要时间节点的推特平台信息，共获取195201条推文，经检测，其中18497条即9.48%的推文由机器人生产。进一步研究机器人和人类分别如何围绕疫情构建语义关联表明，在机器人的语料中，主要使用"wuhancoronavirus"（武汉冠状病毒）一词来表示新冠病毒，相比之下，在人类的语料中，主要使用"virus"（病毒）一词来指示。社交机器人试图通过对病毒进行策略性命名的方式强化武汉与病毒起源之间的关联——这一关联本不存在于人类语义中，以期促成舆论场中对中国的不利讨论。事实上，许多研究发现都表明，社交机器人被用于国际舆论场上的政治角逐，以期营造对中国的负面舆论。[2] 可以说，新媒体技术在形塑当代大众关于国际政治的思想观念和行为模式中，已经成了某种具有导向性力量的因素，尽管社交媒体机器人的发言数量还未成为多数，

---

[1] 新华社：《中国代表观点相近国家呼吁反对人权领域虚假信息》，《光明日报》2022年3月26日，第8版。

[2] 师文、陈昌凤：《议题凸显与关联构建：Twitter社交机器人对新冠肺炎疫情讨论的建构》，《现代传播》2020年第10期。

但其导向性、精准性、整齐性可以引导舆论场中的"沉默的大多数",更重要的是,这些机器人可以成为单一主体的操纵对象。在当代国际政治传播中,技术的非中立性愈发明显,技术即政治,在当代国际政治传播中,没有技术的平衡,就没有舆论的平衡。

特征之四:情绪化倾向更加强烈。

在当代国际政治舆论场中,情感因素愈发成为影响舆论形成的重要因素,民众似乎不再关心事情的是非曲直和真相,而是关注于情感的共鸣。在各种国际冲突事件中,对于冲突的双方,民众大多具有先决的喜好,因此对于自己喜欢或认同一方的有利信息会给予更多信任、肯定和再传播。社交媒体的传播特征进一步加剧了"信息茧房""回音壁"现象,对于距离自身遥远的国际政治事件,人们很难获得一手真相,只能通过媒体信息来了解,而看到的则往往是自己希望看到的。国际政治舆论场导致的信息固化、情感极化、社会分化现象日益严重。笔者听到在美国工作的朋友谈起的一个典型例子,在圣诞节晚上,由于对国际政治事件的观点冲突、情感冲突,一家人都无法在一起安静地吃一顿晚餐,而各自依据的信息都是来自于不同媒体和信息渠道。"价值观驱动的二元对立"愈发明显,非敌即友,非黑即白,这种强烈的对立情绪激化了各国民众在思想价值层面上的冲击和对立,模糊了公共事件的本来面目,催生了大量的虚假信息和谣言,信息越来越多,真相越来越少,使得当前的国际政治传播面临更加扑朔迷离的复杂局面。更重要的是,网民情绪的扩散裹挟了社会民意,让理性处理国际政治纷争越来越困难。

国际政治传播呈现的这些新趋势、新特征不是突然间形成的,而是长期累积的,是自"二战"以来国际政治秩序特征在全媒体传播时代的体现,分析当前的这些趋势,有一些基本的新闻传播学理论视角。通过这些理论来观察,可以更深刻地把握当前国际政治传播行为的深层次规律。

视角之一:传播政治经济学与国际传播秩序失衡。

传播政治经济学考察传播行为背后的权力关系和政治经济构架。从报刊、广播、电视等大众传播媒体普及以来,任何社会的传播行为就不是简单取决于技术与媒介的,而是取决于使用技术与媒介的观念、制度与利益主体。从国际传播秩序来看,由于"二战"以来美国等西方国家长期占据经济优势和科技优势,进而形成了语言优势、文化优势与传播优势,传播成为掌控国际政治格局的"非军事"力量。

传播政治经济学的开创者、北美传播学者达拉斯·斯迈思在其1981年出版的《依附之路:传播、资本主义、意识和加拿大》一书中提出:"自大众传播出现以后，帝国的控制可能并正以一种更简单、更平和的方式出现，它主要借助由核心国家（主要是美国）的军事力量支持的意识工业完成其文化统治。"[1]这一论断描述了当时的国际政治传播特征，也解释了当代的国际政治传播格局，即传播作为少数国家实现全球意识形态统治的工具，在越来越发达的媒体技术驱使下，在国际社会意识形态博弈中发挥着越来越突出的作用。

达拉斯·斯迈思指出："资本主义政治经济体系本质上就是依赖电子传播的体系。广义上说，传播的净流量主要从核心地带流向边缘国家。其他自然资源（劳动力和原材料）的产物的流向却是从边缘国家流向核心地带。"[2] 在他看来，加拿大虽说是发达国家，但却是依附于美国的，是"世界上最具依附性的发达国家"。这些分析说明，从世界范围看，边缘国家与核心地带国家间存在信息流的一边倒的"逆差"，从核心地带国家内部看，也是明显的一国独大，这就很好地解释了当代国际政治传播高度集中性的导向。

随着互联网技术、数字技术的发展，电子传播技术的影响力越来越大，核心地带国家对这一传播技术的控制越来越重视，全球互联网根服务器、大型社交媒体平台、领先的卫星通信技术等掌握在少数国家手中，基于这些技术优势带来的传播优势在各种当代国际政治冲突中扮演着愈发突出的角色。从传播政治经济学的角度可以清晰地看出，传播技术国际分布的失衡，决定了国际传播秩序的失衡。

视角之二：媒介化政治与幻象政治。

随着媒介技术的进步与信息化社会的出现，传播媒介在当代政治中的作用愈发显著，不论是政治选举还是政治革命乃至军事战争，都要以发动媒介造成舆论来作为依托。在国际政治中，传播媒介的作用更是无以替代，动员国内民众支持本国政府政策，形成国际舆论支持本国主张，进而影响联合国等国际组织通过支持本国主张的各种决定。媒介化政治已经成为当代政治特别是国际政治中的突出特征，因而新闻舆论成为关乎治国理政的关键性能力，成为关乎国际政治的战略性手段。

美国是当代世界中媒介化政治程度最高的国家，不论是实际的操作手段还是传播学研究，可以说在媒介化政治实践与理论方面都居于领先地位，也提供

---

[1] 达拉斯·斯迈思：《依附之路：传播、资本主义、意识和加拿大》，吴畅畅、张颖译，北京大学出版社，2022，第3页。

[2] 达拉斯·斯迈思：《依附之路：传播、资本主义、意识和加拿大》，吴畅畅、张颖译，北京大学出版社，2022，第332-333页。

了许多可供研究的案例和理论。美国学者兰斯·班尼特在1983年出版的《新闻：幻象的政治》一书，成为政治传播学的先锋之作。经过不断修订与重印，近四十年间该书已经出版到第9版。在书中，他谈道："新闻中政治世界的形象可以自我应验成为现实，这很可悲。利用遥远世界的敌人的可怕形象就能掀起一场战争或者军事干预（比如说越南战争和伊拉克战争），事后回望才觉得值得三思。"[1]

兰斯·班尼特认为，美国在2003年发动的伊拉克战争是一个理解媒介化政治的经典案例，"全面展示了政府如何把战争的概念灌输给媒体，继而传递给其他政治人物和美国公众的过程"。在战争中，"争夺新闻形象控制权的斗争才是最重要的"。其结果是，"在政府对媒体严格管控的2003年，69%的人相信伊拉克与'9·11'事件至少有某种联系"。事实却是，"美国士兵把伊拉克翻了个遍，也没能找到大规模杀伤性武器"。[2]可即便如今全世界都知道伊拉克战争是媒介化政治主导的战争幻象，但又如何呢？一切反思性讨论只停留在论文中、书本中、课堂中，这些现象在当代国际政治传播中依然不断上演，甚至愈演愈烈。

在政治传播领域，针对不同的报道对象，有一个"受害者价值"理论，即同样是面临暴力冲突、灾害、疾病等痛苦境遇，有价值的受害者指的是那些与报道者价值观或利益一致的受害者，无价值的受害者指的是那些与报道者价值观或利益不一致的受害者，前者会在新闻传播中得到最大限度的展现，后者的受关注度就很有限乃至会被忽略。这种现象在当代国际政治冲突的国际传播中已经毫无掩饰地表现出来，同样是军事冲突，欧洲地区的受害者就远比中东地区、非洲地区的受害者更受到关注。如果说在国际政治中常常是"丛林法则"，强者会基于自身利益欺凌弱者，在国际政治传播中，常常是"探照灯法则"，少数国家强势媒体的"灯光"只会照到有价值的受害者身上，而对无价值的受害者则不屑一顾。随着全球化与全媒体时代的到来，少数国家强势媒体成为全球社交媒体的主要信息源，垄断型社交媒体平台又关闭了不同角度的"光源"，这些都最大限度地放大了单一"探照灯"的亮度，导致强者可以凭借传播优势更加为所欲为地制造幻象政治。

---

[1] 兰斯·班尼特：《新闻：幻象的政治》，杨晓虹、王家全译，中国人民大学出版社，2018，第4页。

[2] 兰斯·班尼特：《新闻：幻象的政治》，杨晓虹、王家全译，中国人民大学出版社，2018，第15-17页。

视角之三，后真相时代与高质量新闻缺失。

"后真相"（post-truth）一词成为英国《牛津词典》（*Oxford Dictionary*）2016年世界年度热词，当年的"英国脱欧"与"美国大选"显然是最具冲击力的政治事件与极具争议性的新闻事件，成为直接诱因。而其深层次原因，则是"新闻与真相脱离"这一问题愈发突出，在政治传播领域颠覆性影响愈发强烈，换言之，在全媒体环境中，虚假新闻越来越多，真相越来越少，所谓"后真相"，实质是"伪真相""无真相"，这已经成为一个全球性挑战。从各国新闻传播学研究来看，"事实核查"（fact check）逐渐成为一个新的热门话题，而国际上也出现了许多民间的事实核查机构或网站。

尽管"新闻与真相脱离"的问题引发了全球学界、业界、政界的重视，但显然没有得到有效治理。根据《2022年爱德曼全球信任度调查报告》，民众对虚假新闻的担忧上升到历史新高，针对全球27个国家的调查表明，在回答是否同意"我担心虚假信息或假新闻被当做武器使用"的说法时，76%的受访者表示认同，其中比例最高的认同来自西班牙，达到84%，最低的来自荷兰，也达到63%，中国80%的受访者认同此说法。[1]

分析后真相时代的出现，从微观上看，有两个重要原因，一方面是媒介技术原因，社交媒体的全球流行和主导地位凸显了个人化传播，算法技术的迎合与诱导进一步强化了基于个人喜好的信息偏向；另一方面是传播行为原因，民众更愿意接受来自小圈层的信息而不是权威媒体的信息，更愿意自主性地传播信息而不愿受到监管，在社交媒体传播中，为了自我保护，"沉默螺旋""寒蝉效应"进一步加剧，"过滤气泡"效应进一步凸显。形成悖论的是，民众在追逐个人信息权利的绝对自由中正在丧失个人信息权利的实质，即拥有高质量新闻的可能性。

从宏观上看，有学者认为："在现代主义引领的大众传播时代，客观新闻学奉总体化、同一性、体系化、权威性为圭臬。而在以社交媒体为中心的时代，以后现代主义为其哲学基础的'对话新闻学'则占据了主导地位，多元化、多样性、差异性、去中心化、碎片化、不确定性等成了媒介传播的主要特征。""从更为宏观的层面来看，'后真相'的兴起也标志着'后西方、后秩序'时代的到来。"[2] 当然，值得警惕的是，对话新闻学成为情绪信息与极化信息传播的解

---

[1] 爱德曼公司：《2022年爱德曼全球信任度调查报告》，2022年3月发布。

[2] 史安斌、杨云康：《后真相时代政治传播的理论重建和路径重构》，《国际新闻界》2017年第9期。

释，而"后西方、后秩序"依然是由"西方社交媒体""西方秩序"在主导新的传播环境与价值取向。具有真实性与建设性的高质量新闻的稀缺，成为当代国际传播特别是国际政治传播中的根本问题。

第四节 "一带一路"上的国际报道能力建设

"一带一路"建设作为中国面向全球的发展倡议，是具有改变、引领世界格局意义的宏大构想，这一倡议不仅是经济的，更是文化的；不仅关系全球财富再创造，更关系人类发展新理念。要将这一倡议全方位推进，不仅要关注经济项目等"硬力量"建设，还要关注国际传播等"软力量"建设，让中国的和平声音广泛传播，让中国的发展理念深入人心。

据非洲学者保守估计，近10年间去往非洲的中国人比过去400年间到达非洲的欧洲人还多。[1] 这种日趋紧密的联系和互动使得中非之间的相互关注越来越多。但这种关注是源于商贸往来需要，人文交流、文化传播还有限，因此彼此的形象都带有较强的刻板印象。

笔者在东非调研时发现，在中国道路的积极追随者埃塞俄比亚，不少当地老人仍将中国视为意欲发动世界革命的国家；在曾经的英国殖民地肯尼亚，新一代青年将中国视为民主和自由有限的国家；在中国企业投资的项目里，当地劳工将中国视为突然富裕起来的暴发户；在中国人穿梭如织的肯尼亚和埃塞俄比亚机场里，当地海关工作人员将中国人看作不守秩序、愿意支付小费的投机者。

由于缺乏在非洲树立中国国家形象的系统设计与部署，非洲本土关于中国形象的认知是模糊的、零散的。与此相对应的是，西方媒体热炒的"中国威胁论""新殖民主义"等论调甚嚣尘上，此起彼伏。这些论调在21世纪第一个十年里广泛出现，如英国《经济学家》周刊2006年刊载的一篇文章称：大约600年前，明朝的航海家到达这个大陆的东海岸，带回了一头长颈鹿以满足皇帝的好奇；今天，中国的船只在同样的航线定期航行，带回了石油、铁矿石和其他商品，以满足一个庞大的经济体发展的贪婪胃口。而对于中国提出的"一带一路"倡议的意图、原则和愿景，海外公众知之有限。

中国在开展"一带一路"建设进程中面临国家形象污名化的严峻挑战。西

---

[1] 贺文萍：《建立新时代中非媒体伙伴关系刍议》，《对外传播》2016年第5期。

方将中国积极推进全球化、通过"一带一路"带动各国共同发展的理念与行为解读为一种新的霸权力量的崛起,一种仅仅为中国利益考量的部署。这种解读被发达国家视为一种威胁,也带给"一带一路"沿途发展中国家一种焦虑。以至于中国媒体在海外的发展也被与经济、政治、军事战略布局等并列,被视为中国正在通过媒体不遗余力地进行文化殖民输出。如将中国媒体在海外设立分支机构形容为"砸钱买名声",为中资企业获得资源开采权减少阻力,又或是被别出心裁地解读为借助政府力量"恶意抢占国际传媒市场"。[1] 不少"一带一路"沿线国家的情况是,多数西方媒体和当地媒体采用"反常放大"的报道策略,用放大镜观察中国人在当地的一举一动,将个别中国人的不良行为突出报道,形成负面为主的中国形象报道倾向。

与中国在"一带一路"沿线国家的形象不佳同时存在的是,中国对"一带一路"沿线国家的形象认识也存在负面的刻板印象。比如这些国家在许多中国人心目中依然是经济落后、战乱频仍、疾病蔓延的印象,甚至前往非洲都会给一些人带来恐惧感。笔者到非洲实地调研,在与中国驻埃塞俄比亚大使及中国驻非盟使团大使座谈时,大使们都提到了在中国树立良好非洲形象的共同而迫切的需求,认为这是中国媒体应该承担的、关系中国全球发展战略的重要任务。

同样,对"一带一路"沿线的许多伊斯兰国家,国人也存在一些认识误区。目前,全球共有57个国家以伊斯兰教为国教或多数居民信奉伊斯兰教,他们以伊斯兰合作组织为依托,在国际政治学范畴内被统称为"伊斯兰国家",覆盖人口约13亿,广泛分布在东南亚、南亚、中亚、西亚和北非等地理区域。在"一带一路"重点贯通的东南亚、南亚、中亚、中东四个区域的41个国家中,伊斯兰国家数量多达27个,其中更包含了印度尼西亚、巴基斯坦、哈萨克斯坦等战略支点国。中国与伊斯兰国家人口加起来约占全球人口总数的三分之一,不论西进或南下,"一带一路"建设都与伊斯兰世界紧密关联。

20世纪70年代以来,受美国全球外交战略和舆论影响,伊斯兰世界受到西方关注,但总体上还是持东方主义视角下的"敌视"(xenophobic)或"异域"(xenophilic)判断,仍是一种轻视、误解、虚构东方文化的思维方式和认知体系。

出现以上问题的原因,是中国与西方及"一带一路"沿线国家在经济、政治、文化等方面复杂碰撞的结果,有着深刻的外部和内部原因,但其核心原因依然是缺乏了解与沟通,因此导致"双向刻板印象"的问题。笔者在伊朗、阿

---

[1] 康秋洁、刘笑盈:《中国媒体在非洲》,《世界知识》2012年第21期。

联酋调研中，多次与当地宗教领袖、高校教师、政府官员、企业负责人等交流，对方普遍认为美国等超级大国在误导世界舆论对伊斯兰世界的认识，同时认为，中国在开展"一带一路"合作中过于重视经贸领域，忽视文化领域与人文交流，中国在伊斯兰世界的国家形象是不清晰的。

一方面，中国对"一带一路"沿线国家的研究不够。沿线的60多个国家，各国社会环境、宗教信仰、语言习惯等千差万别。从现状上看，中国对欧美发达国家和英语等通用语种掌握充分，但对沿线的发展中国家、欠发达国家的情况了解有限，对其特殊的语言更是掌握有限。比如笔者调研的肯尼亚，尽管可以用英语交流，但这仅限于当地的少数受教育水平较高的人群，多数本地人使用的语言还是斯瓦希里语，但中国的媒体和企业中能够掌握这一语言的人少之又少。

另一方面，中国对"一带一路"沿线国家的传播不够。西方媒体在全球的布局时间长、投入大、覆盖面宽，远比我国媒体的全球布局情况要好。如法新社1944年进驻非洲市场，2002年向非洲大陆提供互联网和移动服务，2007年开辟视频新闻业务。另一家最早进入非洲的国际媒体BBC，其官网每月在非洲的浏览量约占到总浏览量的10%。在"西强我弱"的国际新闻传播格局下，全球信息传播仍保持着由发达的中心国家向不发达的边缘国家的单向流动态势。中国媒体外派专业人员有限，对包括非洲在内的"一带一路"国家的报道仍存在成为西方媒体"传声筒"的现象，缺乏从新闻一线发出的中国声音，更展现不出中国视角。

中国与大量"一带一路"沿线国家的共同特点是同处于第三世界，都在近代资本主义发达国家主导的世界体系中居于边缘位置，也都在当代全球新闻传播体系中成为西方媒体眼中的"他者"形象。这种共同的"他者"形象造成了彼此的误读，当然，也成为改变当前全球新闻传播体系的重要着力点。

新中国成立初期，面对占据国际话语制高点的西方媒体，毛泽东提出要把新华社建成世界性通讯社，向世界传递第三世界的声音，做到"把地球管起来"。1956年，在中国与埃及正式建交后，新华社驻埃及分社正式建立。这是中国在非洲建立的第一家驻非洲媒介机构。1986年，新华社非洲总分社成立，总部设在肯尼亚首都内罗毕，负责撒哈拉以南非洲地区47个国家的新闻信息报道和营销工作，设有英语分社、法语分社和葡语分社。2015年12月，习近平致信中非媒体领袖峰会指出，媒体作为中非交流互鉴的渠道、民心相通的桥梁，未来的合作空间广阔、大有可为。

在媒介化社会里，新闻媒体通过对信息的选择、加工、重新结构化，塑造公众认知。新闻报道形成新闻舆论，新闻舆论引导社会舆论。多年来，中国在非洲以及"一带一路"沿线国家的媒体形象主要由美联社、法新社、路透社等西方媒体来进行"他塑"，在中国与"一带一路"沿线国家关系的媒介化呈现中，既缺失了中方观点，又忽略了沿线国家立场，来自西方媒体的报道和评论很难准确反映中国推动"一带一路"建设的客观图景。

随着"一带一路"建设的推进，随着大批中国工程项目在沿线国家的落地，迫切需要大量中国声音在沿线国家落地，前者是中国的硬力量，后者是中国的软力量。据新华社驻哈拉雷分社记者统计，津巴布韦发行量第一大日报《先驱报》每月转载新华社稿件30余条，内容主要包含非洲其他国家新闻，涉华新闻，俄罗斯、伊朗、朝鲜、古巴等不认同西方价值观国家的新闻，以及中东战区新闻。[1] 由此可见，中国在非洲具有竞争力的稿件，是与西方传统通讯社关注焦点"差异化"的内容，是用中国视角审视、中国观点评论、中国理念思考的世界新闻。在西方报道中，非洲不是充满希望的热土，而是死亡（death）、疾病（disease）和灾难（destruction）集中的"3D"区域。因此，把握非洲受众需求，及时补充异于西方立场的非洲报道，已成为中国媒体的有效发力点。如果说"农村包围城市"是中国革命的成功经验，那么"非洲包围世界"就是突破"西强我弱"舆论格局的有效选择。事实表明，从西方媒体防守薄弱的第三世界国家入手，中国有可能实质性推动建立客观公正的国际话语新体系。

研究表明，突破西方媒体的话语霸权已经成为持续推动"一带一路"建设不容忽视的问题。从伊斯兰国家的媒体格局看，"一方面，西方从官方到民间，从政治、经济到文化、教育，从宏观布局到突发事件阐释，形成了一整套话语霸权。另一方面，一些伊斯兰国家的大众传媒，受西方国家通过资金、广告、教育培训和文化交流的渗透，自由世俗派控制下的媒体几乎完全服从于美国。这种局面对中国推进'一带一路'非常不利"[2]。

在赴非调研中，笔者重点走访了新华社非洲总分社，了解到在逾半个世纪的对非传播中，新华社以开展媒体合作、实现稿件落地为努力方向，以与非洲各国形成广泛的媒体联盟为目标，逐渐让中国报道影响非洲，让非洲社会认同中国理念。其做法有成效且具有典型性，给中国提升"一带一路"国际报道能力许多启示。

---

[1] 许林贵、王悦：《与西媒"错位竞争"，合力发出影响国际舆论"最强音"》，《中国记者》2016年第4期。

[2] 史安斌编著《全球传播与新闻教育的未来》，清华大学出版社，2014，第5页。

一是发展主流媒体用户，提高主流社会影响力。2016年，新华社非洲总分社及下辖分社共发展主流媒体用户26家。值得一提的是，冈比亚的《旗帜报》、马拉维的《国民报》与《日报》此前的涉华报道曾存在严重失实的情况，但主动向新华社伸出橄榄枝，希望能签署长期订供稿协议。由此，新华社成功扭转了上述两国舆论环境对中国不利的态势。

二是与当地媒体合作专版，围绕重大事件刊登稿件。新华社曾围绕"南海仲裁案"、中国杭州G20峰会、金砖国家领导人第八次会晤等与中国相关的、海内外影响力突出的重大事件进行策划，在关键时间节点上，与南非最有影响力的英文报纸《星报》进行专版合作，刊登新华社稿件，面向影响力大的媒体形成主流示范效应。

三是推动评论稿件落地，提升舆论引导力。传统意义上的稿件落地分为日常报道和重大报道两类。新华社在保障重大报道落地、实现日常报道持续有效落地之外，面向非洲主流媒体大力推介反映中国立场与观点的长篇评论性报道。如2016年5月2日至15日，坦桑尼亚的《卫报》共刊登35篇来自新华社的长篇评论性稿件。其中，5月4日《卫报》国际版头条刊出的5篇文字稿、1篇图片稿，全部来自新华社。

四是与主流电视台合办栏目，面向多元群体进行差异化传播。新华社非洲总分社与肯尼亚国家电视台合办了《每周世界新闻》电视节目。该节目全部使用新华社拍摄的视频素材，在语言播报上进行"落地化"设计，选用肯尼亚人的母语斯瓦希里语录制，相比英语类电视节目，受众更加广泛。该节目自开播以来，每周一期、每期30分钟，目前已累计播出超过100期，始终稳居电视新闻类节目收视率榜首。

五是借助新媒体平台，积极影响各类人群。目前，新华社非洲总分社面向非洲人与在非华人，开设了斯瓦希里语海外社交媒体（Facebook、Twitter）、"新华非洲"微信公众号以及手机报三大新媒体传播平台，力争全线覆盖不同群体。斯瓦希里语社交平台自2015年9月正式上线以来，主要辐射肯尼亚、坦桑尼亚、索马里、乌干达、布隆迪和赞比亚等国，成为新华社面向非洲发布新闻资讯和传播中国声音的前沿阵地。"新华非洲"微信公众号于2015年年初上线，已成为深受当地华人欢迎的权威信息、新闻资讯发布平台。

中国推动的"一带一路"建设是一个完全不同于西方意义上的全球化进程，这一进程是以包容性发展、多样性文化、平等性参与为特征的。这种特征也是中国推动"一带一路"建设的优势所在。2017年5月，在"一带一路"国际合作高峰论坛圆桌峰会上，习近平指出，"一带一路"源自中国，但属于世界。"一带一路"建设跨越不同地域、不同发展阶段、不同文明，是一个开放包容的合作平台，是各方共同打造的全球公共产品。为此，在推动这一进程中，不仅要让优秀的中国企业获得"一带一路"沿线国家的认同，还要让优秀的中国理念获得认同。

新华社非洲总分社负责人在与笔者座谈时强调："新华社在非洲的竞争优势在于弥补西方媒体的报道缺陷，打破西方话语垄断局面，关注西方媒体回避的非洲正面问题，在树立中国特色形象的同时讲好中非故事。"新华社在非洲的发展代表了中国媒体乃至整个第三世界媒体以更加积极的姿态参与全球新闻传播。

进入新世纪后，从全球新闻传播发展趋势来看，长期以来垄断全球新闻传播体系的、政治经济实力更为强大的"西方"与"北方"正在遭遇"其他地区的崛起"这一趋势的挑战。今后，加大中国媒体在"一带一路"沿线国家的投入力度，推动中国与各个沿线国家的媒体紧密合作，可以为拓展共同的国际话语空间提供强大力量，可以让中国在日趋保守化的世界体系中占据道义制高点，可以推动中国与"一带一路"沿线发展中国家更加紧密地实现共同进步。

第五节 中国特色的国际传播新观念

提升国际传播能力是当代中国发展面临的重大战略任务，也是中国在全面走进世界舞台中央进程中面临的重大战略挑战，能否形成同我国综合国力和国际地位相匹配的国际话语权，已经成为中国发展必须解决的全局性问题。要解决这一问题，需要加强队伍建设，更需要更新观念，以适应当代世界舆论生态、国际传播格局的方式来进行传播。对当代中国国际传播来说，无所作为是不行的，盲目作为也是无效的，事实上，作为影响不同文化背景、利益群体思想认识的行为，单纯"以我为主"是无效的，仅仅"动机正确"也是无效的，必须把握国际传播中的新特征、新规律和新理论，推进中国故事和中国声音的全球化表达、区域化表达、分众化表达，增强国际传播的亲和力和实效性。

国际传播不同于国内传播，面对的是不同的文化价值体系、强大的西方传播体系，在这一环境中，进行对外传播，传播中国声音，展示中国形象，要善于以"因势利导、因时而变"的姿态，达到"水滴石穿、润物无声"的效果。舆论场从本质上说是一种动态的信息系统、能量系统。在传统媒体时代，系统要素之间是线性的、决定论的关系；而在全媒体时代，系统要素之间是非线性的、非决定论的关系。换言之，关联性取代了因果性，相对性取代了绝对性，自组织性取代了组织性，成为全媒体时代舆论场的运行规律。在这一新的舆论场中引导国际舆论，建立信任感、理性感、积极感，已经成为新的任务。观念是行为的先导，要有新的行为必须先有新的观念。

观念之一，人类的价值。在国际传播中，首要的也是关键的问题是传播什么价值观。任何新闻媒体信息中、文化传播内容中、人文交流活动中都隐含着一定的价值观，这种价值观决定了信息选择、内容设计、活动安排，也决定了信息、内容、活动的传播力。要提升国际传播效能，形式不是决定性的因素，增加炫酷的表达方式并不必然能增加传播力，最重要的，还是传播内容中蕴含的价值观，具有普遍意义、打动人心的全人类共同价值观。要基于这样的价值观，确定国际传播的内容与策略。

观念之二，融通的话语。从国际传播视角思考中国对外话语。对外传播体系的基础要素是核心话语，唯有从基本的语言层面实现融通，才能进一步建立融通的话语体系，让中国的理念和声音得到认知和认同。但从近年来的一些核心话语对外传播中，出现了反复修改、调整的现象，其间伴随着国际语境中的误读，削弱了中国国际传播能力。"一带一路"倡议的英文翻译是一个典型案例。作为非常重要的核心政治概念，中文语境中把政策沟通、设施联通、贸易畅通、资金融通、民心相通等"五通"作为"一带一路"完整的内涵，但在进行这一概念的对外传播时，并非一开始就做到了真正的融通。自2013年提出以来，其英文翻译经历了多次修改，最初的"One Belt, One Road"属于对中文字面意思的直译，之后官方翻译删除了原有的"One"，译为"the Belt and Road"，英文缩写为"B&R"。此外，关于"倡议"二字的翻译也出现了多种情况，仅《中国日报》就使用了"initiative(s)""strategy""routes"和"plan"等多达19个英译搭配词[1]，这反映出我国政治话语对外传播的普遍问题，即缺乏前瞻的、权威的、考究的语言翻译，语言翻译的基础问题为"一带一路"倡议的对外传播带来了不少问题，也给西方媒体留下了误读的空间，"strategy""project"等词的使用使得一些外国媒体将之解读为中国进行全球扩张的战略，称之为"中国版马歇尔计划"或"中国版珍珠链战略"，认为中国欲借此重塑国际地缘政治新秩序，从而将语言差异上升为意识形态的差异，无

---

[1] 时闻、刘润泽、魏向清：《政治话语跨文化传播中的"术语滤网"效应与术语翻译策略反思——以"一带一路"话语传播为例》，《中国外语》2019年第1期。

形中增加了我国对外传播的阻力。

观念之三，多样的一致。全媒体环境中的舆论多样性立场和表达是必然存在的。因此，在这种环境中引导舆论，首先要明确同质化舆论的不可能，进而追求同向化舆论。从现实性上看，同质化舆论是"同而不和"，同向化舆论是"和而不同"。在全媒体环境中，形式上排除不同声音并不能带来认识上的一致。更何况，全媒体环境中的形式变化从理论上说是无限的。因此，在全媒体环境中，我们要在尊重、承认多样性的基础上寻求、创造一致性，形成既有活跃度又有正能量的舆论场。

观念之四，正向的批评。新闻媒体的公信力来源于对现实的全面客观反映，舆论引导的信任度来源于对不同主体与客观事实的尊重。新闻媒体的批评性提高真实性。在全媒体时代，公众成为舆论场建构的重要力量。对同一事实有不同视角，对社会问题有主动表达，这是社会现代化、民主化进程中的客观趋势。事实上，舆论场中的批评可以成为现实中的积极力量，能够推动现实问题的解决与社会的进步。因此，对于"正面宣传"的理解应该有新的发展，不应仅是内容的正面，还要有效果的正向。从实践与理论上看，只要是基于事实的、理性的批评表达，且能够带来正向发展推动力的内容，都应成为舆论场中的健康声音，予以支持。在国际舆论场中，有公信力的新闻媒体不能仅有表扬的声音，也要有问题的揭示，这是当代国际传播中的要求。

观念之五，理性的讨论。在全媒体时代，舆论场中远远不止"两面之词"，而是"多面之词"。面对这种情况，培养讨论习惯乃至辩论意识就显得至关重要。在全球化与社会存在多样化的时代里，思想观念的差异是必然的，重要的是如何以事实和理论来引导不同的思想观念。特别是对于国家发展道路问题，要有历史与宏观的视野，西方的问题讲透，自己的问题讲足。尤其要重视的是，给学界更多思考和对外表达的自主性。只要保持全球视野与中国立场的统一、尊重事实与道路自信的统一，就能在全媒体环境的舆论场中保持理性姿态与引导性位置。

观念之六，容错的更新。全媒体时代是全程媒体的时代，信息发布与事件发生之间"零时差"的同步性已经成为现实。从舆论形成的规律来看，早发布的信息具有事实呈现力与解释力，因而具有舆论引导力。"第一声音"形成"第一印象"，尽可能地早发声、快发声具有极其重要的、不可替代的意义。在全媒体环境中，慢信息是弱信息。换言之，过慢的信息，即便具有权威度与真实性，但因丧失关注度，也很难具有较强的舆论引导力。因此，对于国际舆论引导者来说，只有保持动态的发布机制，实现第一发布与持续更新的统一，才会形成对国际舆论场的有效引导力,掌握最大的主动权。当然,追求时效或速度可能会带来信息失误,这就要求进行动态的发布,这其中,尤其应注意给政府更多发声的责任与宽容。

观念之七,创意的内容。全媒体时代是全息媒体的时代,具有完全不同于传统媒体的传播形态。移动化、社交化、可视化,特别是碎片化,已经成为其基本特征。全社会的注意力越来越稀缺,思考力则更稀缺。信息接受的前提是信息接收。因此,要实现对舆论场的引导,最基本的就是让信息得到关注与传播。事实上,如何制作全息形态的创意内容,已经成为当代信息传播领域的热点话题。在全媒体环境中,好的内容具有硬核、真情与美颜三个要素。硬核是指事实与故事,真情是指平等心与人情味,美颜则是指表达的创造性与吸引力。

观念之八,青年的力量。在全媒体时代,青年是互联网与数字媒介的"原住民",青年的参与度、活跃度远远超过其他年龄段的群体。可以说,当代青年已经逐渐成为家庭以及社会的意见领袖。要引导全媒体环境中的舆论,特别是自媒体、社交媒体中的舆论,关键要发挥青年的作用。从当前国内各大新媒体公司的发展来看,其创始人创建公司时的年龄和全体员工的平均年龄普遍不到30岁。由此可见,新生的青年力量已经成为当代舆论引导力量的重要生力军。新一代青年人有着更开阔的全球视野、更清晰的国家意识、更理性的思维方式,只要充分信任,积极组织,就能使其成为具有强大战斗力的国际舆论引导力量。

全媒体时代是全新的媒体时代。这一时代有着全新的规律,也带来了全新的挑战。对于中华民族伟大复兴来说,舆论引导能力、国际传播能力已经成为国家战略能力不可或缺、不可替代的组成部分。只有切实尊重、把握这一新时代的规律,中国才能逐渐成为全球传播格局中的引领者,中国的世界贡献、发展理念与精神价值才能获得越来越多的国际认同。

结语：当代中国特色新闻学的挑战与实践

要对新闻传播学进行中国本土化的提议最早可以追溯到1982年施拉姆和余也鲁初次到中国大陆讲学，从20世纪90年代开始，中国大陆的新闻传播学者们开始了理论本土化的实践。[1] 然而一个认识误区是，一些学者或许会认为新闻传播学就像物理学、哲学一样是一个普适的学科，但却没意识到传播学作为一种学科建制，其背后的意识形态特征和文化背景都是需要细加琢磨、反复研究的。

所谓本土化，核心在于将现实经验归纳成理论，强调理论与现实、语境和概念的匹配，反对理论先行。[2] 因此在驯化传播学、实现本土化的过程中，要明确当前中国新闻传播学发展的现状和存在的问题，厘清学术研究与意识形态的纠缠，在充分理解新闻传播学的学科特殊性后，明确未来的研究方向，进一步激发学术想象力。李彬与刘海龙在回溯中国传播学发展历程时，梳理出了三个"突进"的阶段，第一个为20世纪80年代引进西方传播学，改造了传统新闻的形式和观念；第二个为20世纪90年代至21世纪初，强调规范的社会科学研究方法；第三个则为2008年以后对于传播学中国化、本土化的反思，激发出一代人的学术自觉。[3] 随着近年来美国世界霸主地位的松动，美国主导的意识形态也遭遇到了越来越多的挑战，促使更多人反思新闻传播学的本土化现状。在中国新闻传播学本土化进程特别是中国特色新闻学的发展中，主要面临以下突出的挑战。

主体意识缺位，难以破除"西方理论，中国经验"的二元思维框架，新闻学的学术想象力严重受限。王维佳和赵月枝指出："主流中国传播研究的西方

---

[1] 胡翼青：《传播研究本土化路径的迷失——对"西方理论，中国经验"二元框架的历史反思》，《现代传播》2011年第4期。

[2] 刘海龙：《超越二元对立：多元竞合的中国传播研究》，《青年记者》2014年第16期。

[3] 李彬、刘海龙：《20世纪以来中国传播学发展历程回顾》，《现代传播》2016年第1期。

中心主义倾向、精英民主政治诉求、现代化理论框架和工具理性导向在完成了其'告别革命'和为传媒商业化和消费文化的流行提供学术合法性的使命后，已无法使本领域在'三重危机'下在理论创新方面有所作为。"[1]20世纪80年代以来的"思想解放"和"彼岸情结"至今仍然影响着中国新闻传播学研究，西方仍然是学术研究和理论发展的高点与框架。如果还是秉持用西方理论来解释中国经验，或用中国经验丰富西方理论，最终的结果只能是限制了自身的学术想象力，让"中国理论"原地打转，反而使西方新闻传播学的话语霸权不断加强。理论是灰色的，实践之树常青。面对活跃而生动的中国实践，依附于西方理论的中国新闻传播学显得愈发"灰色"。对新闻学来说，意识形态是学科发展的灵魂，理论是学科发展的根基。理论和方法的背后是价值观，不问价值地套用他人的理论，就等于将他人的价值当做了自己的假定前提。[2]当西方国家日益强调价值观驱动、价值观联盟时，对中国新闻学界来说，必须认识到，不能再将中国视为一种问题加以看待，用西方理论分析中国问题，而是要如沟口雄三所说的，将中国作为一种方法，以中国思维总结经验、建构理论，为中国新闻传播学的本土化发展打开思路。

结构功能主义与媒介中心主义依旧盛行，新闻学的理论建构依然单薄。出于实用性的需要，许多的新闻传播研究都在讨论媒体对社会现象或事件的影响如何如何，或论证媒体对个体或群体可以施加怎样的作用，如何更好地利用媒体获取更高的传播效益等等。这样的研究路径一方面过分夸大了媒介在其中发挥的作用，忽略了其他可能更重要更复杂的社会要素，另一方面常常得到一些常识性的结论，无法从理论深度上给人以启迪。未来的新闻传播学研究如果仍然以媒介中心主义和结构功能主义为主导，那么其产生的理论增量只能来自于其他学科，[3]新闻传播学自身仍旧无法获得话语权，更无法凭此超越西方的新闻传播学研究，学科的主体性和生命力都会大打折扣。因此，对中国的新闻学研究来说，需要更加深入地植根在丰富的社会实践中，从实践中构建理论，以更加科学的研究方法来分析新闻、媒介、传播、舆论之间的复杂关系，力争构建更加坚实、高耸的理论大厦。

忽视学术与政治的关系，对新闻学科的特殊性认识不足，常常忘记了中国

---

[1] 王维佳、赵月枝：《重现乌托邦：中国传播研究的想像力》，《现代传播》2010年第5期。

[2] 赵月枝、胡智锋、张志华：《价值重构：中国传播研究主体性探寻》，《现代传播》2011年第2期。

[3] 胡翼青：《重塑传播研究范式：何以可能与何以可为》，《现代传播》2016年第1期。

特色新闻学研究的灵魂。学术与政治的关系，某种程度上可以理解为学术与国家的关系，国家的发展与建设对于社会科学的需求是天然而内在的。[1] 学术需要政治转化为实际的力量，政治需要学术提供理论指导和支撑。社会科学的内在使命是"通过积极主动的学术论说，将国家的发展引导到更具有正当性与合理性的轨道上来"[2]。学术研究承担着拓展人类认知边界的重要使命，同样承担着维护国家利益的普遍任务，完全令学术研究"去政治化"是不切实际的。在当今愈演愈烈的中美冲突中，包括科学、技术、创新在内的学术研究早已成为国际政治斗争的武器，如果说技术已经成为政治，也成为武器，更毋论政治学、法学、新闻学等社会科学发挥的鲜明的政治功用。对新闻学来说，在此国际背景中，还怎能妄图躲在象牙塔中远离政治、远离斗争？早在传播学初进中国之际，就有郑北渭等学者呼吁要认清西方传播学研究的资产阶级本质："他们（指施拉姆等西方传播学者）的研究从根本上说，是为了更有效地发挥资产阶级舆论工具的社会控制作用，宣扬资产阶级思想意识，缓和社会矛盾。"[3] 然而当初这些警语被淹没在急于摆脱传统阶级批判方法论的时代洪流中，现在看来，这些话又是如此直接地切中肯綮。历史常常给人否定之否定的智慧。"新闻传播学科作为兼具人文学科属性的社会学科，在中国社会科学的学科组成中，是最具制度属性和意识形态属性的学科之一，有着强烈的现实性和应用性。"[4] 从美国新闻传播学早期的发展轨迹来看，来自政府和官方的意识形态干预从未间断过，原因之一就是传播学可以在战争和社会发展过程中产生直接的应用价值。正是这"强烈的现实性和应用性"，以及新闻媒介在现如今的信息时代可以产生的巨大影响力和社会动员能力，使得新闻学与其他人文社会学科区分开来，意识形态在学科发展中的影响也被放大了。因此，研究者们需要充分认识到新闻学科在整个社会发展过程中的特殊性，不能用泛学科化的思维来对待新闻学研究。对新闻舆论活动来说，真实是生命，价值是灵魂。对中国特色新闻学的理论与实践来说，马克思主义新闻观就是灵魂。这是中国特色新闻学与西方新闻传播学的根本差异，无法回避，也不应回避。事实上，不回避才是科学态度。

---

[1] 蔡惠福、张小平：《共在与共通：建构中国特色新闻传播学"三大体系"路径研究》，《社会科学战线》2020年第4期。

[2] 林尚立：《社会科学与国家建设：基于中国经验的反思》，《南京社会科学》2011年第11期。

[3] 郑北渭、俞璟璐：《对西方传播理论的一些认识》，《新闻战线》1984年第5期。

[4] 蔡惠福、张小平：《共在与共通：建构中国特色新闻传播学"三大体系"路径研究》，《社会科学战线》2020年第4期。

重视方法规范，轻视方向意义，新闻学研究中缺少中宏观视野的理论创新意识。原创性理论的提出依旧是中国新闻学中的突出难题。哥伦比亚学派为代表的传统学派统治新闻传播学界的大半个世纪以来，学界对于研究方法的规范性的追求超越了对理论创新的渴望，对技术性、枝节性问题的研究成为流行，研究成果的数量和精致几乎成为评价学者的主要标准。当前中国新闻学界依然存在着相当强的学科危机感、身份焦虑感、发展紧张感，但如果始终在操作性层面理解新闻学，始终是停留在学科内部的自娱自乐自说自话，不对现实发表意见提供指导，即便会议再多论文再多，也无法带来学科自身的繁荣。为此，一方面，从量化考评束缚中解放出来，逐步解除发表数量对学者们的束缚，改由代表作、同行评价等其他指标来衡量其学术影响力，这可以再次唤起对理论创新的重视，重新激发当代中国新闻学的理论关切和学术想象力。另一方面，也是更重要的，要树立立足中国现实进行理论原创的自觉性与主体意识，能够采用辩证唯物主义认识论、传播政治经济学、文化研究、媒介理论等理论工具，积极建构中国特色新闻学的理论体系，以原创的新闻理论来阐释与指导新闻实践并与世界对话。

"驯化传播学"并不是一个一蹴而就的过程。在认清学术研究中的意识形态问题之后，学者们不仅要正确看待西方的新闻传播学研究经验，破除"西方理论、中国经验"的二元框架，更要充分意识到这一学科的特殊性，回归重大理论关切，激发学术自觉，关注中国特色，从而明确中国新闻传播学界未来的研究方向，进一步激发中国特色新闻学的学术想象力与学术创造力。

对中国特色新闻学的发展来说，中国的新闻实践无疑是极其独特而鲜活的，与西方新闻学相比，中国特色新闻学表现出特有的内涵，具体体现在人民性新闻立场、有机性新闻参与、正向性新闻效果、伦理性新闻技术、人文性新闻文化。简言之，中国特色新闻学体现了新闻活动在当代社会中的积极理念、姿态与效果。事实上，这正是中国特色新闻学应该着力研究的对象与方向。对当代中国的新闻传播学者来说，积极参与到中国新闻学的全球性、历史性建构过程中来，强化学术主体性，释放学术创造性，不但可以成为建构中国理论的真正主人，更可以成为世界学术的平等力量。

基于中国特色新闻学的基本原理，要积极地提升中国舆论在国际舆论场中的参与度和引导力，如同中国经济成为稳定世界经济增长的重要力量一般，中国舆论也要努力成为稳定国际舆论场的重要力量。

途径之一：积极构建国际传播的"另一种声音"。

对于中国来说，一方面，要更加积极地参与国际事件的全球传播，在国际传播中发出中国声音。加大投入力度，保证在重大国际事件的第一现场发出声音，获得一手事实来引导舆论场。新闻姓"新"，具有事实依据的一手信息永远是国际舆论场中最具引导力的高质量新闻，可以产生"第一引导力"。在开展国际传播中，要特别注意突破"西方中心主义"的全球传播观，团结非西方的第三世界传播力量，关注非英语传播、非西方国家媒体传播，做到基于多样化世界的全球传播。事实上，构建基于全球南方力量的国际传播新秩序是当代世界和平发展的重要任务，也是中国应该积极发挥全球领导力的着力点。

另一方面，国内媒体要避免成为西方媒体的传声筒，不加鉴别地二次传播西方媒体信源，要避免西方化的国际传播内容主导国内舆论场。对于国内舆论场中关注的重大国际事件，要有中国自己的主导声音，要有非西方视角的不同声音，形成基于事实与理性开展对话和讨论的舆论氛围。

途径之二：积极传播全人类共同价值观。

当代人类社会的一个突出特点是：在经济社会发展到一定程度后，价值观在国际政治与社会行为中的作用越来越大。西方国家在国际政治行为中旗帜鲜明地开展价值观外交，搭建价值观联盟，通过价值观划限、价值观驱动的政治行为愈发成为普遍特征。与此同时，值得关注的是，当代中国民众也越来越把价值观作为个人行为的标准。根据《2022年爱德曼全球信任度调查报告》，在中国的受访者中，90%的人购买和推荐价值观相合的产品，89%的人选择价值观相合的雇主就业，86%的人选择价值观相合的标的投资。[1] 可以看出，在当代国人的行为选择中，功能性、实用性等因素已经不是唯一的主导因素，情感性、信仰性等因素日益重要。

价值观是信息内容的灵魂。要积极引导中国舆论场乃至国际舆论场，信息内容中深层次的价值观因素要鲜明而稳定，换言之，在舆论交锋中，嗓门大、态度凶并不能占据真正的优势，没有价值观的信息要想发挥深刻的舆论引导作用是很难的。因此，基于普遍意义价值观的高质量新闻来引导舆论，要成为中国舆论场建设的基本原则。事实上，中华文化自古以来就是讲求"义利之辨"与"人本""民本"的价值传统，道义是高于利益的，和平是高于暴力的，要把和平、发展、公平、正义、民主、自由的全人类共同价值观深植于舆论引导的信息选择中。特别是中国自古以来奉行的和平主义价值观与一些西方强权国家奉行的霸权主义、军事主义、冲突主义、利己主义价值观是形成鲜明对比的。对此，要理直气壮地、持之以恒地进行传播。不论在国内舆论场还是国际舆论

---

[1] 爱德曼公司：《2022年爱德曼全球信任度调查报告》，2022年3月发布。

斗争中，都要力争将中国作为世界和平的稳定性、积极性角色确定下来。

途径之三，积极发挥当代青年的传播力量。

当代中国青年是可以平视世界的一代人，对中国与世界有着清醒的认识，那种自信感是内生的、坚定的，也是有能力与世界对话的一代人，不论是创意能力还是语言能力，都是在当代国际舆论场建设中可以发挥更大作用的。从实践中看，中国青年网民的数量是巨大的，活跃度是巨大的，成为中国网民群体中最具话语引导力的群体，在国内舆论场、国际舆论场中发挥的作用是不可低估的。举凡各种涉及民族利益、国际局势、社会公平等的话题，都会成为中国青年网民热议的内容。青年人作为数字原生代，在网络舆论场中的漫画传播、短视频传播、热点话题讨论中都表现出了明显的引导优势。

与此同时，要更加重视发挥当代国际青年在国际舆论场中的积极引导作用。从历史上看，在革命战争年代的延安时期，尽管面临最严酷的封锁，年轻的美国记者埃德加·斯诺访问延安，进行深度采访，抗日战争全面爆发后立刻在英国出版《红星照耀中国》一书，展示了中国共产党和红军立体、全面、真实的形象，引起国际舆论极大震动。笔者长期在高校工作，培养了许多来自不同国家的青年学生，清晰地认识到青年人是最少成见的群体、最追求进步的群体，可以有效克服国际舆论场的偏见。许多来自不同国家的青年学生在中国大学学习期间用各自国家的语言和社交媒体平台主动传播中国发展实情，毕业后回到本国依然对中国葆有亲切的情感。中国的道路是正确的道路，中华民族是追求和平的民族，要让更多的国际青年看到中国发展的实情，理解中国发展的目标，引导并帮助这些国际青年，培养全球化、全媒体时代的更多的当代斯诺，成为当代舆论场建设中的新主体与正能量。

中国面临的新闻学理论建设与国际话语权建设的挑战是长期的，对其深层次的资本主义与社会主义意识形态斗争的复杂性、艰巨性要有清醒的认识。列宁在《怎么办？》一书中指出："资产阶级意识形态的渊源比社会主义意识形态久远得多，它经过了更加全面的加工，它拥有的传播工具也多得不能相比。"[1] 与此同时，我们也要看到，在人类发展进程中，社会主义开辟了一种崭新的可能，即真正关注全体人民自由全面发展的新道路。在《2022年爱德曼全球信任度调查报告》中，有一个有趣的数据，针对全球27个国家受访者的调查，在回答"如今的资本主义对全世界而言弊大于利"的说法时，52%的受访者表示了同意，在法国、西班牙、意大利等国的认同比例都超过了平均值，在英

---

[1]《列宁选集》（第1卷），人民出版社，2012，第328页。

国、德国、加拿大等国的认同比例也都接近50%,[1] 换言之,对资本主义的反思成为当代世界的一种普遍思潮。

在中国特色新闻学的建设中,在国内、国际舆论场的建设中,保持对自己道路选择与历史文化的信心,追求新闻学研究的主体性、原创性,既不回避问题,又不仰人鼻息,日积月累,久久为功,中国理论、中国声音就会成为国际学术界与舆论场中的崭新的稳定力量,真实性、积极性就会成为当代世界新闻学与舆论生态的共同追求。

---

[1] 爱德曼公司:《2022年爱德曼全球信任度调查报告》,2022年3月发布。

后　记

2016年5月23日，清华大学举行学习贯彻习近平总书记哲学社会科学工作重要讲话精神文科教师座谈会，时任校党委书记陈旭、副书记邓卫出席会议并讲话，来自人文学院、社会科学学院、马克思主义学院、经济管理学院、法学院、公共管理学院、新闻与传播学院、美术学院、五道口金融学院、教育研究院等文科院系相关负责人和教师代表参加了此次会议，交流学习心得。

在此次会议上，我做了发言，之后发言内容以《探索构建中国特色新闻学》为题刊发在清华大学网站上。发言中，我谈到，"新闻学"是"对哲学社会科学具有支撑作用的学科"，如何构建中国特色新闻学，成为高校新闻理论工作者的重要使命。在新的时代条件下，要做好这一工作，就要做到理论与现实的高度统一，立足现实，直面问题，融汇中西，返本开新，以彻底的理论赢得当代大学生的认同。为此，要加强马克思主义新闻观的研究与教学，加强当代新闻舆论生态新规律的研究与传播，加强清华大学学术传统的研究与传承。

清华大学新闻与传播学院对中国特色新闻学的建设非常重视，在时任院长柳斌杰和常务副院长陈昌凤的支持下，学院联合了国内十余所高校新闻院系共同向中国新闻史学会申请成立新的二级分会——中国特色新闻学专业委员会。2017年4月，我和时任副院长周庆安在中国新闻史学会常务理事会上做了汇报并答辩，经常务理事会无记名投票，一致同意成立这一新的学术机构。此后，清华大学新闻与传播学院成为中国特色新闻学专业委员会的会长单位，我代表学院担任了会长。

2017年7月，由清华大学新闻与传播学院、中信改革发展研究基金会和中国新闻史学会中国特色新闻学专业委员会共同主办的首届中国特色新闻学高级研讨班在清华大学举行。柳斌杰院长在开班仪式上作了"中国特色新闻学的学术追求"的主旨发言，提出研究中国特色新闻学，是一个严肃的学术创造，要给世人一个令人信服的学理性、科学性、现代性的新闻理论体系和学术体系，要给学生一门真正的有新闻特色的学科。出于这样一个总体目标，在学术追求上有五个重要方向，需要牢牢把握和研究，具体包括马克思主义新闻理论的时代化、新闻学术体系的中国化、新闻研究视野的国际化、新闻传播体系的现代化、新闻舆论基调的主流化。

这一培训班坚持每年暑期用一周时间举办，至今已经五届，成为国内学界共同研讨中国特色新闻学的重要平台。授课老师中既有新闻传播学科的专家，也有其他学科的专家；学员主要是国内高校中青年教师骨干。2022年7月，"立足中国土，回到马克思——中国新闻传播学再出发"第五届中国特色新闻学高级研讨班举行。在开班仪式上，柳斌杰院长在致辞中指出，中国特色新闻学建设的当务之急是话语权建设。新闻传播专家学者应着力研究、提出对策，帮助党和国家建设强大的国际舆论斗争力量，做大做强中国的新闻舆论传播影响力，使中国能站在制高点上，用中国话语引领世界创造新的文明。中信改革发展研究基金会理事长孔丹在致辞中指出，中信基金会成立八年来，始终秉持"研究真问题，真研究问题，拿出真见解"的"三真"学风，为讲好中国故事贡献了重要力量。中国特色新闻学的建设需要强化问题意识，首要坚持鲜明的"中国特色"，以马克思主义新闻观为指导，在全球视野下对人类新闻活动规律展开学理性探讨。

这些年来，围绕中国特色新闻学研究，我和学院的老师们一道共同努力，力争实现具有中国自主性、原创性的新闻学知识体系的建设，陆续发表了一系列文章，编辑了一些文集。令人鼓舞的是，2016年在《国际新闻界》上刊发的《构建中国特色新闻学：何以可能与何以可为》一文，于2020年获得教育部第八届高等学校科学研究优秀成果奖（人文社会科学），这也是该选题首次获得这一奖励。

中国特色新闻学建构不是空中楼阁，也不是无根之萍，而是深深扎根于中国文化与实践中并逐渐成长起来的"理论瑰宝"，既有着"仁义礼智信"的文化积淀，也有着"人民新闻学"的革命传统，是亟待被学理化研究、系统性总结的"理论富矿"，需要当代中国新闻学者以主体性、实践性的眼光加以思考。

西方新闻实践产生了西方新闻学，中国新闻实践也应产生中国新闻学。尽管不同国家的新闻实践有着许多属于行业的共同行为与准则，因而有着许多共同适用的基本理论，但是，需要看到的是，中国新闻实践不能用西方新闻学完全解释，只能靠中国新闻学来解释与指导。理论与实践的一致性是理论合理性与有效性的依据。中国特色新闻学自主知识体系的建构应该也只能在中国新闻实践中证明自己的真理性、现实性和此岸性。

不论是革命年代还是建设年代，中国的新闻实践为中国特色新闻学研究提供了极其鲜活的研究对象，形成了极具特色的新闻理念，花大气力去梳理本土的这些实践并基于这些实践形成自己的知识体系，而不是单纯地去移植西方新闻理论来嫁接在自己的实践上，这才是推动中国特色新闻学发展的不二法门。

中国特色新闻学的建构，要坚持"立足中国土，回到马克思，把握新技术，放眼全世界"的理念。"中国土"体现了中国特色新闻学的主体性，"新技术"和"全世界"体现了当代新闻传播实践的技术驱动特质与全球传播现实，而马克思主义新闻观则是中国特色新闻学建设的指导思想。

中国特色新闻学基于当代全球新闻实践特别是中国新闻实践，让思维回到现实，让语言回到生活，让行动回到人民，逐渐形成了自己的知识体系，表现出特有的内涵，具体包括人民性新闻立场、有机性新闻参与、正向性新闻效果、伦理性新闻技术、人文性新闻文化。

在最丰富的具体中才能得到最深刻的抽象，在最独特的实践中才能得到最自主的理论。中国新闻实践的丰富性与独特性为中国新闻学研究提供了宝贵的、坚实的现实支撑，保持对这种实践活动的清醒的历史自觉，就能培养坚定的理论自觉，提升理论建构的自主意识。在深入挖掘、梳理、提炼鲜活的实践进程中，具有自主性的知识体系会自然而然、水到渠成地逐渐形成，这一体系会成为中国式现代化道路的重要组成，也会为推动世界新闻学与新闻实践、丰富人类文明新形态做出中国贡献。

2022年11月11日，中国新闻史学会中国特色新闻学专业委员会2022年常务理事会议在线上召开。十余所高校的新闻院系负责老师们一起回顾了过去一年的工作，对2023年可以开展的工作进行了展望，包括筹备中国新闻史学会2023年学术年会中国特色新闻学分论坛、专委会2023年学术年会、线上学术讲座、学术对谈活动等。即便是在疫情期间通过线上讨论，依然能感觉到大家对推进中国新闻学学科发展的热情与期待。我想，只要中国的新闻传播学界形成合力，中国特色新闻学的建设、中国新闻学的自主知识体系建设，就会日拱一卒，渐入佳境。

本书是对自己以往相关研究的一个系统梳理，期待能为中国新闻传播学的发展做出些许贡献。

胡　钰

2022年11月11日于清华园